外语教育中的
中国文化自信培育研究

李 莉◎著

群言出版社
QUNYAN PRESS
·北京·

图书在版编目（ＣＩＰ）数据

外语教育中的中国文化自信培育研究 / 李莉著 . --
北京 : 群言出版社，2022.8
ISBN 978-7-5193-0752-3

Ⅰ．①外… Ⅱ．①李… Ⅲ．①中国特色社会主义－文
化事业－研究 Ⅳ．① G12

中国版本图书馆 CIP 数据核字（2022）第 138054 号

责任编辑：胡　明
装帧设计：李　君

出版发行：群言出版社
地　　址：北京市东城区东厂胡同北巷1号（100006）
网　　址：www.qypublish.com（官网书城）
电子信箱：qunyancbs@126.com
联系电话：010-65267783　65263836
法律顾问：北京法政安邦律师事务所
经　　销：全国新华书店

印　　刷：三河市华晨印务有限公司
版　　次：2022年8月第1版
印　　次：2022年8月第1次印刷
开　　本：710mm×1000mm　1/16
印　　张：13.5
字　　数：230千字
书　　号：ISBN 978-7-5193-0752-3
定　　价：78.00元

前　言

　　语言和文化密切相关。语言既是一种符号体系，也是一座文化丰碑。语言既能表达思想内容、体现文化内涵与素养，又承载着社会价值观念和意识形态。外语教育过程既是语言教与学的过程，也是异域文化"输入"与本土文化"输出"的过程。因此，外语教育是我们了解异域文化、增进文化理解的重要途径，也是我们对外交流的重要平台，更是进行文化传播、坚定文化自信的重要阵地，在向世界传播中国声音、展示中国形象方面发挥着不可替代的作用。树立中国文化自信、捍卫国家文化安全、塑造社会主义核心价值观是中国外语教育的应有之义。

　　随着文化全球化、人才国际化和人类命运共同体理念的出现，当前外语教育的文化价值取向已不能完全适应新时代的要求，外语教育战略价值转型成为必然趋势。同时，随着中外文化与价值观念深入交流的日益增多，文化安全问题更加凸显，我国的外语教育面临着更多不同意识形态之间的碰撞与博弈，更要肩负起维护国家本土文化和主流意识形态安全的神圣使命。培养什么样的人，如何培养人，是当前我国外语教育面临的首要问题。新时代背景下的外语人才必须具有正确的国家观、民族观和文化观，只有时刻葆有家国情怀，扎根中国，才能及时发出中国声音、讲好中国故事、凝聚中国力量；新时代背景下的外语教育必须担当起培育文化自信的重任，只有将中华优秀传统文化元素、中国文化建设及发展成就等纳入外语教育教学实践中，将中华民族的文化基因同当前我国外语教育的特点有机融合，构建起文化平等对话、文明交流互鉴的外语教学体系，才能更好地保障我国文化价值体系安全，展示我国文化的独立性和民族性，捍卫国家文化主权和文化利益。

本书通过对外语教育中文化自信培育问题的深入探讨和研究，旨在深化外语教育教学改革，进一步推进外语教育内涵式发展，同时也希望为从事外语教育教学、关注外语教育发展的广大同仁提供参考。

笔者从事外语教学及高校教学管理工作多年，对外语教育中文化自信的培育问题有一定的思考，但一直以来思考点都比较零散，缺乏系统总结，正好借此机会加以梳理与提炼，也算是从教学实践到理论的形成过程。在具体的写作过程中，笔者查阅了很多国内外资料，也借鉴了很多学者的观点，在此表示诚挚的感谢！由于时间和能力所限，笔者虽几易其稿，但难免仍有不足之处，还请广大读者给予批评指正。

李 莉

2021 年 12 月

目 录

绪　论

一、选题背景

（一）民族复兴中的文化建设诉求

党的十九大报告中明确指出"中国特色社会主义进入了新时代"。新时代是我国发展新的历史方位，实现中华民族伟大复兴的中国梦是新时代的历史使命。中华文化的复兴是中华民族伟大复兴的关键内容。"文运同国运相牵，文脉同国脉相连"，在中华民族伟大复兴全局恰逢世界百年未有之大变局之时，我们更需要坚定文化自信，呼应时代主题，全力推进社会主义文化强国建设，为中华民族伟大复兴筑牢"精神之基"。

文化是一个国家、一个民族的灵魂。文化自信关涉国家安全、国运兴衰和民族复兴。党的十八大以来，习近平总书记高度重视文化自信，多次对文化自信作出深刻阐述。他强调，文化自信是更基础、更广泛、更深厚的自信，是一个国家、一个民族发展中"更根本、更深沉、更持久的力量"。党的十九大明确提出，"没有高度的文化自信，没有文化的繁荣兴盛，就没有中华民族伟大复兴"。这就是向世界表明，中国自信本质上就是文化自信。文化自信是建设文化强国的内在动力，是实现中华民族伟大复兴的精神力量，坚定文化自信是我们必须重视的一个时代命题。

（二）世界变局中的文化安全挑战

当今世界处于一个大变革、大调整过程中，经济、政治、科技、文化迅猛发展，全球化的浪潮席卷整个世界。全球化进程深刻改变着整个世界的经济、政治秩序，也进一步影响着人们的思想观念和价值体系。树立文化自信、把中华文化资源优势转化为实力优势和国际话语优势是中国面对日趋复杂国际环境的必然选择。

（三）外语教育中文化自信培育的紧迫性

1.外语教育的文化使命及其特殊的学科属性

立德树人是教育的根本任务。坚守意识形态阵地、捍卫国家安全是一切国民教育的使命。作为中外语言文化连接的桥梁，外语教育处于各种文化与意识形态交锋的最前沿，更是捍卫国家文化安全的核心阵地，在"知识传授、能力培养和价值塑造"三位一体的教育理念中，价值塑造始终是外语人才培养的第一尺度。同时，由于外语学科的特殊属性，第二语言学习者会更多地暴露在多元文化、多元价值观和多元意识形态的场域中，更容易受到思想上的冲击。只有在深化国家意识、增进民族认同、坚定文化自信、维护文化安全的方向标下推进外语改革，才能真正回答外语教育"培养什么人、怎样培养人、为谁培养人"这一根本问题。因此，新时代的外语教育不仅仅是语言、思维和文化的课程教育，更承担了在实现中华民族伟大复兴进程中坚定文化自信、讲好中国故事的重任，外语教育中培育文化自信势在必行。

2.外语教育中文化自信培育现状

在全球化的推动下，教育也日趋走向国际化。我国外语教育在蓬勃发展的同时，也存在诸如人文价值彰显不足、中国文化失语、民族认同感不强、文化思辨力不够及"外语人才外国化"倾向等一系列问题，文化自信培育现状堪忧，亟须文化教育理念的重构与实践研究。

首先，文化安全意识和文化思辨能力培养有待加强。外语学科是个特殊领地，外语学习者在接受国外先进科技、文化、思想理念的同时，还要防范异域文化的强势入侵，警惕西方资本主义国家通过语言教育和文化传播等手段进行文化渗透。目前我国的外语教育往往专注于语言技能的打磨和外来文化的接受和吸收，对高阶思维能力重视不够，更多的教学活动也是在低阶思维层面展开的，忽略了学生文化思辨能力的培养，没有充分体现出对本民族文化安全因素的考量。学生不断受到西方强势文化的冲击，其思维方式和价值观念会在潜移默化中发生变化，一定程度上造成了对本民族文化认同的淡化和削弱，我国的文化核心价值观受到挑战。

其次，目的语文化与母语文化比例失衡，民族本位的文化立场导向仍不够清晰。文化立场主要是指一个国家或民族对待本土文化的一种稳固的思维方式及基于这种核心思维方式对外来文化所呈现出的态度和文化价值取向。虽然这个问题很早就有业界专家提出，但目前这种状况仍未得到有效改观。在我国现行的外语教学课程标准中，学生仍以学习目的国语言文化为主，有关中国文化的介绍相对较少，相关课程开设不足，而且为了语言习得的需要，教材及课堂采用的各种教学资料多强调"原汁原味"呈现，少有涉及中国文化内容及相关的英语表述，造成了学生使用外语传播中国文化的能力不强，向外宣扬我国民族精神的能力较差。同时，在这种"西学东渐"的单向文化传输模式中，"自我"文化输出与"他者"文化输入的严重失衡导致我国外语教育的文化立场定位导向不明，部分学生对异域文化盲目崇拜，对本民族文化认同不够。[①]因此，中国文化应该如何自我定位，如何在与世界文化的交流互鉴中实现本土文化的传承、传播与创新，以及如何参与世界文化舞台建设、共建人类命运共同体，是外语教育者需要深度思考的问题。

最后，对外语教育的终极价值取向认识不足、落实不到位。外语教育有三种境界：语言知识传授为主的外语教育，传递西方文化和传承自己民族文化并举的外语教育，完善人格、塑造民族精神为主的外语教育。[②]就其本质来讲，这三种境界分别强调的是外语教育的"工具性"价值、"人文性"价值和"思想性"价值。立德树人是一切教育的根本使命，外语教育更是如此。外语人才培养的最终目标是塑造人，是培养德、智、体、美、劳全面发展的社会主义建设者和接班人，是培养富有"中国心"、饱含"中国情"的国际化外语人才。审视当今的外语教育，随着全球化和教育国际化的日渐深入，我国外语教育的实用性和功利性倾向更加明显，"工具性"价值更加突出；西方文化输入已得到充分体现，但民族文化的传承和有效输出却未得到重视，本土文化声音依然微弱，人文价值挖掘不足；在社会价值导向和思想性层面，对外语教育"树立文化自信和塑造民族精神"使命意识的认知与实践还不到位，虽然近年来随着课程思政的开展，这种使命意识逐渐受到普遍关注，但如何强化语言教育在捍卫国家文化主权和实现民族复兴进程中的使命感和责任感，如何在外语教学实

① 李莉 . 文化安全视域下高校外语专业课程思政建设探索 [J]. 菏泽学院学报，2022（1）：38.
② 李芊均，杨小刚 . 论外语教育的三种境界——基于文化哲学视野 [J]. 外国语文：2011（12）：169.

践中开拓它的内涵与外延，仍是一个亟须解决的时代课题。

二、研究意义

将外语学科建设置于国家文化软实力提升和中华民族伟大复兴的背景下进行研究，不仅为我国外语教育的发展提供了更为合理的实践路径，还为我国外语教育的理念重构提供了学理分析及理论支撑，具有重要的理论价值和时代意义。

从学理上看，本研究不仅拓宽了文化强国建设和文化战略思想的实践领域，有助于推动文化自信理念和文化哲学思想在语言教育领域的形成与构建，还丰富了外语课程思政的研究内容，为外语课程的建设和发展提供了政治保障。外语课程建设是一定文化历史背景下文化体系构建的一部分，外语课程内容的选择是主流价值体系判断的必然体现。外语课程的建设和发展有着文化传承和传播的内在动力，体现着文化价值的思考。因此，本研究是外语教育理念更新及外语课程创新的新思路、新视角。

从现实关照来看，习近平总书记强调："我国高等教育发展方向要同我国发展的现实目标和未来方向紧密联系在一起，为人民服务、为中国共产党治国理政服务、为巩固和发展中国特色社会主义制度服务、为改革开放和社会主义现代化建设服务。"外语教育理论体系的构建和实践的开展都要基于外语学习的取向、制度、模式，并服务于国家战略的实施。本研究正是立足这一精神，深入分析了外语教育应如何扎根中国大地、紧扣国家需求，在树立文化自信、维护国家文化安全的基础上，培养更多有家国情怀、有国际视野、有专业技术、堪当民族复兴大任的国际化人才，探讨了外语教育如何定位并寻求发展，以更好地完成"为党育人、为国育才"的历史使命。因此，本研究既是学术的需要，又是现实的需要。

三、基本内容

本书将对文化自信的研究置于外语教育的视域中，从文化及文化自信等理念的建构切入，探讨了外语教育的发展历程、时代境遇和文化使命，深度剖析了文化自觉和文化安全之于文化自信培育的重要意义，并力图从外语教育战略规划及制度建设等顶层设计维度和外语教学等微观层面，就如何在外语教育中培养中国文化自信提出了相应的建议和实施路径。

　　第一章是概念阐释及理念建构，主要包括文化及文化自信的内涵解读、文化自信的现实价值分析、文化自信培育的时代必然性等内容，为外语教育中的中国文化自信培育奠定了理论基础，提供学理支撑。

　　第二章主要探讨了外语教育的历史沿革、时代境遇和文化使命。通过对外语教育发展历程、现状困局和文化使命的回顾及深度剖析，笔者指出，虽然外语教育的目标、规划等随着时代的改变发生了相应的变化，但其育人功能和国家意识本质在不同时期都以各不相同的方式得到了不同程度的体现。面对中华民族伟大复兴的战略全局与世界百年未有之大变局，外语教育还面临着诸多困境，教育的文化传承与传播功能、开放与创新功能、文化育人功能等都有待进一步强化。本章指出了外语教育中文化自信培育的必要性，并为今后外语教育的发展指明了方向。

　　第三章是对外语教育中文化自觉问题的探讨。文化自觉是文化自信的前提与根基。本章主要阐述了外语教育中文化自觉的内涵与要求、文化自觉尺度，分析了文化自信和文化自觉的内在逻辑，指出了文化自觉在教学内容选择、课程实施及教学评价等各个教学环节中的构建方向和实现路径。

　　第四章主要对文化安全视域下的外语教育进行了阐述与分析。文化安全意识是文化自信培养的起点和终点，筑牢文化安全之基既是文化自信培育的出发点，又是根本目标所在。本章从文化安全的内涵阐释导入，分析了当前我国外语教育中面临的文化安全风险挑战，并针对这些风险挑战，提出了文化认同观照、国家意识深化和人类命运共同体意识培养等文化安全理念构建的基本思路。

　　第五章主要从宏观层面与顶层设计维度对中国外语教育中文化自信培育问题进行了解析。本章主要围绕中国外语教育的战略价值转型和中国特色外语教育制度的重构展开，对当前我国外语教育战略规划及教育制度中存在的问题进行深入分析，并针对这些问题，提出了相应的建议和对策。除此之外，本章还提出了加强中国外语教育的品牌战略，要充分利用我国的外语资源优势，做好品牌定位、品牌建设、品牌延伸工作，以提升我国的文化软实力和国际影响力。

　　第六章从外语教学的微观层面对文化自信培育的基本维度进行了分析。本章主要探讨了如何围绕厚植家国情怀、讲好中国故事、提升国际视野、培养思辨意识四个核心任务点重点优化教学内容，完善教学体系，引导学生在语言习得过程中更好地深化国家意识、树立文化自信。

第七章从外语教学的微观层面对文化自信培育的实践路径进行了分析。本章主要从课程育人、环境育人和多元主体协同育人三个关键方面对文化自信构建中的课程建设、校园文化建设和师资队伍建设进行了深入研究。本章第四节是笔者结合自己十几年的"英美文学"课程教学实际经历，对该课程及"课程思政"的思考与感悟，可以看作是对本章第一节课程育人的实例解读。

第八章是对发达国家的经验借鉴与对我国外语教育的展望。本章借鉴了美、英、日三国在本国外语教育中培养本民族文化自信的举措，并力图从中汲取有益经验，从而为我国外语教育的自我反思提供现实依据。

第一章　文化及文化自信理论概述

第一节　中西方学者的"文化"理论评述

通常人们会将"文化"看作一个整体，指不同的社会群体成员共同拥有的符号和价值内在协调统一的系统。语言作为一种人与人之间沟通、交流的媒介，被广泛应用于社会斗争、经济发展、思想交流等人类社会生活的各个层面，涉及生产、经济、政治、文化等人类活动的各个领域。语言是文化的载体，反映文化的内容，同时又受制于文化。一个时期人类社会文化的发展决定了那个时期语言的内容。因此，语言并非独立于文化系统之外，而是一种涵盖于文化系统之中的特殊存在，是文化得以维系、传承和创新的根本，语言与它承载的信息之间密不可分。因此，本节将以中西方不同语境之下不同学者对"文化"的研究理论为主题展开论述。

一、中国语境下的"文化"

概念与内涵界定是研究的前提。梁启超先生曾言："大抵西人之著述，必先就其主题立一界说，下一定义，然后循定义以纵说之、横七竖八说之。"他说的就是主题的概念界定与辨析是进行命题论述、判断、推理、分析的首要因素。

"文化"在人类语言之中使用极为频繁，但相对而言，其意义和概念却也最为含混不清。在中国语境之下，历史上很多专家学者都尝试给"文化"下一个定义，因此形成了各种"文化"的含义，但并未有一个能够真正让大家普遍认可的释义。

（一）"文化"作为动词

中国自古就在思考和归纳文化的概念，并不断感悟文化的本质。文化这个词在古代汉语中是两个字构成的，认为文化是人文化成，人处在文化的中心位置。这一认识最早可以上溯到《易经·象传》："关乎天文，以察时变；关乎人文，以化成天下。"其意为观察天象，就可以察觉到时序的变化；观察社会人文现象，就可以用教化改造成就天下的人。这里"文"就是文字、文章、鼓乐、曲调、礼乐制度的意思，包括风俗、礼仪、典籍文章、建筑等；"化"是指人受教而变化，本意做"教行"解。即人接受了教育，然后"变易其气质以远过迁善，在各方面必起若干变革"，这个变革即为"化"。比如，我们言谈举止、待人接物、为人处事、气质都产生了变化，那么这个变革就叫"化"。虽然此处"文"和"化"并未连接成词，但已经明显拥有了"文化"的意蕴。就是以文字、文章、礼乐等文艺形式变化人的气质，达到转恶为善、转迷为悟、转凡成圣的目的，文化的本质——"以文化人"大抵源于此。

"文"与"化"合为整词是在西汉以后，在《说苑·指武》有载："圣人之治天下也，先文德而后武力。凡武之兴，为不服也。文化不改，然后加诛。"《文选·补之诗》中有云："文化内辑，武功外悠。"在这些文献之中，"文化"均是以动词出现并运用的，其含义是对人性情的陶冶和对品德的教养，即通过"文"来实行"教化"，所以称"文化"。

（二）"文化"作为名词

到了清代，文化的影响急剧扩大，典籍中出现"文化"一词的频率也越来越高，并开始作为名词被使用。

清史满族史专家邸永君研究发现，仅《清史稿》一书中"文化"一词就出现了9次。

例如，《清史稿·曾国藩传》中有："礼聘名儒为书院山长，其幕府亦极一时之选，江南文化遂比隆盛时。"又如，《清史稿·饶应祺传》中有："又规复丰登书院，创修府志，文化蔚兴，士民为立生祠。"这两个"文化"含义均指向教育水平、考试等。[①]

《清史稿·属国传一·朝鲜传》中有："琉球自入清代以来，受中国文化颇

---

① 陈晶莹. 习近平关于文化强国建设战略思想研究 [D]. 杭州：浙江大学，2018：21.

深，故慕效华风如此。"《清史稿·文苑传三·林纾传附严复传》中有："穷无所之，日人聘讲东方文化，留东数年，归。"这些文献中提到的文化，其含义已经与如今的文化内涵指向极为吻合和相似了。[①]

鸦片战争以后，随着西方列强入侵，西方文化被裹挟着进入中国，也令"文化"开始带有更多中西方融合的色彩。这种融合也导致近代近二百年来文化的意蕴开始朝着中西合璧的趋向发展。

清朝末年，中国近代思想家、政治家、教育家梁启超认为："文化者，人类心能所开释出来之有价值的共业也。"其将文化分为广义文化和狭义文化。

马克思主义唯物史观则认为，文化是人类的思想文化结构，是一定地域民族的意识形态、道德规范、风俗习惯等精神活动的模式化及其稳定状态，它是社会经济结构和政治结构的反映，同时又对社会经济结构、政治结构具有反作用，有着自身存在、发展、演化规律，具有自身的相对独立性。[②]在马克思主义唯物史观中，文化是一种依托于物质的精神，其依靠物质为载体进行呈现，同时又离不开人与自然的关系，需要由社会载体进行承载。

文化通常具有两种基本形态，分别是世俗形态文化和理论形态文化。陈先达在 2017 年出版的《文化自信——做理想信念坚定的中国人》中对两种形态的文化进行了详细阐述："世俗形态文化分成三种：第一种是日常生活的文化观念；第二种是民间文化；第三种是大众文化。理论形态文化与世俗形态文化相对，分为两个层次：一个层次是意识形态的部分，如哲学、法律、文学、艺术、道德等，其中包含世界观、价值观、人生观；还有一个层次是非意识形态部分，如科学、技术、语言等，这属于知识的部分。"

也有学者将文化划分为物质文化、精神文化、制度文化三个层次。例如，邓安庆和邓名瑛在《文化建设——中国当代的文化理念及其系统构建》一书中提到："所谓物质文化，是指在人与自然的互动过程中形成的满足人类的物质需要为主的那部分文化。譬如，饮食文化、服饰文化、建筑文化等等都属于物质文化。所谓精神文化，是指人内在的理想信念、思想道德、精神品质、涵养、素质、价值取向以及由此而体现出的社会风气。所谓制度文化，是指人的社会关系和社会行为的规范体系。主要包括法律制度、宗教、礼仪俗规等内容。"

---

① 陈晶莹. 习近平关于文化强国建设战略思想研究 [D]. 杭州：浙江大学，2018：22.
② 于炳贵，郝良华. 中国国家文化安全研究 [M]. 济南：山东人民出版社，2007：35.

其实，在现实生活和运用中，三层结构的文化通常会彼此交叉进行运用和渗透。比如，精神文化会渗透在制度文化中，也会渗透在物质文化之中，同时制度文化和物质文化又会映射出一定的精神文化。

二、西方语境下的"文化"

在西方，文化最初的含义为居住和养殖，主要指向的是对自然的化育和应用。大约 18 世纪末到 19 世纪初，西方语境下文化的含义出现了巨大的转变和发展，逐渐从人类生存所支配自然的技能和经验转变为了以人为对象的培养、熏陶之意。

（一）西方对"文化"的研究

1790 年，伊曼努尔·康德（德语：Immanuel Kant）在其所著的《判断力批判》一书中指出："一个有理性的存在者产生一种可以自行抉择的能力，从而也就是产生一个存在着自由地抉择其目的之能力的就是文化。"[①]在康德的阐述中，存在者其实就是文化的主体——人类，文化是围绕着人类而存在的，即人是文化的创造者。康德认为，文化是人理性思考的能力，也是人理性行动的能力。

格奥尔格·威廉·弗里德里希·黑格尔（德语：Georg Wilhelm Friedrich Hegel）提出："文化以其绝对的定义……是人类解放和高度解放的工作。"[②]黑格尔进一步深化了人与文化的关系，不仅将人与文化联系在一起，认为人是文化创造的主体，还将文化视为关系人类解放的一种内在精神。

康德与黑格尔虽然是唯心主义的哲学先驱，但他们对文化概念的考量都是从人这个创造主体出发的。同时，更为难能可贵的是，他们不是将文化置于一个封闭的视域内，而是将文化置于人类历史发展的长河中加以审视。康德与黑格尔两位德国古典哲学巨匠对文化的定义拉开了人类文化探索的序幕。据美国学者克鲁伯和克拉克的研究，仅 1871 年到 1951 年，不同学者就产生了 160 多种对文化的不同定义。

（二）西方语境下"文化"的不同定义

英国人类学家爱德华·伯内特·泰勒（Edward Burnett Tylor）被认为是世界上第一个界定现代意义上文化概念的学者。他认为，文化是一个复杂的整

---

① 康德.判断力批判（上）[M].韦卓民，译.北京：商务印书馆，1993：95.
② 黑格尔.黑格尔全集（第 7 卷）[M].郭大为，梁志学，译.北京：商务印书馆，2017：215-216.

体，是人出生后所得到的一切东西的总和。1871年，泰勒在其《原始文化》一书中指出："所谓文化或文明乃是包括知识、信仰、艺术、道德、法律、习俗，以及包括作为社会成员的个人而获得的其他任何能力、习惯在内的一种综合体。"①

自此之后，西方对"文化"的研究呈现出百花齐放的状态，且随着时间的推移和社会的发展，"文化"所代表的内涵及含义愈加丰富，外延也愈加宽广。此处主要对早期马克思主义学者、法兰克福学派和伯明翰学派对"文化"的理论进行阐释。

1.马克思主义学者视域下的"文化"

法国启蒙思想家、哲学家、文学家让 – 雅克·卢梭（Jean-Jacques Rousseau）是西方马克思主义创始人之一，其在《社会契约论》一书中指出了文化是风俗、习惯，同时也是舆论。他认为，文化有三个特点：一是文化铭刻于人们的内心；二是文化是慢慢地诞生的，但每天都能获得新生力量并逐渐取代过去的权威力量；三是能够增强人们的法律意识。

2.法兰克福学派视域下的"文化"

法兰克福学派将"文化"从经济基础这一背景中抽离了出来，并单独对其进行了考察。西奥多·阿多诺（Theodor Wistuqrund Adorno）、赫伯特·马尔库塞（Herbert Marcuse）、马克斯·霍克海默（M. Max Horkheimer）、尤尔根·哈贝马斯（Jürgen Habermas）等，都是法兰克福学派著名的理论家。

法兰克福学派将文化分为两种意义的文化：一种是作为社会生活方式的文化，另一种是纯粹精神意义上的文化。赫伯特·马尔库塞把作为社会生活方式的文化称为文明，把观念再生产的领域称为狭义的文化，并提出人类的最高诉求是人的本质的解放，特别是爱欲的解放，而文化具有革命性与超越性，是实现人类解放的重要途径。

在马克斯·霍克海默看来，文化是一种自由精神。同时，文化又是文明的前提。

尤尔根·哈贝马斯则认为，文化知识表现为符号形式，表现为使用对象和技术，词语和理论，书籍和文献，当然还有行为。其还提出要想消除科学技术的异化，就必须实现"交往行动"的"合理化"，而文化（主要是指有效知识）贯穿在交往行为的理解过程、协调行为过程以及社会化过程中，在交往行为中

---

① 泰勒.原始文化 [M].蔡江浓，编译.杭州：浙江人民出版社，1988：3-4.

发挥着重要的作用。

法兰克福学派对文化进行了深层次的拓展，不再仅仅将其作为经济基础的上层建筑，而是能够支撑更多现实的事物，并从人类对抗物化和实现人类自身思想解放的维度对文化进行了阐述。

3.伯明翰学派视域下的"文化"

伯明翰学派是西方当代文化批评及美学学派，其著名的代表人物是雷蒙·威廉斯（Raymond Henry Williams）。

伯明翰学派认为，完整意义上的文化应该包含人类自我完善的普遍状态、有文献记载的文化作品和文化活动、人们的日常生活方式。文化理论应该研究三者之间的关系，其彻底消除了精英文化与大众文化、高雅文化与通俗文化的二元对立，倡导建立一种民主的共同文化。

从以上不同学派对文化的理论研究中可以看出，西方对文化的定义经历了从简单到复杂，从注重自然到关注人类自身的一系列演变和发展。其最终演变的结果也使得西方语境下的"文化"与中国语境下的"文化"在意涵方面极为接近，这也对全球文化一体化的国际演变奠定了扎实的理论基础。

第二节　文化自信的内涵及研究的理论框架

党的十八大报告中明确提出要坚定中国特色社会主义道路自信、理论自信和制度自信。党的十八大之后，习近平又在不同场合提出文化自信的命题，2016年，习近平在哲学社会科学工作座谈会上指出："我们说要坚持中国特色社会主义道路自信、理论自信、制度自信，说到底是要坚定文化自信。"之后在庆祝中国共产党成立95周年大会上，习近平明确提出了"四个自信"，即坚持中国特色社会主义道路自信、理论自信、制度自信、文化自信。

一、文化自信的内涵和来源

文化的含义和理论我们已在上一节进行了详细阐述，而对于自信的定义和界定，不同研究者也有着不同的解释。美国著名心理学家亚伯拉罕·哈罗德·马斯洛（Abraham Harold Maslow）提出的马斯洛需求层次理论将自信定义如下：自信是指个体自尊需要获得满足时所产生的一种情感体验。① 在《辞海》中，自信是指相信自己或信任自己。

文化自信并非简单地将文化和自信进行叠加，而是需要文化主体在充分认知文化发展情况的基础上，对文化产生高度认同感和自豪感，对文化发展方向坚定不移，坚信自身文化的生命力。

（一）文化自信的内涵

通俗而言，文化自信就是文化主体对自身文化的肯定以及对外来文化的吸收、借鉴、完善和发展，其内涵可以从三个层面进行阐述。

一是文化主体对本土文化的全面了解和自我认知。一个国家乃至一个政党若对自身拥有的文化历史和文化内容没有充分认识，就无法真正传承和发展基于此核心的文化，也就无法建构起文化自信。中国的文化自信是由中华民族优秀传统文化、红色革命文化和社会主义先进文化综合构成的，因此中国的文化自信就是对以上三种文化的自信。

二是文化主体要对自身文化拥有极高的认同感和肯定感。中华文明有着五千年绵延不断的丰厚历史文化资源，在世界民族文化之林中是绝无仅有的，作为传承数千年文明的中华儿女，没有理由对如此灿烂又独特的文明不认同、不肯定。悠久的中国文化传承孕育了我们，并引导我们不断壮大和发展。②

文化自信不仅表现为对自身文化的认同，还需要极强的肯定感，即对自身文化能够持续延续、持久传承下去的坚定信念。中华民族文化是世界上唯一一个没有出现断代、断流的文化，这也足以说明中华文化具有旺盛的生命力和极强的科学性。

三是文化主体要对外来文化持开放、包容的态度，并保持理性"扬弃"。坚持文化自信，还要充分认识人类文明和文化的多样性。中华文明是在与人类各种各样文明的融合中不断发展繁荣的。人类文明具有多样性，文明在交流互鉴中才能更加丰富多彩。因此，在对自身文化高度认同和充分肯定的基础上，文化自信还表现为对外来文化的理性"扬弃"。既不完全接受，也不完全否定。在全球一体化的背景下，各个国家的文化都在积极共融，在这种文化积极碰撞融合的时代，只有开放胸怀，真正理解、筛选、批判接受各种外来文化，才能保证自身文化的繁荣发展和不断壮大。

---

① 徐龙建. 文化自信问题研究 [D]. 北京：中共中央党校，2019：27.
② 刘晶晶. 中国特色社会主义文化自信思想研究 [D]. 青岛：青岛大学，2019：36.

（二）文化自信的来源

新时代中国文化自信的来源主要体现在三个方面，分别是中华优秀传统文化、红色革命文化和社会主义先进文化。

1. 中华民族优秀传统文化

拥有数千年历史的中华民族拥有着极为强大且优秀的传统文化，正是源远流长的优秀传统文化孕育了一代代优秀的中华儿女。中华民族优秀的传统文化使得中华民族拥有了有别于其他民族的道德尺度、价值观念、思想境界和人生目标。

中华优秀传统文化是中华民族的文化根基。优秀传统文化中的天人合一自然观、和而不同矛盾观、通变持中发展观、刚健自强实践观和尊亲尚德的社会观等综合架构了中华民族独具特色的文化底蕴。

天人合一自然观是中华民族自古就追求的一种强调天地自然与人和谐一致的古代哲学基调，也是古人追求人生境界的最高理想。天人合一的自然观出自《周易·乾卦·文言》："'大人'者与天地合其德，与日月合其明，与四时合其序，与鬼神合其吉凶，先天而天弗违，后天而奉天时。"这句话指的是君子立德要有四合，即与天地相合为德，向天地自然学习包容进取的精神；与日月相合为明，在做事时要光明磊落，知错能改则明事理；与四时相合为序，人要遵循大自然天时的运行规律，方能顺应自然而发展；与鬼神相合化吉凶，人要有敬畏之心，对天地自然特性满怀敬意方能适时收敛。

天人合一体现的不仅是人与天地自然之间的关系，以人的精神和行为去理解天地自然，还是一种与天地自然相契合，通过尊重自然规律去认识和改造乃至利用自然的文化，对于如今人类与大自然之间产生的矛盾和冲突有非常明显的引导作用和借鉴意义。

和而不同矛盾观是古人处理矛盾所形成的一种对立统一的文化观，《论语·子路》曾言："君子和而不同，小人同而不和。"[①] 这是中华民族传统文化的思想精髓之一，春秋战国时代的百家争鸣正是和而不同矛盾观的具体体现。

和而不同观念是基于绝对矛盾的永恒存在，之后在处理矛盾斗争过程中达成一定的统一，进而和谐，最终彼此共存并行。该文化观念赋予了各种思维、文化、看法旺盛的生命力，从而促成了中华民族绚丽多彩的历史。

通变持中的发展观源自《周易·系辞上》的"在天成象，在地成形，变化

---

① 陈晶莹. 习近平关于文化强国建设战略思想研究 [D]. 杭州：浙江大学，2018：46.

见矣",以及《周易·系辞下》的"易穷则变,变则通,通则久"。世界万物无时无刻不处于变化之中,只有把握住变化的规律,懂得变化的奥妙,才能够不偏不倚地处理各种事件,从而促成最终的发展。

通变持中观念为中华民族的发展提供了极为扎实的基础和准确的方向,只有积极面对变化,平衡处理各种事态,不消极、不莽撞,适度前行,才能不断推动发展。

刚健自强实践观源自《周易·乾卦·相传》:"天行健,君子以自强不息。"人生在世,必然需要以积极进取的态度面对万物,以刚健自强的态度去行动,才能够不断提高并平稳发展。

正是这种刚健自强的实践观令中华民族在数千年波澜起伏的历史大潮中,顽强拼搏并不断繁衍,不仅为后世留下了诸多瑰丽的传说和精神,还为后世的行动提供了生生不息的文化源泉。

尊亲尚德的社会观源自儒家的经典《礼记·大学》,中华民族的先民期待天下和平之治,所基于的原则就是尊亲尚德,"大学之道,在明明德,在亲民,在止于至善。……物格而后知至,知至而后意诚,意诚而后心正,心正而后身修,身修而后家齐,家齐而后国治,国治而后天下平"。只有遵循最基本的伦理道德,才能够管好自身,之后才能形成天下平的大治。

2. 红色革命文化

红色革命文化也称为中国特色革命文化、红色文化、革命文化,是中国共产党在领导和团结全国民众进行革命战争和社会主义建设过程中形成的一种文化,富含理想信念、思想精神、道德价值以及丰功伟绩。

革命文化发端于中国共产党成立,并在新民主主义革命过程中发展完善,之后在社会主义建设初期不断成熟,拥有极为鲜明的时代风格和革命特性,是共产党员的精神脊梁。

革命文化的开端是红船精神,即开天辟地、敢为人先的首创精神,坚定理想、百折不挠的奋斗精神和立党为公、忠诚为民的奉献精神;之后的井冈山精神,则是坚定追逐理想、实事求是开拓新路、依靠群众寻求胜利的精神;在战争时期,长征精神、抗战精神、延安精神、西柏坡精神、抗美援朝精神等也在不断丰富红色文化的精神内涵,使得中国特色革命文化更加厚重和完善。

新中国成立后,中国百业待兴,中国特色革命文化在社会主义建设过程中发挥了极为重要的作用,其中对社会建设最重要的红色文化有艰苦奋斗的创业精神（即不畏艰难顽强战胜困难并不断斗争的精神）、甘于奉献的牺牲精神（即至诚至真至贵的奉献和拼搏精神）、实事求是的理性精神（即理论结合实际的探索精神）、全心全意为人民服务的精神（即以人民利益为核心制高点的服务精神）。

3.社会主义先进文化

社会主义先进文化主要源自马克思、恩格斯和列宁的文化建设思想，在此基础上，多代中央领导结合中国实际情况进行了归纳、总结并完善。

其中，马克思主义关于文化建设的思想是社会主义先进文化的理论基点，其文化建设思想建立在唯物主义历史观和辩证思维方法论之上，它指出，文化虽然有内在的传承性和发展规律，但文化并非自满自足封闭的状态，而是需要有恰当的滋生土壤才能不断壮大，即物质生活关系。

列宁以马克思主义为核心基础，针对俄国的社会发展道路和变革道路的探索，最终孕育了自身的文化建设思想。列宁认为，社会主义文化不可能在旧的资产阶级和资本主义社会体系中诞生，只能在社会主义文化革命过程之中进行孕育和建立，其前提是国家政权、物质资料和精神资料必须转到无产阶级手中，并在此基础上进行文化革命来推动社会主义建设。

毛泽东关于文化建设的思想是在长期革命和建设实践之中孕育诞生的，明确阐明了文化与社会经济、政治之间的辩证关系，凝练了新民主主义文化的基本特征：民族的、科学的、大众的文化。

毛泽东关于文化建设的思想是开放、包容、融合的，即通过历史的发展和文化，处理好过去与现在的关系，中外则是处理好中国与外国的关系，通过广纳各种文化精华，弃其不适用于自身的糟粕，不盲目照搬，也不完全排斥，而是进行批判学习和吸收，最终才能令文化不断完善和发展进步。

邓小平指出，只有解放思想，才能正确认识马列文化思想和毛泽东思想，也只有坚持实事求是才能让理论和实际相融合，通过文化思想推动社会的发展。在社会主义现代化建设的历史转折期，解放思想、实事求是的文化理念推动着全党全国的工作重心从革命斗争和政权斗争转移到了经济建设方面，中国的社会主义建设真正意义上开始从经济物质和精神文化两个层面进行了丰富。

江泽民指出，社会主义现代化建设事业是物质文明和精神文明协调发展、相辅相成的事业，缺少任何一个方面，都不成其为有中国特色的社会主义。江泽民强调，社会主义的优越性不仅表现在经济政治方面，表现在能够创造出高度的物质文明上，而且表现在思想文化方面，表现在能够创造出高度的精神文明上。只有创造出更加绚丽多彩的中国特色社会主义文化，才能更好地体现和发挥社会主义制度的优越性，才是中国特色社会主义。

随着中国经济实力和政治影响力的不断提升，中国的经济发展得到了长足进步，中华文化也受到了普遍关注，但无论是经济体制还是文化影响力均有所不足。在这样的背景下，胡锦涛提出了科学发展观的概念，即以人为本，全面、协调和可持续的发展观。科学发展观回答了文化究竟为谁而发展的问题，明确了社会主义先进文化的完善需要将广大人民群众利益放在首位，将民众需求当作社会主义建设和发展的出发点和目标方向。在科学发展观的基础上，社会主义核心价值体系命题的提出为中国共产党的文化建设提供了扎实的理论基础，也为建设社会主义文化强国构想的提出提供了方向。

习近平总书记关于文化强国建设的战略思想与前四代中央领导人的文化思想同根同源，同时也是在前四代领导人提出的文化建设思想基础上的再一次深化和完善。社会主义先进文化是我国文化建设的方向引领。当代意义上的中国文化是注入中国共产党历史、中国精神和时代精华的新文化，是马克思主义与中华优秀传统文化相结合的新文化。这种新的文化的精华和灵魂所在，便是习近平新时代中国特色社会主义思想。这一理论创新成果实现了马克思主义中国化的历史性飞跃和创造性升华，无论是在马克思主义发展史上，还是在中华文化发展史上，都具有极其重要的历史地位和时代价值。

二、文化自信的特征和要求

中国的文化自信是国家、民族和党对社会主义发展路线及文化体系的文化价值、文化理念、文化生命力的充分肯定和充分认可，也是推动中国自身文化创新发展和实现文化理想的基础核心。文化自信是在新时代背景下基于文化发展所需而提出的，具有其鲜明的特征和原则要求。

（一）文化自信的基本特征

文化自信的基本特征主要有以下六个层面。

1. 时代性

德国哲学家黑格尔在《历史哲学》中提出，任何一个时代都有一个精神原则在支配整个时代，也称为世界精神，而具体到每个民族的历史发展极端，则表现为民族精神。①

文化自信的首要特征就是其所具的时代性，虽然随着全球经济一体化和文化一体化的发展，世界各国的文化与经济、文化与科技都在快速交融发展，文化在国家发展进程中的作用也越来越明显，但这样的时代背景下，全球所呈现出的文化问题和文化特点仍需要格外重视。

虽然在国际上和平与发展是时代发展主题，但不同国家的发展状况所产生的矛盾使得西方更加强势的文化格局并未发生改变，文化扩张和文化霸权依旧存在；同时，中国特色社会主义开始步入新的发展阶段，因此中国需要更加科学、更加适宜的文化心理、文化态度来促进自身文化的发展和中国特色社会主义制度的发展，但在某一历史时段，中国饱受文化自卑自弃心理的影响，造成了民众对自身文化的发展产生了一种被动心理。

在这样的背景下，文化自信思想应运而生，其契合了新时代中国文化发展的趋势和特点，呼应了中国人民在精神文化方面产生的问题和新需求，为中国文化的发展指明了方向。

2. 科学性

文化自信根在文化，贵在自信，其要义和精髓无不体现出真理和科学，其科学性主要体现在以下三个方面。

首先是真理性，指的是一个国家或民族的文化是否对社会现实和时代状况有正确认识，该文化需要体现出主观世界的需求和客观世界的规律，同时要扎根于文化主体的实践作用，在科学的引导下，推动文化主体更加清晰地认识世界和改造世界。

其次是价值性，指的是文化能否与社会价值标准和评判体系相符合，是否是以民众为出发点去体现民众的根本利益诉求，同时文化需要具有一定的前瞻性，可以指引社会发展方向，并不会偏离社会发展的目标趋势。

最后是普适性，指的是文化能否保持开放包容的姿态，是否具备兼容并蓄的特征，能够取外来文化的精华、弃外来文化的糟粕，以合理和科学的体系架构吸引外来文化的融入。

3. 民族性

中华民族拥有悠久的历史传承，也具备极为精深的文化底蕴，在中华民族

---

① 成园园. 新时代文化自信实现的方法论研究 [D]. 济南：山东大学，2020：33.

优秀的传统文化中，本就具有天下大同而治的期望和追求，随着中国特色社会主义的建设，共产主义的信仰追求与中华传统文化相结合，成了深入中华民族儿女骨髓之中的文化特性。

这种天下大同而治的伟大胸怀和精神诉求体现的是文化自信的涵养，直接关乎整个民族的精神家园的凝聚和构筑，也关乎精神能量的激发和挖掘。

文化自信的民族性是中华民族对文化信仰的总结和推动社会发展的必胜信念，更是坚持中国特色社会主义文化发展道路的信心体现。

4. 开放性

在全球一体化的背景下，文化也不可能与世隔绝，文化自信就是要开放自身，积极与各种文化进行交流沟通，借鉴其他文化之中有益的养分来不断壮大和完善自身。面对外来文化，是采取封闭还是开放的态度，考验的就是民族的文化自信。

中华民族文化自信的开放性主要体现在三个方面，首先是勇于学习和借鉴世界先进的文明成果，包括西方文化发展过程中的有益经验，体现在措施方面就是"拿来主义"，但此处的拿来并非全盘接受甚至西化，而是通过本土文化的判断来获取不会动摇根基的内容以丰富自身。

其次是中华文化"走出去"战略，文化走出去是为了让世界真正了解中国，并通过中华文化的吸引力实现多元文化的广泛交流，令中华文化在世界文明体系中占据一席之地。走出去战略需要充分挖掘文化的思想精髓，将其中对世界文明有积极推动作用的成分打造成中华民族文化品牌。走出去需要做到尊重文化差异和文化政策，并采用恰当的传播方式。

最后是对外来文化的融合拓展，吸收借鉴外来文化的精华，并非简单的嫁接，而是要挖掘外来文化精华的深层理念，与中华文化进行有机的融合，促使中华文化更加完善和丰富，在此过程中注重的是对外来优秀文化的转化、再造和拓展。

5. 实践性

文化自信是国家和民族在深刻把握自身文化内涵并明晰文化特质的基础之上产生的，其虽然仅仅是一种观念，但同时也需要立足于实践进行支撑，只有文化在实践中契合且先进，文化自信才能持久地存在。

文化自信的实践性主要体现在两个层面，一是虽然随着经济的快速发展，民众的物质财富得到了极大的提升，民众已经完全脱离了那个物质匮乏、人不敷出的时代，但物质的解放并未带来信仰和坚守的提升，而是对民众的精神产生了负面的影响。

在这样的背景下，民众亟须打破物质对思想领域和精神领域产生的枷锁，文化自信的提出就是要注重精神文化的提升和丰富，以推动精神文明的快速发展和健康成长。

二是文化自信的提出本就是基于中国的发展实践，改革开放数十年来，中国创造出了举世瞩目的成就，尤其是物质财富的积累和建设远远超出了之前数百年乃至上千年的创造。

但从实际情况来看，会发现民众虽然享受到了丰富的物质成果，但精神文明的发展却一直停滞不前，甚至受到腐蚀和破坏，基于中国如今的精神文明国情，习近平总书记提出了文化自信理念，要通过科学吸取文化精华和成果，摒弃文化糟粕，打造社会主义先进文化，基于以人为本的文化需求，打破思想不安，为民众打造高品质的文化底蕴。

6.可塑性

文化自信的可塑性指的是文化及文化主体的自我发展、自我调节和自我适应能力，主要体现在三个层面。

首先，文化主体具有可塑性，即本土文化熏陶之下的个人和群体具有极强的可塑性，尤其是对本土文化的自信感并非与生俱来的，而是一种对文化的情感认可，通过不断的学习、了解，提高自身能力的同时就会逐渐拥有自信。

其次，本土文化自身具有极强的可塑性，中国本土文化是中华民族优秀传统文化、中国特色红色革命文化以及社会主义先进文化的有机融合，通过社会建设的实践，本土文化一直在扬弃之中不断完善和发展，通过与外来文化的交流拓展，本土文化的生命力、凝聚力和影响力一直在不断提高，也就是说，本土文化一直处在自我塑造的过程中，且随着时代的发展推移会越来越完善。

最后，文化自信的主体和客体关系具有很强的可塑性，本土文化的可塑性和文化熏陶下的个人及群体的可塑性决定了彼此关系的可塑性。本土文化通过潜移默化的影响、积极主动的引导和科学理性的教育，会愈发体现出文化自身的魅力和力量，从而也会令个人和群体对本土文化产生更加浓厚的兴趣和好奇，依托于了解，个人和群体会对本土文化进行不断肯定和认可，最终塑造出坚定的文化自信。

（二）坚定文化自信的原则要求

文化自信是在党的领导下，广大人民群众历经革命、建设、改革，最终富足并自信起来的过程，是一种对中国特色社会主义文化由内而外的信念。坚定文化自信必须要遵循以下三个原则要求。

1. 坚定马克思主义的指引

中国特色社会主义文化是中国文化与马克思主义结合之后的产物，坚定文化自信，就必须培养坚定马克思主义中国化的文化根基，依托于马克思主义的指引，最终实现本土文化的完善和发展。

马克思主义对中国本土文化而言，是一种外来文化，但已经深入融合到了中华文化之中。一方面是因为马克思主义自身的科学性和实践性理论特征，在马克思主义传入中国后，就为中国革命和建设乃至改革提供了强大的理论支撑，是中国共产党的行动指南和思想指导。

另一方面马克思主义与中华文化具有极为相似的内在契合点，尤其在社会理想、思维方式和价值追求等方面，两者之间具有高度相契性。在社会理想方面，马克思主义所追求的没有阶级和剥削的社会设想与中华文化的天下大同理想极为相似；在思维方式方面，马克思主义的对立统一思想和传统辩证法思想与中华文化中的阴阳互补之道、中庸取舍等理念不谋而合；在价值追求方面，马克思主义的历史唯物史观念与中华文化的民本位理念完全契合。[①]从这些方面而言，马克思主义和中华民族的优秀传统文化如出一辙，极易相互融合。

另外，马克思主义之所以能够与中华文化高度契合，还有一个重要原因就是中华文化熏陶之下孕育的中华民族开放包容的文化底蕴，为两者的彼此深入融合提供了优质的土壤和环境。

2. 坚定中国共产党的领导

中国共产党是中国特色社会主义事业快速发展壮大的领导核心，中华文化作为中国特色社会主义事业的核心内容，必须坚定不移地坚持党的领导，才能实现最终的文化自信。

随着西方工业革命的快速推进，中国曾陷入内忧外患的危难时刻，在中国政治、经济落后的环境下，中国文化也相应落后许多，在这样的关键时刻，在马克思主义和工人运动结合下，诞生了中国共产党。

---

① 周寿楠. 新时代中国特色社会主义文化自信研究 [D]. 吉林：东北电力大学，2021：24.

自中国共产党诞生以来，就自觉承担起改造和发展中国社会的艰巨历史责任，百余年来在中国共产党的领导下，我们经历了重重艰难困苦，最终实现了独立自主的快速发展。

自新中国成立以来，中国社会建设和发展的实践已充分证明，只有在党的领导下，才能够实现中国的政治、经济和文化的相携壮大。进入社会建设新时代，民众对美好精神文化的需求紧迫感日益提高，只有坚持中国共产党的领导，坚定党的理想信念，才能够推动社会主义文化建设，从而最终实现文化自信。

3. 坚定以民为本的理念

民众是一个国家发展壮大的根本，国家的建设和发展依托于人民群众，同时文化自信的实现也依托于民众。在中国悠久的历史长河中，民本位思想一直是政治思想中最璀璨的明珠。

比如，中国传统民本思想中的重民、贵民、忧民、顺民、强民、惜民、养民、富民、教民、治民等，均是重要的政治思想。重民说的是民众是国之根本，只有民众稳固，国家才能安宁稳定；贵民说的是民众才是国家的支撑，国家领导者均是由民众簇拥；忧民说的是国家强盛的根本就是能关注民众忧虑并将之解决；顺民说的是政治管理的兴盛基础就是要顺应民心；强民说的是国家要强盛必须惟德善政，民众富强才是政治根本；惜民说的是要珍惜民众，需体察民众情怀，提高民众凝聚力；养民说的是国家不可能仅靠领导者支撑，最根本的依旧是民众；富民说的是治国必须先令民众富足，以此为基础才能更好地治理国家；教民说的是富强的国家要持续发展，就需要教化民众扎实文化根基；治民说的是国家在管理民众时，要政策简洁并促使民众受益，刑法要清晰标准，统一进行治理才可实现天下太平。[①]

以民为本的理念在中国社会主义新时代同样非常重要，只有坚持人民至上原则，在治国理政过程中遵循民本位思想，才能顺应大势和民意，从而实现国家和民族的长治久安、国富民强。

三、文化自信研究的基本理论阐释

（一）文化哲学

文化哲学是哲学的一种当代形态，是研究者从哲学的理论高度对文化展开

---

① 徐龙建.文化自信问题研究 [D]. 北京：中共中央党校，2019：26.

研究和论述的哲学理论。虽然这一术语早已提出，但目前为止其内涵仍较为模糊。卡西尔在其《人论》中就提到，文化哲学是"目前在哲学体系中所区分的全体分支中最有疑问和最富有争议的一门学科"①。正是其复杂性使得文化哲学具有了多维度的阐释意义。当代德国著名哲学家施太格缪勒（Wolfgang Stegmuller）认为，文化哲学需要从两个层次来理解，即作为理解范式的文化哲学和作为具体哲学形态的文化哲学；卡尔·曼海姆（Karl Mannheim）认为，文化哲学从某种程度上讲，"其实是文化学的一种元理论研究，是对文化学的基本概念、模式、体系和结构进行更为深入的批判性研究"②。总之，作为一种新的哲学范式，文化哲学关注的基点是人自身及人所创造的文化世界。16世纪欧洲文艺复兴时期开始的人文主义、18世纪的理性主义哲学都为文化哲学的兴起与发展奠定了理论基础。

简单地说，"文化哲学"是从哲学角度研究文化的本质、特征及其发展规律的学科，是从哲学视界出发，审视人和文化之间的关系，"通过对人类文化对象和文化实践结果的反思，进一步对人的本质和主体性境遇、对人类文化的历史与现实作总体性的价值阐释和观念把握，以期达成人的文化自觉"③。这种哲学形态真正成为哲学思想大潮则是在"二战"之后。首先，是法国掀起了重返"人"这个主题的哲学运动。随之法国哲学家让·保罗·萨特（Jean Paul Sartre）和德国哲学家马丁·海德格尔（Martin Heidegger）分别发表文章强调存在主义之人道主义性质。"20世纪60年代兴起的新马克思主义、结构主义和批判理性主义虽然相互论战、各争其理，但都在径直诉诸人的价值。与此同时，在英、法、美、德等国哲学界出现了创立'新的伦理学'的趋势，要求把哲学研究从空泛的形而上学探讨，拉回到与人的命运和行为直接有关的伦理学上。"④

20世纪70年代以来，解释学、符号学、人类学和语言学研究的巨大发展进一步促进了文化哲学研究的发展。20世纪80年代，文化哲学更是成为世界性的哲学倾向，1983年召开的以"哲学、文化和文明"为主题的世界哲学大会正式宣告了当代世界哲学从"科学哲学"到"文化哲学"的历史转向。文化

---

① 恩斯特·卡西尔. 人论 [M]. 甘阳，译. 上海：上海译文出版社，2004：75.

② 曾敏. 外语教育中的文化安全研究 [D]. 武汉：华中师范大学，2015：46.

③ 张家政. 大学英语教学改革的文化哲学研究 [D]. 重庆：西南大学，2010：37.

④ 张家政. 大学英语教学改革的文化哲学研究 [D]. 重庆：西南大学，2010：37.

哲学揭示了人类文化的发展规律，强调人文性质，注重人的存在，人的问题是文化哲学贯穿始终的价值轴心。这与外语教育关注人的发展的本质不谋而合。

文化哲学是各个时期外语教学的精神核心。文化哲学所特有的世界性意义、新视野观念、时代特性都能够集中展现人文哲学的本质，所以文化哲学需要注重人文性质，强调人存在的意义。这种思想和外语教学促进人全面发展的教学理念和本质极为契合，新时代文化哲学的重要使命就是要"借鉴历史哲学、实践哲学、哲学人类学、文化人类学等学科知识，对人类社会的历史观念、历史结构、风俗习惯、伦理道德、政治结构、宗教信仰等作出反思和批判，从而完成人的形象重塑和推动社会变迁的使命"，① 就是要关注时代的发展变化和人的文化本真状态，这也是文化哲学得以不断发展的主要原因。因此，将新时代的哲学精神作为当代教育的理论指导是任何一个研究者乃至任何一所学校不可推卸的使命和义务。

（二）文化政治学

文化政治化是指文化失去了其本身的属性及正常的发展规律，而演变成为一种为政治服务的手段。文化政治化是当今世界文明对话的最大绊脚石。在这种基础之上，各种文化之间不再是"各美其美，美人之美，美美与共"，而是相互进行政治博弈的手段。国家之间，尤其世界大国之间的经济和贸易对峙，其本质就是文化之争，是意识形态、政治体制和价值观冲突的外在体现。所以，"文化是物质和精神的双重存在，文化因为占有、分享才有价值和意义，也就是说，人本质上就是文化的存在，……当文化被权力异化，文化就成为一个封闭的系统"②，变成孤立的存在，无法与其他异质文化进行交流沟通。当然，随着经济社会的进一步发展，文化必然会从政治中解放出来，从而演变为社会、经济、政治、文化四位一体的健康发展方式。

就外语教育来讲，很长时间以来，中国的外语学术生产和外语教学实践都是由西方理论和模式主导。进入 21 世纪，虽然随着中国外语教育的国际化进程加速，我们的制度、规划、政策等机制已经同国际接轨，但在意识形态、价值观、思维方式和核心政治理念等诸多思维和意识领域，却未真正跨入世界舞台。

由此来看，基于文化政治学视角，"外语教育不能简单地理解为一种客观

① 曾敏 . 外语教育中的文化安全研究 [D]. 武汉：华中师范大学，2015：46.
② 杨枫 . 外语教育国家意识的文化政治学阐释 [J]. 当代外语研究，2020（6）：1.

知识的学习活动，外语知识也并非只是描述性和技术性的，更是建构性和固化性的。正是这些带有西方思想的外语知识参与了中国的社会发展实践，因此也在一定程度上建构了中国的社会秩序，影响了中国的社会发展"。① 我们必须坚持民族本位的文化立场，深化国家意识，树立文化自信，做新时代中国文化安全的捍卫者。

虽然在中国的各级各类外语教学指南文件中，也有"中国文化""中国情怀"的表述，但是这些提法缺乏理性光辉和思想深度。复旦大学社会学教授于海曾在 2004 年提到，"国家意识是对某一特定的民族国家及其传统、制度、文化的归属，并由此而分享一种共同的历史、共同的情感、共同的信念和共同的生活方式，即国家意识是对国家认知、认同和期待的概念集合。国家意识具有丰富而饱满的理论涵摄力，既可以统领外语学术生产和教学实践，也可以指导课程思政建设和立德树人工程"。②

只有以中国社会主义国家的认知和认同为己任，才能在语言学习、文化比较上，实现坚持中国立场、讲好中国故事、传播中国文化，最终与外国文化进行互学互鉴，为人类命运共同体大厦的建设提供支持。

（三）文化教育学

文化教育学又称为精神科学教育学，是 19 世纪末以来出现在德国的一种教育学说，就教育思想而言，其主要目的是从文化或精神科学的视角来研究人及人的教育问题。代表人物有威廉·狄尔泰（Wilhelm Dilthey）、弗兰茨·恩斯特·爱德华·斯普朗格（Edward Spranger）、特奥多尔·利特（Theodor Litt）等。其基本观点是人是一种文化的存在，人类历史是一种文化的历史；教育的过程是一种历史文化的过程；教育研究必须采用精神科学或文化科学的方法。德国教育家斯普朗格在其《教育与文化》一书中论述了教育与文化之间的内在关系，他指出，教育的价值就是"唤醒生命"，并强调教育的目的就是要促使社会历史的客观文化向个体的主观文化进行转变，并将个体的主观世界引导到博大的客观文化世界，培养完整的人格；培养完整的人格的主要途径就是陶冶和唤醒，建构对话的师生关系，从而更好地激发受教育者的内在动力，开发其内在潜能，促使受教育者的身心全面发展。

文化教育学认为，教育的过程就是文化传承、传播和创新三者有机融合的

① 杨枫. 外语教育国家意识的文化政治学阐释 [J]. 当代外语研究，2020（6）：1.
② 杨枫. 外语教育国家意识的文化政治学阐释 [J]. 当代外语研究，2020（6）：2.

过程，是文化本身逐步发展及被教育者素养提升的过程。教育过程的文化性主要表现在把客观的文化价值根植于受教育者的心灵深处，使其内化为个体意志并进而改变其内心精神世界的过程。因此，文化教育学重视人文精神价值塑造，重视教育的主体性发挥，反对教育本质工具化、技术化倾向，是一种不同于传统知识传授模式的教育新观念。

文化教育学厘清了教育与文化之间关系，为外语教学研究提供了理论支撑。文化教育学认为，教育的本质在于促进作为"整体的人"的个体智力和人格的全面发展。因此，在外语教育教学实践中，不能仅关注语言技能本身，更要渗透文化教学和人文素养提升，使学生真正能在时代发展的潮流中提升自我，从而推动个体能力和生命意义共同建构。

第三节　文化自信的现实价值分析

任何民族和国家的强盛都是以深入民心的文化基础为依托，并在此基础上打下坚实的经济基础和政治基础。习近平总书记强调："文化是一个国家、一个民族的灵魂。文化兴国运兴，文化强民族强。没有高度的文化自信，没有文化的繁荣兴盛，就没有中华民族伟大复兴。"

文化自信对整个中国、整个中华民族以及中国共产党而言，都具有非常丰厚的现实价值。主要体现在以下三个层面。

一、建设文化强国的内在动力

中国作为一个具有数千年悠久历史和灿烂文化的文明古国，具有高度的文化自觉和文化自信，更曾有过多个文化辉煌的时代。近代，在资本主义文化的侵蚀下，中国文化曾承受了前所未有的内部挑战和外部压力，但在数代先辈的不懈努力之下，中国文化经历了一次次生死浩劫，最终虽然顽强坚持了下来，但也陷入了文化品格不振的局面。

在这样的背景下，新中国得以成立并快速发展，为了能够建设真正的文化强国，中国文化发展必须要重拾文化信心。中国特色社会主义已进入新的发展时代，在这样的历史节点上，习近平总书记从文化发展及文化强国建设的逻辑出发，提出了新时代文化发展中国的智慧，即文化自信。文化自信作为建设文化强国的内在源动力，主要体现在三个层面。

（一）提升文化软实力

20 世纪 80 年代，哈佛大学教授约瑟夫·奈（Joseph Nye）首次提出了"软实力"这一概念，软实力就是一种依靠吸引力而非通过威逼利诱等手段来达到目的的能力，这种吸引力源自一个国家的文化、政治理念和政策。

其中，文化是一个国家软实力的核心内容，最主要的体现就是通过无处不在和无时不在的文化不断渗透，从而最终产生巨大的吸引力。与之相对的是硬实力，即经济、科技、军事等物质代表，这是国家兴盛和民族自强的物质基础，而文化软实力则是支撑民族自强和绵延传承的内在脊梁，包括传统文化、信仰信念、民族精神、道德品质等各个方面。

从这个角度而言，文化软实力是国家兴盛的精神支柱，物质硬实力为生产、生活、技术发展等奠定了扎实的基础，文化软实力则为物质硬实力提供了更加宽阔的发展空间和精神境界，从而令物质硬实力拥有更扎实的价值指引和思想支撑。两者相辅相成，交相辉映。

中国作为文明古国，传承数千年的中华民族优秀传统文化一直流淌在炎黄子孙的身躯之中和精神之中，孕育了一代代勤劳勇敢且自强不息的中国人。新中国成立以来，中国从一个百废待兴、千疮百孔的状态，历经不足百年就成为如今欣欣向荣、一片祥和、蒸蒸日上的发展中大国，正是依靠着优秀文化基因的涵养和熏陶。

厚植文化自信，就是要大力发展中国特色社会主义文化，以中国的文化软实力为核心发展根基，为中国未来的发展提供强大的精神动力和文化支撑。

（二）维护国家文化安全

国家的文化安全并非传统的安全领域，而是在发展过程中有效抵御和化解文化风险，避免异质文化冲击造成民族文化被威胁和动荡的一种文化状态。国家文化安全看似不像国土安全那么直白，但其是国家最核心的安全根基，也是国家真正安全的内在底线。

在如今这个文化一体化的时代背景下，当一个国家的文化一直处于被动状态时，就很容易因为不同文化间的交流而逐渐迷失自身文化，最终被其他文化同化，失去支撑国家民族精神的核心价值体系，看似未失疆土，却实则已成异国。

国家文化安全的内容非常复杂，包括风俗习惯、价值观念、生活方式、文化制度和政策、文化产业（典籍图书、影视歌曲、建筑艺术等）、民族凝聚力、道德风尚等各个层面的内容。

文化作为一种软实力，具有强渗透性和隐蔽性特征，这就造成国家文化安全同样具有渗透性和隐蔽性。例如，喧嚣之中的错误社会思潮就是异质文化渗透的结果。隐蔽性则主要体现在文化的相对稳固性方面，这是国家安全层面最顽强的部分，也最不易摧毁。例如，中国在鸦片战争后虽进入半殖民地半封建状态，但民族凝聚力一直坚强存在，所以经过百年的努力，最终实现了民族独立。

语言是文化的一部分。外语教学承载着不同的价值观念和意识形态，并不是像单纯的语言符号那么简单，如果任由其单向输入，不坚守自身的文化阵地，势必会对输入国的文化安全产生不同程度的冲击。而通过文化自信的培养，则可以有效应对这种冲击。文化自信并不是盲目自信，而是在文化自觉的基础上实现自我价值，以平等的姿态迎接外来文化，并吸取外来文化的精髓之处，对自身文化进行创新，以自信的态度弘扬本民族的优秀文化，实现文化的双向流动，使文化趋于更加多元化。

随着中国的快速发展和经济全球化及文化全球化的深入，中国的文化现状也面临着巨大挑战。多元文化的进入使得中国文化处于多种文化交织、碰撞、融合的状态，中国文化安全也面临着严峻的挑战，要想维护国家文化安全，就必须培养中国民众的文化自信。

（三）推动国际文化交流

在经济全球化和文化全球化的发展趋势下，文化交流已经成为未来发展的必然趋势，通过文化交流可以促使不同国家、不同民族乃至不同个体之间的真诚对话，从而促进彼此的合作共赢及互学互鉴，有助于促进更好的秩序和文化底蕴的构建。

同时，国际间的文化交流可以促进本土文化的传承，在传承文化的过程中能够通过文化精粹的学习和纳入，强化本土文化的底蕴与根基，开拓本土文化视野，实现最终的文化超越。

构建顺畅有效的文化交流机制和平台已经成为全球各个国家未来必须解决的问题，加强国际文化交流具有三个方面的优势。

一是可以促使各国家、各民族认可世界文化的多样性，只有认可世界文化多样化，真正认识到多姿多彩的世界是由各种文化共同组成的，才能够最终实现国际文化交流。

二是国际文化交流的实现，前提是不同国家、不同民族的文化交流主体，都是在尊重他国民族文化的基础之上进行的，如尊重别国自主选择社会道路和制度的权力等，即使是落后的文化体系，同样是劳动人民传承和创造而来的，必须尊重、礼敬、珍惜，才能够实现国际文化的平等交流和共赢。

三是加强国际文化交流必然需要文化交流主体对本土文化进行坚守，坚持对本土文化的自信、自爱、自尊、自立，只有通过固本守元的形式，才能够在进行国际文化交流过程中保持本土文化坚定可靠，避免被外来文化侵蚀和同化。

虽然国际文化交流是秉承"民族即世界"的理念，但无论哪个国家或民族，都只有在充分肯定本土文化和坚守本土文化核心的基础之上，才能够在文化交流过程中做到不卑不亢，以包容、学习、提升的心态去发展和完善本土文化，最终在为世界文化做出贡献的同时，加强本土文化的坚守和建设。

二、实现民族伟大复兴的精神基础

没有高度的文化自信，就没有文化的繁荣昌盛，就没有中华民族的伟大复兴。2012 年，习近平总书记在参观《复兴之路》展览时提出："实现中华民族伟大复兴，就是中华民族近代以来最伟大的梦想。这个梦想凝聚了几代中国人的夙愿，体现了中华民族和中国人民的整体利益，是每一个中华儿女的共同期盼。"① 之后习近平总书记在一系列重要讲话中曾多次阐述了"中国梦"。

在人类文明发展史上，中国文明作为唯一传承并延续至今的古文明，具有非常深刻的文化内涵和深远意蕴，"中国梦"的提出就是基于中华民族文化的延续和传承，以实现国家富强、民族振兴、人民幸福。作为更持久软实力的文化自信，自然就成为了实现民族伟大复兴中国梦的精神基础。

（一）扎实中国道路的基础

近代以来，中国的发展主线就是争取人民解放、民族独立，最终实现和谐社会和国富民强。19 世纪末，中国第一个资产阶级革命团体同盟会（前身为兴中会）由孙中山建立，发动了轰轰烈烈的辛亥革命，最终结束了中国持续两千多年的封建制度。

但资产阶级和农民阶级因为没有先进的理论作为指导，无法得到中国广大人民群众的支持和拥护，最终失败。直到马克思列宁主义传入中国，中国共产

---

① 习近平 . 习近平谈治国理政 [M]. 北京：外文出版社，2014：36.

党应运而生，历经艰难险阻之后，新中国得以建立，中国共产党开始带领全国人民走社会主义道路。

经过数十年的拼搏，中国开始快速崛起，而在此背后，就是一条由中国共产党带领下，所开创出来的引领中国发展的新道路——中国特色社会主义道路。它以马克思列宁主义为指导，以中国现实情况为基础，和国情结合，最终走出了一条颇具特色的中国道路。

这条中国道路所展示的价值追求，无不体现着中国优秀传统文化的民族精神：以人为本、公平正义、共同富裕、社会和谐、和平发展……这些均是优秀传统文化对中国道路的文化浸润。坚持文化自信，就是对中国道路的认同，更是中国道路坚定走下去的核心基础。

（二）弘扬中国精神的源泉

在中国数千年的历史之中，中华民族的代代先民创造出了辉煌灿烂且博大精深的传统文化，这是中华民族的精神体现，是中华民族的精神脊梁，更是中华民族屹立不倒的底气。

中国共产党成立以来，中国在前行的道路上一直在以传统文化为依托，创造了先进的革命文化和革命精神，如战争时期的长征精神、抗战精神、延安精神、红岩精神、太行精神，发展时期的大庆精神、雷锋精神，以及新时代的工匠精神、航天精神、奥运精神等，都是在中国悠久的传统文化基础之上，融合创新发展而来的中国精神。

由此可见，中国的民族文化就是中国精神的思想源泉，坚守文化自信，就是弘扬中国精神，振奋全民族的精气神，也只有这样才能发挥出悠久中国文化的传承优势，培植出整个中华民族积极向上的文化生态环境。

（三）凝聚中国力量的保障

习近平总书记指出："实现中国梦，必须凝聚中国力量。空谈误国，实干兴邦。我们要用13亿中国人的智慧和力量，一代又一代中国人不懈努力，把我们的国家建设好，把我们的民族发展好。"[①]

凝聚中国力量，就是要团结广大人民群众，通过团结一致的精神来创造磅礴伟力，而凝聚民众力量的核心保障就要通过文化自信，也就是依托于传承数千年的底蕴深刻的中国优秀传统文化。只有以精神文化为食粮，才能够凝聚起

---

① 习近平. 习近平谈治国理政 [M]. 北京：外文出版社，2014：56-57.

广大民众的力量，最终为中国梦的实现打下坚实的基础。

随着中国经济的快速发展和科技水平的不断提高，日益提高的物质文化已经为民众提供了扎实的物质基础，而在这样的背景下，建设高度物质文明的同时，提高文化生活水平，建设高度精神文明的诉求被提出。只有坚持文化自信，抓好社会主义精神文明建设，才能够成为凝聚中国力量的绝佳保障，最终实现民族伟大复兴。

三、筑牢党的文化领导权的理论支撑

建设和实现文化强国的核心就是要强化和巩固文化领导权，是一种通过自身文化吸引力和同化力，从而巩固执政基础和获取民众支持的特殊权力形式。任何政党获取执政地位和稳固执政，都离不开文化领导权作用的发挥和功能实现。

中国共产党自成立以来就十分重视文化领导权的建设，正是在一次次加强党的文化领导权的政策方针的引导和推动下，中国才取得了革命的胜利，并在社会主义建设中取得了卓越成就。在新时代，加强党的文化领导权的建设更加重要，不仅能够在开放化的发展格局下为民众提供文化选择的明灯，保持中华优秀文化坚定的文化底蕴，维护国家文化的安全，还能够通过对文化领导权的建设，进一步夯实中国特色社会主义道路的理论根基。强化文化自信就能够巩固党的文化领导权，主要体现在以下三个方面（见图1-1）。

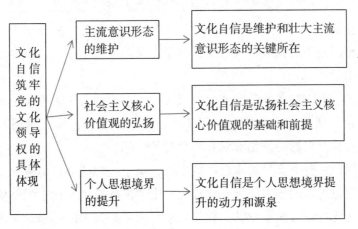

图1-1 文化自信筑牢党的文化领导权的具体体现

（一）主流意识形态的维护

主流意识形态就是反映时代特征和主流价值诉求的全民意识，是社会主体的观念意向与时代精华的集中体现。维护和壮大主流意识形态能够保持足够的政治定力，同时可以抵制外来思想文化的渗透，并通过抵制错误思想，确保意识形态的安全。主流意识形态是文化自信的一种外在体现，坚定的文化自信是新时代意识形态安全的屏障。在建设中国特色社会主义道路的伟大实践中，只有增强文化自信，才能维护和壮大以马克思主义为指导的社会主义意识形态，才能万众一心向共产主义这个最高理想而努力奋斗。

（二）社会主义核心价值观的弘扬

一个国家和民族的核心价值观就是国家发展的稳定器，只有拥有了共同的价值追求，人民才能够团结一致，共同奋斗。社会主义核心价值观根植于中华文化的丰腴沃土中，是全中国人民在共同奋斗的基础上，对价值追求的提炼和概括。弘扬社会主义核心价值观必须以坚定文化自信为基础和前提。

（三）个人思想境界的发展提升

自社会诞生以来，文化即随之出现，社会不断进步的外在体现就是文化的不断完善和进步，文化给予了个人思想上的启蒙、心灵上的滋润、精神上的洗礼和道德上的教化，最终促使个人的思想境界不断发展和提升，从而实现个人的全面和自由发展。

中国自古以来就崇尚独立且自由的精神和人格，孔子曰："三军可夺帅也，匹夫不可夺志也。"其表达的就是人要自由追求属于自身的理想人格，这种追求的意志不断鼓舞着代代仁人志士的抗争，从而推动了中国社会的快速进步与发展。

可以说，中国悠久的传统文化无时无刻不在影响着个人思想境界的发展和提升，无论是儒家的入世炼尘，还是道家的隐遁世间，抑或是墨家的平等兼爱，都是一种对自然的感悟和对自由思想的挖掘。

中国特色社会主义是追求自由的事业，每个人都能够自由全面发展，就是社会主义价值追求的最终体现，同样也是中华民族传统文化中的价值追求的精炼。强化文化自信，筑牢党的文化领导权，同样是为了能够推动个人思想境界的提升和发展，最终实现个人自由而全面发展的目标。

第四节　新时代培育文化自信的紧迫性

在新时代背景下，文化成为增强国家竞争力的重要因素。中华民族要真正实现"伟大复兴"，不仅要以经济崛起作为支撑，还要以文化崛起作为持续发展力。牢固树立文化自信，维护文化安全，这是新时代赋予的历史使命。

一、文化全球化背景

当今时代，各国之间的交流和融合在广度和深度方面得到极大的拓展：在经济方面，全球商品和服务出现大流通，"地球村"的概念开始出现，在商品进行流通时，文化的流通不可避免；在科技教育方面，科学研究和人才培养逐渐打破地域和国家的限制，国家之间开始共同研究问题，并积极开展交流与合作；在生活方式方面，全球化使得各民族的吃、穿、住、行等逐渐打破国家界限，展现在各个民族之中和世界舞台之上……在这一过程中，文化的流通和碰撞不可避免。如果我们这个时候对这些外来文化不加批判或缺少理性选择，而是全盘接受的话，便很容易使自己成为外来文化的"俘虏"，从而迷失自己的民族文化身份，改变自身的价值观。

前面提到，文化自信是对文化主体，即本民族文化价值和文化生命力的肯定与坚守。全球化进程正深刻改变着整个世界的经济秩序，也进一步影响着人们的思想观念和价值体系，世界已经进入一个从未有过的文化大碰撞、大融合时代。不同国家、不同民族之间的文化、价值观和意识形态互相交织融合，并被经济和科技发展的不平衡性不断强化。因此，在文化全球化背景下，在对外来文化兼收并蓄的同时，需要加大对本土文化的有效"输出"，做好本民族优秀文化的传承、传播与创新，增强本民族文化活力，提升文化影响力，筑牢文化安全屏障。

二、教育国际化趋势

教育国际化是第二次世界大战后国际间相互交流、研讨、协作，共同解决教育中核心问题的发展趋势。随着经济全球化的深入，教育也逐渐走向国际化。事实上，国际化已经成为教育发展的一种全球性趋势。立足全球化和多元文化的场域，人才的培养需要中西方科学技术的交流和文化之间的交融，离不开大力提升教育的对外开放和国际化程度。在此背景下，国际化学校队伍迅速壮大，各种初高中的国际班、高校的中外合作办学以及各个教育阶段的国际学校，无论是数量还是质量，均呈现出明显的上升趋势。

从未来中国国际教育的发展态势来看，要实现实质的教育国际化，必须走向国际理解教育。国际理解教育以责任、公正、平等、自由、包容、和解、人性等为核心价值，倡导加强不同文明、文化之间的相互理解、相互尊重和相互借鉴，以构建更加包容的世界，促进世界和平、合作与交流，建设人类共同的美好未来。这就要求学生既要放眼国际、感受世界情怀、定位国际坐标，又要深化民族意识、国家意识，扎根中国，坚定文化自信。在学习他国语言、文化、技术的同时，必须结合本民族特色，整合外来文化，并努力推动中华文化走向世界，才是教育国际化的根本追求。

因此，只有以本民族文化为坚实的基础，才能够培养出真正国际化的人才。所谓国际化人才，是指具有国际化意识和胸怀、国际化知识结构、国际化视野和能力的高层次人才。国际化人才需要具备多种能力和素质，尤其要具备经受多元文化冲击的能力，在跨文化交流过程中，不丧失"中国心"，不丢掉中华民族的人格和"中国魂"。只有这样，他们才可以在全球化竞争中站稳脚跟，走得更远、看得更广、信仰更加坚定。

三、文化自信与中华民族伟大复兴

首先，文化自信是提升国家文化软实力的观念基石。文化自信是国家日益强大的重要体现，也是国家文化发展建设的内生动力，增强文化自信有利于提高中国文化软实力和中国在国际上的话语权，更有利于推动中国优秀传统文化走向世界。随着互联网时代的来临，世界各国文化软实力的竞争也日益加剧，各个国家在文化方面的交融、交流和交锋都极为频繁，在如此激烈的国际环境下，中国作为发展中国家，若想要获得国际话语权，就必须将中国优秀传统文化传播到世界舞台，增强文化自信则有利于国家、企业、个人有信心将中华民族优秀传统文化展示给世界人民。

其次，文化自信是应对世界多元文化冲突的理性支撑。在全球一体化背景下，世界各国之间的竞争日趋激烈，竞争领域已经从经济领域逐步扩大到文化领域，世界各国都在抓紧文化建设，以便在国际文化竞争中占据优势。随着社会和经济的不断进步，中国经济的迅速发展在为民众带来物质上的满足后，民众也开始不断提高对精神文化的追求。在此期间，中国民众的思想更加开放，虽然这更有利于吸取各国的优秀文化思想，但同时也易于受到西方社会不良文化思想的影响。比如，中国人民面临着错误的新自由主义、普世价值、历史虚无主义等社会思潮的冲击。

最后，文化自信是实现文化产业发展的内在要求。中华民族自古以来就对传统文化保持着高度自信心和自豪感，也正是因此才使中华民族的文化源远流长。中华民族伟大复兴需要建立在国家文化发展建设的基础之上，这就要求国家、国民拥有足够的文化自信，从而实现中国文化产业的健康快速发展。

党的十八大以来，由于一系列方针政策的指引，中国文化产业发展的成绩斐然，呈现出了健康良性发展的态势，这一切都是文化自信的表现。比如，中国的文化事业全面繁荣，公共文化服务体系也在逐步得到完善，在新时代，党和国家出台实施的一系列政策均有力推动了中国文化事业和文化产业的发展，包括公共图书馆、文化馆、博物馆、档案馆、各级文化机构等，已经基本建成覆盖全社会的公共文化服务基础设施网络。比如，中国现代文化产业体系已初步形成，包括各种社会主义文艺作品资源库、各种文化产业园及文化产业示范基地的建成，各种新兴文化业态，如数字期刊、网络文学、电子图书、数字音乐、网络动漫等均在迅速崛起，成为中国文化产业发展的新动能。

第二章　中国外语教育的历史沿革及其文化使命

第一节　中国外语教育的发展历程

中国有关外语教育的可查史料最早可追溯到元代，之后不断发展至今，综合来分析，可以将中国外语教育的发展划分为三个阶段，分别是 20 世纪之前的外语教育发展、清末到新中国成立前的外语教育发展、新中国成立之后的外语教育发展。

一、20 世纪之前的外语教育发展

（一）元代和明朝的外语教育

史料可查的元代所建立的外语教育机构是由元代朝廷掌管的教习亦思替非文字的学校——回回国子学（1289—1314 年的称谓）。亦思替非文字是元代官方对阿拉伯语的称谓，也就是回族人主要的书面语波斯文。

1289 年（元世祖至元二十六年），因元政府中会亦思替非文字的人已经很少了，在曾经担任回回译史的中书平章政事（元代左右丞相之下的官职）的提议下，在元代大都（今北京）设立了回回国子学，主要教习波斯文，是元代培养译员（翻译）的学校，多数学生为官吏和富商子弟。

1314 年（元仁宗延佑元年），回回国子学更名为回回国子监，设立了监管，并授予了学士职位专门教授亦思替非文字，学生学成毕业之后，多数会担

任各地方官府的译史。

到了明朝，因中原王朝与周边的民族和国家间市场贸易往来，因此需要大量翻译人员，为了培养翻译人才，1407 年（明成祖永乐五年），专门设置了四夷馆，这是中国历史上最早为培养翻译人才而官方设立的专门机构，其培养的人才主要负责翻译朝贡国家往来的文书，同时也负责教习周边民族和国家的语言及文字。

明朝四夷馆教习的外语主要是中原周边各民族的语言，中原与周边地区的交往日益密切，所以对外语人才尤其是翻译人才的需求量大增，外语也随之受到极大重视，四夷馆中学习成绩优良者会被委以官职，同时在民间精通外语的人也能够通过他人推荐得到任用。

（二）清朝的外语教育

清朝同样延续了明朝的传统，只是将四夷馆改名为四译馆，隶属于翰林院，之下同样分设了回族、缅甸、百夷、西番、高昌、西天、八百和暹罗八馆，目的和明朝相同，用以翻译周边诸国的朝贡文字。

1728 年（雍正六年），因俄罗斯自 17 世纪末开始，就每隔十年派遣一批学生到中国留学，学成之后回国，所以清廷在国子监下设立了俄罗斯学馆，并选派了汉语和满语教师教授俄罗斯留学生学习汉语和满语以及经史典籍；1741 年（乾隆六年），清廷又在理藩院下设置了俄罗斯学堂，主要用以京城的汉、满贵族子弟学习俄文。

自鸦片战争之后，清统治者开始认识到只有了解和学习西方文明，才能巩固清政府的统治并谋求振兴，在这样的背景之下，外语教育被提升到了重要的地位，中国开始出现一些外语学校和重视外语教育的洋务学堂和地方学堂。从 1840 年到 19 世纪末，中国的外语教育主要形式有三种。

1. 外国传教士创办并控制的教会学校

最早建立的教会学校是 1818 年由英国传教士罗伯特·马礼逊（Robert Morrison）在马六甲设立的英华书院，该校在 1820 年建成，最初建校宗旨是为了宣传基督教而教授英文和中文。1843 年，英华书院迁校到香港。

鸦片战争之后，中国的教会学校开始增多，19 世纪 70 年代之前的教会学校多数以宣传和扩大基督教影响为主，目标是能够培植基督教信徒，巩固在中国的基督教事业，在办学过程中，英语并非必读科目。19 世纪 70 年代之后，教会学校开始飞速发展，主要原因是为了侵占和控制中国经济的目标，教会学校为了培养能够熟悉西方生活习俗且懂得外语的人才，开始强调英语教学，并将英语设立为教会学校的基本教学语言。

2.传统书院及民间私塾

传统书院及民间私塾的主要代表就是各种各样的洋务学堂，其中主要包括京师同文馆、上海同文馆、广州同文馆、台湾西学馆、福建船政学堂等，其均是以学习西方科学技术或军事装备为主的学堂，最主要的目的是希望通过学生学习外语，将之作为工具去学习西洋的先进理念等。

其中，京师同文馆最早设立，是由咸丰年间的恭亲王奕䜣和文祥在 1861 年奏请，于 1862 年正式开办的清末第一所官办外语专门学校。最初开办学馆的目的是培养外语翻译和各种洋务人才，课程最开始仅设置了英文，但随着学馆的开设，才发现仅仅懂得洋文不足以办好各种涉外事务，更难以成为真正的洋务人才，因此又增设了很多其他实用学科。

3.政府督办的各种新式学堂

为了培养更多洋务人才，19 世纪 70 年代后，中国很多地方开始纷纷创办新式学堂，这些学堂的办学指导思想对外语的重视程度远远超过旧式书院和学馆，课程设置同样更加先进。

较为知名的新式学堂有 1876 年仿效中国四大书院的办学方式，建成于上海的格致书院，其学制为 10 年，分英语和华文两部；有 1878 年创立于上海的正蒙书院，其外语课程包括英文和法文等，还开设了很多旧式书院并不开设的课程，之后在 1882 年扩建校舍并更名为梅溪书院；有 1891 年康有为创建于广州的万木草堂，教育理念是对学生施以德、智、体多方面教育，外国语言文字学就是智育中的一部分内容。

除以上这些由士绅兴办的新式学堂外，在洋务运动期间，清政府中的有识之士也陆续开办了一批学习西洋文化和西洋技术的新式学堂，逐步催生出了近代高等教育制度的雏形。如 1866 年的福建船政学堂、1867 年的上海江南制造局兴办的机器学堂、1881 年的天津水师学堂、1886 年的天津武备学堂、1887 年的广东水陆师学堂、1890 年的南京水师学堂等。在百日维新前后，清政府还曾命令各大小书院改制为兼习中西学的学堂，开始主动学习西方以便促进政治改革、思想解放和启蒙等。

除以上所说各种学堂和书馆在进行外语教育外，1860 年之后，清政府为了进一步培养既掌握实用学科又懂外语的人才，以辅助政府排忧解难，还选派了一批幼童赴美留学，开创了中国公费留洋学习的先例；在政府带动下，一些洋务学堂也开始派遣学生出国留学，最终为中国近代的发展培养了一大批人才。

（三）清朝外语教育样态分析

综合而言，在清末期，外语教育已经受到清政府极大的重视：虽然小学阶段并未开设外文课，但开设了含有西方科学文化知识的格致、地理等课程；中学阶段英语就已经成为一门必修课，其他与西方相关的课程也开始增多，如物理、化学、法制、博物等。

无论是洋务学堂还是新式学堂，其出现均代表了清末教学的理念和目的开始出现变化，其中最为重要的理念就是通过学习外语来学习西方技艺，以达到自强救国的目的。

1.洋务学堂的外语教育分析

在清朝后期，洋务学堂的外国语课时所占比例极大，授课语言也几乎全是外文，此时的外语教育全部都是围绕技术革新进行的，即指导思想为中体西用，最终目的是发展中国的科技和人文服务；除技艺类课程之外，文科课程中也有大量西方文化教育的内容，目的是通过学习西方先进的文化理念来为中国服务。

洋务学堂的外语教育体现了一部分有识之士救国救民的心愿，即通过积极学习、接受西方的各种技艺知识和文化理念，来达成知己知彼，提升素质的目的。而且在此过程中，洋务学堂拥有更清晰的文化维护意识。比如，无论是地理、历史还是法制类的西方文化课程，都是致力于通过学习外语了解西方的各种内容和理念，其最终的导向是为我所用，且洋务学堂的翻译一直贯穿整个学制；另外，洋务学堂所秉承的理念是学习外语的目的是对西方技艺产生兴趣，毕竟落后就会挨打，但是学习外文只是作为社会改良的手段，骨子里对中华民族的文化依旧极为爱护和维系。

2.新式学堂的外语教育分析

在一等的新式学堂中，学生入学必须先学各类外文，包括英语、日文、德文、法文等，只有掌握好外语，才能深入学习对应的军事和科技知识，这些学堂真正背负起了救国图强以实现民族复兴的重任。

二等的新式学堂类似于如今的中学教育，在其教学内容中，英文学习比例较大，同时也掺杂有西方文化成果教学和科技成果教学，目的是为了让学生在进行学习时更易接受西方科技和技艺。

新式学堂在布置外语教育课程时同样朦胧地意识到了要维护中华民族的文化安全，不过依旧有传统的较为旧式的封建思想残留，因此学习西方的内容多数为技艺，并不会涉及政治领域改革和教育制度革新等。

（四）20世纪之前外语教育的特点

20世纪之前，外语教育主要有以下四个特点。

1.教学目标逐渐丰富

从元代的回回国子学，到明朝的四夷馆，再到清朝的各同文馆，进行外语教育的目的主要是培养外语专门人才，即翻译人才。

随着百日维新倡导学习西方，开始实行各种资产阶级改良运动，对人才的需求推动了外语教育的目的开始转变为培养可以利用外语从事各种专业化事业的复合型人才。

2.外语课程体系较稳定且语种多样化

无论是具有政府性质和督办性质的学馆或学堂，还是具有教会性质的洋务学堂，对外语的教学都相当重视，课程设置相对合理，即使受到顽固派攻击也一直将外语当作其主学科之一；另外则是外语的语种呈现出多样化局面，多数都是以英语为主，同时又兼设法语、德语、日语、俄语等语种中的一种或多种。

3.外语教学内容以语言知识和翻译为主

比如，1867年之后，京师同文馆将学制改为8年，其与外语教育相关的课程大纲为第一年认字写字、浅解词句、讲解浅书，第二年为讲解浅书、联系文法、翻译条子（便条），第三年为讲解各国地图及史略、翻译选编，第四年为翻译公文，第五年到第八年均为练习译书。

史料有记载，同文馆的重要活动就是中译西书，主要是因为同文馆和总理衙门关系密切，所以从学生入学启蒙之后就一直有翻译练习，且步步深入。

1890年，有官员提出，同文馆虽然翻译西文能力较佳，但语言不熟，所以传述能力需加强，因此开始重视语言知识的教学，到1896年，各书院开始扩充课程，增设了译学。

1897年，绍兴中西学堂英文馆的课程说明也提出，学习英文要先识字母后识拼法，之后以拼法学字，合字成语言，同时要注重语言文法，读书需口音清晰有度。在读书时，要先读英文启蒙，之后读英文读本，再读文法，循序渐进方能成才。

4.外语教学的教育方法以语法翻译法为主

同文馆第一次大考的初试是将外文翻译为汉文，复试是将某条约的汉文片段翻译为外文，最后口试是考官出汉语条子，考生将其口译为外语。

在绍兴中西学堂开设的外语课程中，流程是先将昨日传授的外文背完，之后教师问汉语学生回答外语，教师再选取学生读过的外文书由学生默写，然后开始由教师教习外语口语，最后习作外文书写。在学习半年后，学生开始翻译书句，由教师批改。

从课程模式和教学方法可以看出，当时的外语教学是以语法翻译法为主，最终的目的就是培养出能够进行临场中外文转述的口译者以及能够翻译外语文书的人才。

二、清末至新中国成立前的外语教育发展

（一）清末、民国初期的外语教育

20 世纪初，清朝末年，清政府开始实行新政，分别在 1902 年和 1903 年颁布了有关设立新学堂和制定新学制的规定《钦定学堂章程》和《奏定学堂章程》，也被称为壬寅学制和癸卯学制，两个学制均规定中学堂及以上学堂都需开设外语课，不过因为壬寅学制并未实施，所以此阶段各学堂普遍开设外语课以 1903 年为起点。

从 1903 年到 1922 年，整个中国处于清末民初阶段，其外语教育的主要特点包括以下五个方面。

1.外语教学目标更加明确

这一点从此阶段颁布的各学制就可窥一斑。

其中，1903 年颁布的《奏定学堂章程》中指出，外语是中学堂必须且最重要的一门课程，每个学堂都需设置，学习的外语主要有英语、日语、法语、俄语、德语等，其中英语和日语最重要，不仅在遇到对应外国人时可以进行应用，还可以在一定程度提高智能并积累知识。

1912 年，中华民国教育部颁布的《学校系统令》，也被称为壬子学制，其

中指出学校学习外语以英语为主，在其他外国人较多的地域则可以根据情况选择法语、德语、俄语等其他语种，外语教学的目标是为了让学生能够理解外国普通的语言和文字，具备一定的运用能力，以此增强自身的智能和积累知识。

由此可以看出，在此阶段中国的外语教育教学目标已极为明确：积累知识、增进智能、语以致用。政府已经意识到了外语教学的主要目的，一方面是为了进行应用，另一方面则是为了促进智力的发展。

2.教学内容和教学方法的改进

20世纪以前的外语教育的教学内容以语言知识为主，但进入20世纪后，外语教育的教学内容得到了极大拓展，在阅读、翻译的基础上，还增加了语音、会话、作文、文学要略等各方面内容，开始对语音学习、对话学习和写作能力进行重视。

当然，相对而言，此阶段的外语教育的教学内容重点依旧是培养阅读、翻译和语法人才。1912年，中华民国教育部颁布的《学校系统令》中就指出了在外语教学中，要讲授发音拼字、文章读法、书法、会话、作文等方面的内容和锻炼。

在20世纪以前的外语教育中，教学方法以翻译法为主，进入20世纪后，直接法传入中国，此阶段开始出现翻译法和直接法共存的情况。

直接法是与翻译法相对的一种外语教学方法，是以口语教学为基础，按幼儿学习母语的自然过程为核心诉求，通过将目的语直接和客观事物联系的方式进行教学，不需母语，也不需翻译。其主要教学特点是在教学中排除母语和翻译，采用较为直观的手段用目的语学习目的语，通常采用的是动作、扮演、演绎和涂画等。

直接法的引入令中国外语教育开始注意到学生学习外语的主动性和课外学习外语的意义，也推动着外语教育开始对语言学习进行研究。不过此阶段所采用的直接法教学尚处于初步阶段，比如，在1918年举行的教育部全国中学校长会议中，通过了两项关于中学外语教学的决议，其中一项就是要注重预习并引导主动学习，同时要随时练习会话来为后期实用服务，另外提倡课外阅读和记诵，并设立了语言学习研究所。

3.外语教学的学时增多

此阶段外语教育的学时占据学校总学时的量极大。比如，《钦定学堂章程》中规定外语教学学时要占据总学时的1/4，当时中等教育每周的教学总学时为

36 学时，外语学时占据了 9 个学时，外语以英语为主，法语或日语任选一种；《奏定学堂章程》则规定了外语学时为 8 学时；在 1912 年所颁布的《中学校令施行规则》中，确定了中学四年的外语课程，中学一年级是 7 学时，后三年为 8 学时，小学外语课程则为 3 学时。

4. 外语教育开设初显地域和学段差异

在清末民初阶段，不同地域的教育情况相差极大，在制定对应学制时，政府也考虑到了学生学习阶段的差异和不同地域的差异。

比如，《奏定学堂章程》中的学务纲要就提出，初等小学不宜兼习洋文，高等小学堂若设在通商口岸，或者学生不打算进入中学堂及以上，而是期望未来进入工农实业工作，则可以在学堂课程之外兼习洋文。

又如，1912 年颁布的《学校系统令》提出高小学堂有条件的均可以开设外语课程，以英语为主，若所处地域特殊，则可以任意选择法语、德语或俄语中的一种。

5. 外语教材种类多样

此阶段中国所用的外语教材种类增多，有外国人编写的，也有中国学者自己编写的。比如，外国人的教材有《约氏英文法》《英华初学》《华英初阶》《华英进阶》等，中国人编写的教材有《英文初苑》《英语模范读本》《英文汉诂》等，这些教材之中的英美文学片段占据极大篇幅，因此词汇量非常巨大。

（二）民国中后期的外语教育

从 1923 年开始到新中国成立之前，中国的外语教育进入了一个不断认知其目标和探索尝试的阶段，这种研究和探索也逐步令民众对外语教育的教学目的的认识更加科学。

比如，1933 年，国民政府教育部颁布了《中学规程》，并于 1935 年做过修正。当时多数人认为初中所学外语最大的价值就是用于升学，若初中毕业后不继续升学，就相当于将前面学习外语的时间全部浪费了。

1939 年，当时的教育部召开了第三次全国教育会议，其中在有关中学英语教学的议案中，就有两个主张将英语改为选修课程，一个提议要减少学校中英语的学时，还有一个则主张继续增加英语的学时，不过主张增加学时的议案也提出，如果并不准备升学，则可以减少英语学时甚至不学英语。

1940 年，教育部制定的初中和高中课程标准中将初中的英语定为了选修课，相当于大幅降低了外语教育的重要性。

在此阶段，外语教育的教学目的的科学性也逐步被总结了出来。在1948年颁布的《初、高级中学英语课程标准》之中，对外语教育的教学目的的认识已经非常全面，虽然该课程标准实际上并未实施，但其表现出的对外语教育的认知已经非常全面与合理。

比如，该标准中将初中英语教育的教学目标制定为以下几项：学习日常生活用语；夯实语言基本功；启发学生对西洋事物更浓厚的兴趣；引导学生认识英美国家生活方式和风俗习惯。该标准将高中英语教育的教学目标制定为以下几项：练习切实可用的日常英语；通过英语诗歌散文学习，增强对英语语言的认识，提升英语写作能力；增加对西方文化的了解和兴趣；通过对英美民族发展状况的了解，激发出爱国情怀和发展动力，熟悉国际形势。

从1948年的外语教育的课程标准中就能看出，当时中国进行外语教学已不再将其作为单纯的工具，也不是简单地培养各种能力，而是更深入地挖掘了外语教育所涉及的人文特性，提出了外语教育的使用目的、教养目的、教育目的和激发目的。

该阶段的外语教育最大的特点主要体现在以下几点。

1. 外语学习资源丰富

此阶段外语教育的教材版本多样，除各种英美的原版教材之外，国内多家出版社也出版了外语教材，在1928年到1935年间，教育部审定的外语教科书中，初中教材就有20多种，高中教材则有6种以上，其中比较有影响力的有林语堂所著的《开明英文读本》、林汉达所著的《初中英语标准读本》、张士一所著《直接法英语教科书》、周越然所著的《英语模范读本》等。

除教材多样外，还有多样的外语语法书、读本、工具书和各类英文期刊。其中，比较有影响力的语法书有林语堂所著的《开明英文法》、吕叔湘所著的《开明新编中等英文法》等；读本有张士一所著的《英华会话合璧》、葛传椝所著的《英文作文教本》等；工具书有葛传椝所著的《英文用法大字典》、郭秉文所著的《双解实用英汉大字典》等；英文期刊有商务印书馆编写的《英文周刊》和《英文杂志》、中华书局编写的《英文周报》等。

另外，中国虽然在此阶段处于纷乱时期，但同样很多外语类资源在中国也多有体现，为学生学习外语提供了很多现实的资源，包括条件较好的教会学校和中国学校，其各种课程，如数、理、化、史、地等均会采用英文原版课本；

各大城市也时常会有英美原版的电影、期刊、商业广告等出现；同时也有大批外国人进入中国，为学生的外语学习提供了极大便利。

2.外语课程的设置不太稳定

由于此阶段学制的不断变化，外语教育的教学目标也在不断变化，因此外语教育的课程设置并不是很稳定，会随着学制和教学目标的变化而做一定的调整。

（1）必修和选修课程的变化。从1903年近代学制实行后，英语一直是各学校的必修课程，但在1940年修订的初中和高中课程标准中，初中英语却被改为选修课；到1948年再次修订的标准中，又再次将初中英语定为必修课。

（2）学时的变化。在1935年教育部公布的《中学规程》中，初中和高中的英语学时均为5学时；1936年公布的修订课程标准将初中英语的学时数进行了减少，为每周4学时，高中依旧为5学时；1948年，初中英语的学时数再次变更，初一和初二为每周3学时，初三为每周4学时，高中依旧为每周5学时。

（3）课程标准贯彻情况不均衡。虽然英语的学时在此阶段一直发生变更，但其课程的重要性依旧，其学时大体与国文的学时持平，语、数、外三科为学校主科成为共识。不过，政府制定的课程标准和大纲虽确定了外语教育的重要性，但对课程语言的教学目的的阐述比较模糊，且没有指出教学目的的具体要求和适用教材。

基于此，各个学校对于最终的外语教育结果没有统一标准，如掌握多少语言知识、具备多少语言技巧、拥有何层次的语言能力等，不同学校有不同的标准。且因为地区之间、学校之间的办学条件差异较大，所以不同学校和不同阶段的衔接存在很多问题。例如，有些地方的小学也开设了外语课程，学生进入其他初中可能会出现重复学习等。

3.地域发展差异较大

此阶段中国各个地区的发展情况差距明显，因此外语教育的发展情况差异亦较大。比如，城市的中学一般都开设了外语教育，师资条件也较为良好，担任外语教师的有留学生，也有传教士，或教会大学的毕业生等；而农村的中学外语课程不仅开设不多，课程学制还不正规、科学。

比如，在中国沿海城市的中学中，尤其是在上海、天津等地，其中学的外语教育情况远远好于内地学校，多数沿海地区大中城市学校的五六年级就已设立外语课程，而内地学校却明显有很大不足。

又如，教会学校和非教会学校相比，其外语教育情况要更好，一方面其师资力量多样且专业，另一方面沿袭而来的学制已经相对较为成熟，更显得科学。

4.教学研究开始受到重视

随着政府对外语教育的逐步重视以及外语教育学制的逐渐科学化，相关教学研究也开始受到各方重视，主要体现在以下三个层面。

首先，开始出现各种研究外语教学的专著、期刊、文章及学术团体，其中较有影响力的有张士一所著的《英语职业教授法》、陆殿扬所著的《英语教学言论集》、周越然所著的《初级外国语科教学法》、林语堂所著的《中学各科教学法》、吕叔湘所著的《中国人学英语》、陈东林所著的《外国语教学法》等，以及1948年成立的中国英语教学研究会，该研究会还创办了中国历史上第一本全国性英语教学研究方向的学术刊物《英语教学》。

其次，某些学校开始研究外语教学法，比如，一些学校开始采用国际音标、牛津音标或韦氏音标进行外语语音教学；一些学者开始积极宣传外语教育的直接法教学方式，并提议在全国普通中小学推广；一些学者在理论研究和探索的基础上，开始进行实践试验，并提出了对应的见解。

最后，此阶段在艾伟教授的带领下，一些学者开始对中国学生的外语水平和学校的外语教育状况进行摸底调查。

艾伟教授是湖北江陵人，中国现代教育心理学家，1925年，艾伟教授在美国华盛顿大学获取哲学博士学位，回国之后先后担任了东南大学和大夏大学教授以及中央大学教育系主任、教育学院院长、师范学院院长等。

在1929年到1930年，艾伟教授开始调查中学英语教学情况。1932年，他又对全国9个省的高中学生的英语阅读水平和12个省的27所大学新生的英语阅读水平进行了调查。以上提到的数份调查报告收录在艾伟教授所著的《英语教学心理学》一书中。这意味着外语教育相关研究已经开始真正向科学化靠拢。

（三）清末民国时期外语教育样态分析

清末民国时期，中国的外语教育以两类学校为主，一种是教会大学，一种是公立大学。

1. 教会大学的外语教育样态分析

清末民国时期，中国有数十所教会大学，其完全借鉴了西方先进的大学管理运行制度，不仅办学起点较高，还经常通过国际化校际交流增长学生见识，教育质量很高，对中国教育的发展起着示范作用。

当时的教会大学办学和教学均具有鲜明的西方文化特点，对东西方文化的传播和交流影响深刻。不过相对而言，早期的教会大学目的并不纯粹，很大程度上遵循了西方文化替代东方文化的初衷。例如，教会大学教学中一个鲜明的共同点就是用外语来作为授课语言和工作语言，而完全摒弃中文不用。

其实，这种潜藏起来的西方文化殖民目的早就被很多有志之士发掘并警惕，只是当时清政府岌岌可危、民国政府建立不久，根本没有实力与西方抗衡，所以教会大学一直沿袭着以外语为授课语言的模式。不过民间自发的反抗却数不胜数，很多学校的教师和学生均在运用自己的方式捍卫着民族语言的地位，并自觉自发地维护着国家的文化安全。

当然，不得不承认的是，教会大学在办学过程中所采取的先进大学管理模式，引进的西方先进的科技文化，均对中国的教育发展、文化交流和科技进步提供了参考和示范，很多教会大学的负责人均主张吸收中西文化精华来推动中国文化和教育的发展。

2. 公立大学的外语教育样态分析

清末民国时期，中国公立大学的教育发展极为缓慢，但外语教育却在整个缓慢的教育发展环境中，以畸形的方式发展。当时很多公立大学的英语教师队伍中有不少英语教学和科研水平极高的专家学者，这也令当时外语教育所带来的文化安全隐患更加明显。比如，当时很多初中院校和高中院校都过分重视外语教育，多数学生会将近一半乃至更多的时间用来学习外语（主要是英语）；公立大学同样非常强调外语，甚至有些公立大学对外语的要求极为苛刻，规定只有英语教育合格才能毕业。

当然，公立大学在重视英语教育的过程中，主要目的是积极学习西方先进的科学技术，只是课程内容过于"拿来主义"，容易令学生产生激进求变、脱离国情、无法学以致用的情况。同时公立大学也非常重视中文教学，包括各种中国优秀的传统文化课程设置较多，以民国政府意志的方式保证了中国教育传统的延续和中华民族文化的传承。

也正是清末民国时期公立大学秉承了国家的意志，有效制约了外语教育在实践中的作用，从本能方面维护了国家文化的安全，只是当时维护国家安全的行为并未上升到国家规划和国家政策层面，具有一定的局限性。同时，当时公立大学重视外语教育的意识也令中国如饥似渴地大量吸收了西方的先进知识和文化，从而为未来中国的快速发展奠定了扎实的基础。

三、新中国成立后的外语教育发展

1949 年新中国成立后，中国的外语教育取得了很大的进展，但同时也经历了一个非常曲折的过程，这与新中国成立后的社会发展形势息息相关。整体而言，新中国成立后的外语教育的发展可以分为四个阶段。

（一）俄语主体教育阶段

新中国成立之后，百废待兴，从 1949 年到 1956 年，整个阶段中国社会事业的建设总方针就是向苏联学习，而向苏联学习就需要培养出一大批俄语人才，因此在总方针的推动下，中国的外语教育开始进入以俄语为主体的教育阶段。

1. 俄语教育的快速发展

1949—1952 年，因处于新中国成立初期，俄语教学虽然被提上日程，但缺乏对应的师资力量和适宜教材，所以一些地方的俄语教学只是仓促而行，教学质量普遍不高。

1950 年，教育部颁发了《中学暂行教学计划（草案）》，其中对于外语课程进行了分科说明：初中和高中均需要设立一门外语，有条件的学校适宜设置俄语教学，已授英语的学校和班级可以继续教授英语；而不具备教授俄语的学校可以暂时教授英语。这是中国教育史上第一次明确提出外语教育以俄语为主的教学计划。

1952 年，中国各地建立了一大批俄语专科学校，包括中国人民大学在内的 19 所高等院校均设立了俄文系或俄文科。此阶段，高等院校的公共外语课程多数是俄语。经过数年的努力后，到 1956 年俄语教育正式步入正轨，数年间在苏联专家的协助下，中国很多学校制定了俄语教学计划、教学大纲并编写了俄语教材，同时从高等院校毕业的俄语人才也快速充实了师资队伍，教学水平开始提高。

同一时期，英语、德语、法语等外语教育则受到了极大的忽视，自 1952 年起，很多高等院校在院系调整时纷纷撤销或合并了英语系科，德语和法语系科也相应被缩减，多数大学的公共英语课程的学时也进行了压缩。

另外，全国各中小学的英语教育也开始大面积缩减。尤其在1954年教育部发布《关于从1954年秋季起中学外国语课程设置的通知》发布后，英语教育的情况每况愈下。

该文件提出，从1954年秋季起，初中不再设立外国语科，二、三年级已授外语的也一律停授；高中设立外国语科，每周4学时，从高一起，要授俄语，若校内缺少俄语师资，可继续教授英语，二、三年级原本教授英语的可继续，若有俄语师资且学生期望改授俄语，英语教师有可被妥善安置的学校，也可以转授俄语；初中的外国语教师需妥善安置，可胜任高中俄语教学的教师进入高中教授俄语，能够通过训练成为高中教师的可以通过俄语训练或自学，成为高中的俄语师资力量。

2.俄语主体教育的弊端

1949—1956年，外语教育以俄语为主。此阶段中国的整个外语教育依旧处于萌芽期，外语教育为政治服务的意识形态极为浓厚，因此对外语教育规律性的尊重意识并不科学，从而导致此阶段外语教育极为不均衡。其弊端主要体现在三个层面。

首先，以俄语为外语主体教育，致使教育体系并未尊重其他外语语种的优势，包括英语、法语、西班牙语等，并未形成对世界影响力较大的语种教育模式，也并未培育出对世界影响较大的语言人才，违背了语言教育的普遍规律和终极目标。例如，在1949年到1952年，中国外语教育的语种覆盖面极广，包括英语、德语、法语、日语、俄语、西班牙语、越南语、缅甸语等十数种，但自1952年后，俄语教育完全覆盖了其他语种的教育。

其次，当时中国外语教育的教学内容有极大弊端，尤其是教材的政治色彩过于浓厚，缺少了外语的实用性和实际性，这令外语教育根本无法充分发挥外语作为交际工具和学习工具的作用，也无法真正捍卫和维护国家的文化安全。

最后，忽略英语教育带来的弊端极大，一方面体现为脱离了当时外语教育的实际情况，从1903年实行新学制后，中国的中学一直开设英语课，通过数十年的发展，师资、教材、资料等已经拥有了扎实的基础，但俄语在之前开设较少，师资和教材等硬件设施处于缺乏状态，直接取消英语教育造成大量教师人才浪费；另一方面体现为外语教育理念有偏差，制定外语教育计划是为了培养更多人才来为国家的发展服务，当时大力扶持俄语教育并无问题，但完全忽略英语教育就造成外语教育根本无法均衡发展，对后期的发展无益处。

（二）英语教育恢复阶段

1956年，中央在制定《1956—1967年全国自然科学和社会科学十二年长期规划》时发现，因为过分缩减了西方语种的教育，尤其是英语教育，明显对未来国家的建设和国际交往不利。

因此，在1956年7月，教育部发布了《关于中学外国语科的通知》，其中明确表明，为了适应中国文化建设和经济建设的需求，必须要加强中学外国语教育，在改进和保证办好俄语教学的基础上，需要扩大和改进英语教学。此阶段，外语教育体现出以下三个特点。

1.英语教育比例恢复

1956年，教育部发布的通知指出，从1956年秋季开始，英语师资力量有保障的地区要从高一增设英语课，高二和高三原有的英语课程需继续开设。

1957年，教育部颁发的《1957—1958学年度中学教学计划》中指出，有条件的学校需在初中一年级开设外语课，并将英语和俄语教学比例暂定为各占50%；英语和俄语可以进行分校教学，每个学校教授一种外国语，师资力量优秀的学校也可两种兼备，实行分班教学。

1959年3月，教育部下发的《关于在中学加强和开设外国语的通知》中规定，从1962年开始，高校在录取新生时，要将外国语考试成绩计入正式录取分。

1963年7月，教育部颁发了《中学教学计划（草案）》，其中明确指出，中学阶段要注重外国语的教学，要求中学阶段的俄语或英语教学要逐步使高中毕业生具备初步阅读外文书籍的能力；没有开设外国语的初中要积极准备并逐步开设外国语教学，有条件的小学高年级也可以有计划有步骤地开设外国语课程。

1964年，教育部颁发了《外语教育七年规划纲要》，其中提出要加强普通中学的外语教育，要求并确定了英语为第一外语，提出要到1970年前将学习英语和俄语的学生比例调整到1：1，1970年后逐步调整为2：1；并要求学过六年外语的高中毕业生需要掌握3000左右单词，并能够阅读浅显的外文书报和进行简单外语对话。

2. 外语课时有所增加

1957 年，教育部颁布的《1957—1958 学年度中学教学计划》中规定，初中外语教学的每周课时为 3 学时，高中为 4 学时；到 1963 年教育部颁发的《中学教学计划（草案）》中，初中外语课程调整为三个年级依次为 7 课时、6 课时和 6 课时；1963—1964 年，初中外语课程的课时为每个年级均为 8 课时，高中每个年级为 10 课时，成为该阶段外语课时最多的时期。

3. 外语课程的设置仍有摆动

此阶段教育部所颁发的不同阶段的中学教学计划中，在外语课程是否开设这个问题上依旧有所摆动。比如，1957 年的教学计划中规定有条件的初中可在初一阶段开设外语课程，之后发布的教学计划补充通知中又指明，初中阶段的外语课程暂不开设，大中城市有条件的学校可以开设外语课程作为试点，并指出初中阶段暂时不开设外语课程是因为缺乏足够的师资力量；到了 1958 年，教学计划中又一次将初中外国语课程取消。

（三）外语教育停滞阶段

1966—1976 年，中国的文化和教育事业遭受了重创，外语教育更是受到了前所未有的严重冲击。在此阶段，中国外语教育事业基本处于停滞状态，教师根本无法登台讲课，外语教学几近崩溃。但尽管如此，仍有不少师生承受着种种压力坚持外语教学，这为以后的外语教育事业的繁荣发展奠定了基础。

虽然 1956 年到 1966 年期间，外语教育有了一定的发展，但由于当时外语教育重新步入正轨的时间不长，外语教学计划并未形成稳定的体系，所以经过 1966 年到 1976 年的重创之后，刚刚步入正轨的外语教育之路再次受阻，面临着更为严峻的发展态势。

（四）快速发展阶段

1978 年，党的十一届三中全会召开，全国工作重心开始向经济建设转移，改革开放成为中国社会主义初级阶段基本路线的两个基本点之一，中国的外语教育也紧随形势发展，开始进入快速发展阶段，整体而言，此阶段外语教育的发展可以分为三个时期。

1. 改革开放初期

（1）政策的推动。随着改革开放的推进，一批与外语教育相关的政策纷纷出台，极大促进了中国外语教育的发展。

1978 年，教育部召开了全国外语教育座谈会，探讨了加强外语教育、提高外语教育水平，为实现四个现代化培养外语人才的办法和措施，同时也就外语师资队伍的建设、教材的编写、外语教育研究等内容进行了相应的讨论。

根据该会议的精神和探讨结果，1979 年，教育部印发了《加强外语教育的几点意见》，对中国的外语教育提出了具体的要求。国家对外语教育的重视度提升到了战略范畴，并开始注重各语种教育的平衡以及外语教育理论的研究和实践的验证。

随着意见文件的发布，中国外语教育开始明确发展方向，之后一大批相关政策的颁发极大程度地推动了外语教育的健康成长。

1979 年，教育部颁布了《关于办好外国语学校的几点意见》，整顿和恢复了原本的 11 所外国语学校，并开始发挥其领头羊作用，在为外语教学提供示范的基础上，逐渐为高校输送了大批外语人才。

1979 年，教育部下发了《全日制十年制中小学英（俄）语教学大纲（征求意见稿）》，并在之后不断对教学大纲进行修订和完善；1981 年，教育部颁发了《全日制六年制重点中学教学计划试行草案》，开始恢复初中三年和高中三年的学制，并提出了中学六年中外语课时的要求。

1985 年，国家教委组织开展了新中国成立后规模最大的一次学科调查，对全国的十五个省市中学英语教育情况开展了一年多的调查研究，根据调查，在 1986 年召开的全国中学外语教育改革座谈会中提出了《关于改革和加强中学外语教学的几点意见》，这令中学外语教育教学更加科学化。

（2）对应措施的推动。教育部有关外语教育的意见发布后，各种推动外语教育发展的措施也陆续推出，令原本低谷的外语教育得到了恢复并有了科学快速的发展。

比如，自 1979 年开始，高考计分模式开始采取逐年提高外语成绩计分比例的方法，逐步提升外语的重要性，到 1983 年，外语成绩开始 100% 计入高考总分。

又如，人民教育出版社从 1978 年就开始陆续编写《小学英语课本（试用本）》《中学英语课本》和《高中英语代用课本》。代用课本停止使用后，其他两套课本则在经过试用和修订后正式出版成为多数学校的教材；1982—1984 年，人民教育出版社还出版了《初级中学英语课本》《全日制十年制高中英语课本（试用本）》《高级中学三年级暂用课本》等教材。

1986 年，教育部成立了全国中小学外语教材审定委员会，开始对以后中小学教材实行编审分开的方式，以鼓励多样化教材的编写，形成了一纲多本的局面。

比如，20 世纪 80 年代，中国高等学校的外语教育得以恢复，并逐步构建了多层次、全方位的高校外语教学体系，包括高等外语院校 10 所、带涉外功能专业倾向的高等外语院校 7 所、设外语系的综合性大学 32 所、设培养科技法医及理工科科技外语专业的理工院校 11 所、设外语系科的高等师范院校 174 所，同时开展了外语专科、本科、硕士、博士教育等。到 1984 年底，全国开设的外语语种多达 34 种。①

又如，1980—1983 年，教育部实施了高校英语师资培训三年计划，先后邀请了中外语言文学专家 300 多名，举办了英语、法语、德语、日语、俄语、西班牙语、阿拉伯语七个通用外语语种教师的培训，为中国外语教育师资力量的建构贡献了极大的力量。

（3）改革开放初期外语教育样态分析。从上述举措不难看到，在改革开放初期，随着经济开放和文化开放政策的推广，西方经济理念、文化体系和思维方式等均开始向中国涌入，越来越多的文化交织，对中国的文化安全问题提出了挑战，外语教育作为最基础的夯实文化安全体系的屏障，受到了国家的极大重视；同时，改革开放的实施也令中国的国际交往更为频繁，外语教育作为培养跨文化交际人才的领域，自然受到更多关注。

从改革开放之初到 2000 年，中国从教育规划层面为外语教育指明了道路和方向，在此基础上，中国各地不断强调外语教育的重要性，颁布了一系列法律法规，对外语教育提出了一定要求，同时也对外语教育的语种布局和战略规划进行了更为科学化的梳理，开始以更加客观、科学的眼光看待外语教育规律。该时期是恢复和加速外语教育发展的时期，而且也是外语教育更加科学化、更加体系化的规划布局期。

综合来看，改革开放初期，国家提出了科教兴国战略，并推动了外语教育的第一轮改革；随着经济体制改革的深化和转轨完成，经济全球化的到来推动了外语教育的再一轮改革和创新，英语作为最重要的全球文化交流工具开始受到极大重视。改革开放在推动中国经济和社会快速发展的同时，也推动了整个

---

① 戴炜栋 . 高校外语专业教育发展报告（1978—2008）[M]. 上海：上海外语教育出版社，2008：10-16.

中国教育事业的发展，外语教育的重要性得到了本质上的认识，并开始稳步发展。除了政策推动之外，中外文化交流的增多也激发了人们外语学习的热情，无论是中国文化走出去还是先进文化引进来，都从实践应用方面推动了外语教育的快速发展；另外此阶段中国外事活动不断取得重大成果，也在社会上掀起了学习外语的热潮，同时反向推动了外语教育课程的设置和规划布局，外语教育开始重视人文性属性、基础性地位，并开始全面普及；对外语教育发展思想的研究也步入正轨，如开始引进西方交际教学法理论，这些变化整体推动了中国外语教学研究的发展和繁荣。

2. 20 世纪末到 21 世纪初期

20 世纪末，随着改革开放的快速推进，中国的经济发展得到了极大提升，世界经济和政治格局也在此时发生了巨大变化，经济全球化和地球村成了整个世界的发展态势，世界各国之间的经济联系日益加深，对外语人才的需求量大增。在这样的背景下，外语教育的改革悄然而至，并逐步形成了全民学习外语的热潮。

（1）外语本科教育改革。1998 年，教育部高教司印发了《关于外语专业面向 21 世纪本科教育改革的若干意见》，指明了外语专业教育开始向培养复合型人才转变。多数外语院校开始以外语教育为基础，为培养适应社会发展需求的外语人才进行尝试和探索，逐步形成了 6 种专业外语教学改革态势，包括外语＋专业知识、外语＋专业、外语＋专业方向、专业＋外语、英语＋非通用语种、双学位六种模式。

（2）高校外语测试的发展。从 1980 年开始，教育部颁发的改革开放后第一份大学英语教学大纲《英语教学大纲（高等学校理工科本科试用）》推动了大学英语教育的快速发展。

之后 1985 年颁布的《大学英语教学大纲（高等学校理工科本科用）》和1986 年颁布的《大学英语教学大纲（高等教育下文理科本科用）》都规定了在高校基础阶段需要进行英语各级考试，即大学英语四、六级考试。

从 1987 年第一次大学英语四级考试和 1989 年第一次大学英语六级考试开办后，大学英语四、六级的考试规模日益壮大，但因为考试的作用被过分夸大，造成了很多英语考级弊端，于是 2005 年教育部正式进行了大学英语四、六级考试改革，开始加强四、六级考试管理。

（3）小学外语教育着手恢复。1986 年，全国人大审议通过了《中华人民共和国义务教育法》，自此全民义务教育时代正式来临。但因为各地小学外语教育情况有所不同，所以在 20 世纪末，虽然全国开设小学英语课程的省市达到 30 个，但依旧存在极大的地区差异。

为此，2001 年，教育部印发了《关于积极推进小学开设英语课程的指导意见》，决定将小学开设英语课程作为 21 世纪基础教育课程改革的重要措施。这之后全国小学英语教育开始实现跨越式发展。在这之前的 1999 年，教育部委托北京外国语大学教授研制并推出了中国第一套根据《英语课程标准》编写的一套覆盖小学、初中、高中的英语教材。一系列措施的实行在极大程度上推动了中国小学英语教育的恢复和发展。

（4）全国英语教学情况调查。为了推动外语教育能够健康发展，国家教委基础教育司在 1997 年召开了中学外语教学座谈会，对外语教育的发展成果进行了肯定，随后又进行了全国英语教学情况调查，掌握了大量外语教育的数据，这些数据为中国外语教育的科学、健康发展提供了支持和重要参考。

（5）21 世纪初期外语教育样态分析。从上述外语教育的发展历程来看，这一阶段，中国外语教育的改革处于世界性基础教育课程改革的背景之下，英语在国家经济和社会发展的过程中起了极为重要的作用，因此英语教育在国内得到了普及并受到了人们的广泛认同。为了应对 21 世纪的挑战，英语教育也开始在基础教育阶段进行，小学英语教育开始恢复并进行试点推广，初中、高中英语课程开始向应对知识经济时代发展和信息化发展方面调整，大学英语四、六级考试更是极大地促进了学生英语能力的提高，我国外语能力开始得到快速提升。

随着改革开放的不断推进和全球化信息化时代的来临，中国传统文化开始迸发生机，外语教育连接起中外文化，并以多元视角去审视世界文化，力图通过自我突破和反省，为创造社会主义新文化打好理论基础，为实现中国和其他国家的交流沟通做好了初步准备并为之提供了大量外语人才作为支撑。

3. 新时代的中国外语教育

2012 年，党的十八大在北京召开，自此开始，中国特色社会主义进入了新时代，国家各项工作开始更加注重内涵和全面发展，"一带一路"倡议的提出推动了中外之间的人文交流，这种历史背景为外语教育提出了新的要求和挑战。

进入新时期，外语已经成为国际合作和交流的重要沟通工具，也已成为人类思想、文化的重要载体，同时学好外语也成了传播中华优秀文化、借鉴外国先进技术、增进中外理解和文化交融的基本要求。这要求外语教育要更加科学、全面和具有特色，主要体现在以下四个层面。

（1）建构科学化的外语教育体系。随着"一带一路"倡议的提出，中国文化走出去、经济全球化发展已成为中国未来的发展战略方向，这种形势对外语教育的要求更高，也更全面，因此需要建构更为科学的外语教育体系。

2017年，教育部颁布了《普通高中英语课程标准》最新修订版，明确了高中英语教学的基本理念和外语教育的基本政策。

第一，发展英语学科核心素养，以更好地落实立德树人根本任务，提高学生英语学科所应具备的各方面能力，包括语言能力、文化意识、学习能力、思维品质、国际眼界和国家认同等。

第二，在满足英语共同教育的基础上，还要满足学生的个性化发展需求，即英语课程要遵循多样化和选择性原则，以丰富的选修课程来满足学生的不同需求。

第三，通过开展英语学习实践来提升学生的外语能力，包括语言能力、文化认知以及英语的运用能力和自我学习能力等。

第四，建立完善的英语课程评价体系，以促进学生全面健康发展及个性发展。比如，采用形成性评价和终结性评价结合的多元评价方式来全面评价学生的英语学习情况，同时通过各种评价结合来引导学生调整自身的英语学习模式。

第五，结合现代信息技术挖掘英语教育的潜力，丰富英语课程的学习资源，拓宽英语课程的学习渠道，充分发挥科技手段的优势，从而更好地为英语教育提供服务。

（2）加强非通用外语教育。随着中国的快速发展和"一带一路"倡议的推进，"一带一路"沿线国家与中国的合作发展将会成为常态，但相关国家的非通用外语人才却严重缺乏，这就要求中国在未来的发展过程中，积极发展非通用外语教育，以便深入开展国别间和区域间的合作共赢。

（3）四个自信导向下的外语教育。四大自信的战略导向是弘扬和输出民族文化，构建中国特色的本土化、多元化和区域化的外语教育政策制定的根本依据。其最终的目标是在通过外语教育传授外国语言和文化的同时，将中国特色的概念和文化内容植根于外语观念中，从而使中国元素切入外语系统，让学生在学习和掌握外语规范和外国文化的同时，加强对中国文化的理解，这在很大层面上能够推动中国文化走出去，让更多外国人学习中文、了解中国文化。

（4）民族振兴目标下的外语教育。2017年，党的十九大报告提出，要在2020年全面建成小康社会，实现第一个百年奋斗目标，到2035年，基本实现社会主义现代化，到21世纪中叶，全面建成富强、民主、文明、和谐、美丽的社会主义现代化强国。

这是中国全新未来发展的谋划和展望，最终目标是实现中华民族的伟大振兴，在这样的蓝图之下，外语教育需要以该蓝图为核心，以民族振兴为长远目标，建构更加科学和完善的外语教育政策。外语教育需要形成开放包容态势，促进学生树立人类命运共同体意识和多元文化意识，在发展健康的审美情趣和良好的鉴赏能力、对外国文化进行鉴赏和理解的同时，加深对中国文化的理解，提高学生的文化自信和爱国情怀。

（5）新时代外语教育样态分析。进入此阶段，外语教育已经逐步形成了一个基本共识，即外语课程是一门实践性很强的课程。外语教育开始重视其教学的实践性，即无论将哪门外语纳入教学大纲，都需要将其当作一门"活"的语言进行教学，需要逐渐盘活外语作为一门交际语言的交流实践作用。

同时，新时代的外语教育把"中国情怀""国际视野""文化意识""思维品质""人文素养"及"沟通能力"等素养写进课程教学指南，表明外语教育更加注重对学生的品德修养及国家意识、民族文化认同等价值观的引导。

这种对根源目的性的清晰认识也推动了新时代外语教育开始走上最适宜中国社会和教育发展趋势的模式，开始走上知识、能力、素养及价值塑造融合统一的全人教育探索之路。外语教育不仅要使学生掌握各种外语语言文化知识，培养学生掌握外语应用能力，还需要学生必备应对全球化和构建人类命运共同体所需的情感和态度，以推动学生在关键能力、必备品格和价值观念诸方面综合发展。这种构建中国特色的外语教育体系需求推动着中国外语教学研究者必须对外语教育进行长期探索和大量基础性理论研究，从而为中国外语教育的发展提供方向和契机。

第二节　中国外语教育的现状及困局

随着 20 世纪末世界经济的快速发展，经济全球化开始逐步蔓延，各国均开始以经济为纽带，加强了国与国之间的联系和合作，世界逐渐成了一个相互依赖、彼此促进的整体。在经济全球化的推动下，政治、文化、教育等各领域亦日趋走向国际化。在这种全球化发展模式的推动下，不同国家、不同地域、不同民族之间的交流愈加紧密。全球化的浪潮为各国带来了前所未有的机遇，同时也带来了巨大的挑战。外语教育作为促进全球化进程的主要手段和融通中外的文化桥梁，在振兴民族文化和中华文化对外传播中起着愈来愈重要的作用。不言而喻，中国的外语教育在全民掀起的"外语热"及国家层面政策导向下成绩斐然，但综合来讲，目前外语教育领域依旧存在一定的问题和价值困局，主要体现在以下几个方面。

一、中国文化失语

20 世纪 90 年代，中国文学批评家提出了"中国文学失语"的观点。2000 年，南京大学丛聪教授在《光明日报》上发表了题为《中国文化失语：中国英语教学的缺陷》一文，正式提出了"中国文化失语"的概念，以此来表达中国外语学习者对中国本土文化知识的匮乏。

纵观中国外语教育发展史，可以发现，外语教育由于深受"工具性"的影响，其技能性与应用性不断得到强化，但对人文性、育人性和创新性重视明显不够。

（一）中国文化失语现象

语言既是交际的工具，更是文化的载体，文化教学是外语教学重要的组成部分。前面在第一章论述过，Taylor 先生给文化下了一个经典的定义，他认为，文化是一个复杂的整体，包含知识、信仰、艺术、文化、法律、风俗等多方面的内容。从 Taylor 的定义深入来看，文化又可以划分为四个层次：物质文化、行为文化、制度文化和精神文化。从精神层面到制度层面，从制度层面到行为层面，从行为层面再反映到物质层面上，这是一个文化逐渐显性化的过程。反过来，从物质文化到行为层面，从行为层面到制度层面，从制度层面再到精神层面，这是一个隐性化的过程。文化的显性和隐性这两个特性是一种相依相成的关系，甚至有时候可以相互转化。显性文化是外在的、静态的、表层的；隐性文化是内在的、动态的、深层的。显性文化是容易被认知和理解的，隐性文化是支配语言行为的，不容易被掌握。所以，在很多情况下，我们看到的往往更多的是食物、节日、风俗、礼仪、语言等具象的、显性层面的事物，隐性层面的信仰、价值观、行为规范等反映民族精神和国家意识形态的内容，则需要我们深入思考去认识。

按照以上文化层次的划分及逻辑审视中国外语教育，可以看出目前倡导的文化教学仅靠在教材中增加一些中国文化内容是远远不够的。虽然近两年此现状有所改观，国家在制定的各级各类外语教学指南文件中也开始增加"中国情怀""中国文化"的类似表达，但是这些提法缺乏深层阐述，后续举措缺乏，没有引起教育者足够的重视，导致学生对中国文化了解不到位，对中国文化的精髓把握不到位，相关英语表述能力欠缺。

"外语教育各级各类课程标准与教学大纲中对中国文化的目标要求流于宽泛、内容组织缺乏具体描述、实施方法及手段缺乏详细指导、评价测试更是完全缺位，因而无从指导、约束现实的外语教育活动"。[①] 以高中英语课程标准对"文化知识"与"文化意识"的解读为例，2011 年版的《高中英语课程标准》指出，文化主要指"英语国家的历史、地理、风土人情、传统习俗、生活方式、文学艺术、行为规范和价值观点"，其中并不包含中国文化。在这样的课程标准中，中国文化被排除在外，中国故事这一阵地也被完全屏蔽。2017 版的《高中英语课程标准》对"文化知识"内涵的界定有了一个新的转向，指出文化知识包含中、外两种文化知识，而非仅仅是英语国家的历史与文化。再来看大学英语，2017 年版的《大学英语》教学指南对外语教育的"人文性"做了强调与解读，开始在第二语言课堂里重视外语教育中的文化自信培育问题。2020 年版的《大学英语》在保留 2017 版"人文性的核心是以人为本，弘扬人的价值，注重人的综合素质培养和全面发展 …… 社会主义核心价值观应有机融入大学英语教学内容"等内容的基础上，将大学英语课程人文性描述的第二部分扩充为"大学英语课程可培养学生对中国文化的理解和阐释能力，服务中国文化对外传播 …… 大学英语课程的工具性是人文性的基础和载体，人文性

① 张珊 . 中国外语教育的文化自觉 [J]. 外语教学，2017，38（2）：9.

是工具性的升华。课程需在课程建设、教材编写、教学实施等各个环节充分挖掘其思想和情感资源，丰富其人文内涵，实现工具性和人文性的有机统一。大学英语教学应主动融入学校课程思政教学体系，使之在高等学校落实立德树人根本任务中发挥重要作用。"这些政策的变化表明了我国新时代外语教育理念开始转变。外语教育的最新标准，无论中学还是大学，都强调外语教育必须培养学生的"中国情怀""国际视野""文化意识""思维品质""人文素养"及"沟通能力"等，在更加重视学生的品德修养的同时，要求学生树立正确的历史观、国家观、民族观和文化观，坚定文化自信，在跨文化交流中坚守中国立场，讲好中国故事，传播中华文化，积极地构建人类命运共同体。

对于"中国文化失语"现象，可以从两个层次来认识，"完全失语"状态和"非完全失语"状态。从以上可以看出，中国外语教育正经历从中国文化"完全失语"到"非完全失语"的过渡。"完全失语"状态下，在外语教学中，只讲对象国文化的输入，不谈本土文化，我们的课程定位也是放在了学习外国的先进技术与先进文化上。而且为了语言习得的需要，教材及课堂采用的各类教学资源多强调"原汁原味"呈现，没有涉及中国文化的任何内容及相关英语表述。当在第二语言课堂里面重视起"讲中国故事"时，中国文化也开始向"非完全失语"状态过渡。显然，这一时期，中国文化开始在外语课堂里有所展示，但也仅仅是停留在静态的、零散的文化知识点浅层次的介绍上，且更多的是以导游视角直接告诉第二语言学习者，缺乏深层次解读；或者讲解脱离语境受众，结果导致读者对中国文化的误读而适得其反。总之，无论是中国文化"完全失语"状态还是"非完全失语"状态，都会致使学习者对于中国文化的理解不完整、不深刻，无法言说真实生动的中国故事，最终导致外语学习者文化素养缺失，文化人格缺失，文化自信缺失。

目前在我国外语教学中，学生仍以学习对象国语言文化为主，有关中国文化介绍相对较少，相关课程开设不足，既没有充分体现出对本民族文化安全因素的考量，又造成"学生的中国文化英语实际语言表达能力较差，对中西文化的批判性认识也有待加强"。①

在新时代背景下，中国已经成为当之无愧的大国，已经逐渐走向世界舞台的中央，有了更多表达自我的机会，但是表达"自我"的前提是要对"自我"有一个全面的认识。中华文明上下五千年，在长期演进的过程中形成了中国人

① 袁小陆，赵娟，董梅. 外语教育中的文化自觉培养现状与归因研究 [J]. 外语教学，2017（3）：56.

看待社会与人生的独特价值体系和精神品质，这些都需要学生有一个深层次的理解，否则学生既无"讲好中国故事"的能力，又没有"中国故事"可讲。

（二）中国文化失语的表征

中国外语教育的这种母语"文化赤字"导致的后果主要体现在以下两个层面。

第一是母语文化词汇欠缺。外语教育的文化失语症首先体现在很多外语学习者无法准确地用外语来表达中国本土文化。他们既不具备"讲好中国故事"的意识，也不具备用英语讲述具有中国文化特色事物和现象的能力。例如，对中国影响至深至远、同时又令外国人极为尊敬和推崇的教育家孔子，很多中国的外语学习者根本不知孔子的英语对应表达，甚至在看到孔子译名后以为另有所指；甚至有人将孟子的外语译名理解为外国的圣贤，从而闹出翻译笑话，令人贻笑大方。

再如，有着深刻文化底蕴的诗歌和诸子百家等名家名篇是中国文化重要的组成部分，对中国思想文化的发展起到了至关重要的作用，但在将这些诗词名句译成其他语言时，却常常因为译者对这些文化的内容理解不够或语言能力欠缺而词不达意，从而失去了其应有的内涵，丢掉了精髓，而导致对文化本身的误读。

第二是母语文化涵养不足。很多中国外语学习者由于对中国本土文化了解不够，涵养不深，因此在交流过程中完全无法表现出来自一个文化大国的学者应该具备的深厚文化素养和独立的文化人格。有一些中国青年学者对西方文化却如数家珍，了解颇深。当谈及各种带有西方文化特色的节日或风俗习惯时，如情人节、圣诞节、愚人节、万圣节及《圣经》、希腊罗马神话故事等，他们往往滔滔不绝，但当需要将中国文化特色内容，如文房四宝、琴棋书画、京剧武术以及《论语》《道德经》等承载着中国传统文化的信息介绍给外国人时，却往往心有余而力不足，语言乏力，无法将其内涵较为完整准确地表述出来。

（三）中国文化失语的原因

1.正迁移和负迁移作用

正迁移指的是在教育和学习过程中，一种学习会对另一种学习产生积极促进作用，因此也被称为助长性迁移，其通常会在两种学习内容相似、学习过程相似以及内容使用的是同一原理时发生。

负迁移和正迁移相反，指的是在教育和学习过程中，一种学习会对另一种学习产生干扰或抑制作用，通常会表现为一种学习会令另一种学习所需的时间和精力以及练习次数增加，或者表现为阻碍另一种学习的正常进行以及知识的掌握。负迁移会在两种学习既相似又不相似的情形下产生，主要是因为学习者产生了认知性混淆。

外语教育过程中出现文化失语现象最主要的原因就是中国的外语教育长期忽视中国母语文化对外语的正迁移，而是以负迁移来呈现外语。比如，外语教学多数是以呈现汉语和外语的差异进行教学的；同时，学会汉语拼音之后对学习英文的国际音标也会产生负迁移。

用母语迁移理论的研究可以发现，其实母语和母语文化对外语的学习以及外语学习之后的交际能力的提升有极大的正迁移作用，即拥有良好母语交际能力的学生在学习外语过程中获得外语交际能力会相对容易些，若所学母语和目的外语的语言结构类似，同时语言文化背景也类似，那么出现交际能力正迁移的概率也会更大。

举例而言，懂得英语的人更容易掌握法语，这就是英语文化和法语文化及彼此语言结构类似的缘故。英语教育而言，汉语对英语和英语知识正负迁移并存，在一些方面会起到促进作用，另一方面又起到干扰或阻碍，因此需要在学习和教育过程中，积极应用正迁移才能够提高英语学习的质量和效率。

2.对外语教育人文属性的忽视

文化失语现象的另一个原因就是对外语教育人文属性的忽视。我国外语教育长期以来还是一种工具性的属性。国内的语言教学多年来一直抱有一种语言工具式思维，忽视了文化价值观的重要意义，过于强调知识和技能，而忽视了学生人文素养的培育与提升。张珊（2017）认为，在中国外语教学中，文化失语的根源主要在于我国的外语教育始终"没有明晰文化教学的理念，确立文化教学的意识，重视文化教学的功能，没有将外语教学中文化元素的价值提升到应有的地位和高度"。[①]受这种情况的长期影响，外语教育沉沦为纯语言教学，西方文化没有得到真实再现，中国传统文化被屏蔽，中国外语教育无法承担起有效的跨文化交流，无力培养学习者对中西方文化差异的敏感性与客观正确的认知。

[①] 张珊.中国外语教育的文化自觉[J].外语教学，2017，38（2）：8.

3. 对本土文化教育的重视性不够

外语教育一味强调顺应对象国文化和价值观的重要性，而忽略了母语文化的继承与传播。这一点一方面体现在各类外语教材及其他形式教学内容的异域化上。外语教育本身就是以他国语言为授课语言与教学载体，在学习他国语言的过程中，又多以输入他国文化为教学内容。除了很少课程涉及跨文化内容外，几乎不涉及本国文化。外语教育工作者并未真正意识到外语学习不仅要让学生学习他国语言与异域文化，还应该培养他们对本土文化的热爱，只有这样，外语教育才能真正成为中外沟通的桥梁与媒介。另一方面则体现为外语教师本身母语文化知识欠缺，对自己本民族文化的优越性认识不到位，缺少对本土文化的自信，更无法培养学生对中国文化的热爱。中国文化博大精深，广大的外语教师应主动提升自己的母语文化修养，在传授知识的过程中，将中国文化的精髓润物细无声地传递给学生，帮助其筑牢文化自信的根基。

当然，值得欣慰的是，近年来中国外语教育开始重视我国母语文化在课程中的"输入"与对外"输出"问题。在"立德树人"教育方向的指引下，中国外语教育拓宽了教学内容，调整了教学目标，不再仅是单一培养学生的语言技能，对学生的语言文化素养也提出了更多新要求，将教学重点转向多元背景下跨文化沟通能力的培养、文化审辨力提升、中华文化的有效输出等方面。外语教学中的中国文化导入开始受到前所未有的重视，中华传统文化内容在整个教学内容的占比开始提升，母语文化的继承与传播意识增强。

二、文化与意识形态安全教育缺位

外语教育中的西方文化及主流意识形态渗透潜移默化，我国文化核心价值观受到挑战。外语教学中不可避免地大量涉及世界各国文化，学生不断受到西方强势文化的冲击，必然会影响和改变他们的为人处世方式、生活态度、思维方式和价值观念，一定程度上淡化和削弱了他们对本民族文化的认同。

语言既是一种符号体系，又是一座文化纪念碑。语言表达思想内容，体现文化内涵与素养，承载价值观念和意识形态。语言安全既是国家安全的构成要素之一，也是确保文化安全的重要手段。外语教育既是语言教与学的过程，又是异域文化接收与过滤的过程。语言是思维和文化的载体，学生在语言学习的过程中，这些渗透在文本背后、编码在符号系统中的资本主义意识形态和价值观念就会潜移默化地进入学生内在的知识体系，侵蚀学生的精神世界，从而影响其世界观、人生观、价值观的形成。马克思说，语言是人生斗争的武器。许钧认为，语言的背后是一个崭新的世界，一个多维的世界，反映的是不同的思想方式，不同的文化积淀，不同的历史进程①。从文化政治学视角来看，如果一种文化，通过符号系统的强势传播，向"他者"输出自己的思维方式、价值观念、意识形态和宗教信仰，并企图同化"他者"、瓦解"他者"民族文化之基、解构"他者"文化主权认同，其本质就是"文化殖民"。"一种语言与另一种语言接触是各美其美，美美与共；但如果一种文化凌驾于另一种文化，就是福柯所谓的权力和政治。"②因此，在当前新时代背景之下，外语教学改革不仅要优化课程体系及人才培养模式，还需加大课程思政力度，警惕这种"文化殖民"，深化国家意识培养，紧扣文化安全的时代内涵，在着重加强学生家国情怀和社会主义核心价值观的培养基础之上，提升国际视野。只有这样，才能有效"规避外语人才外国化"及"助力中国文化国际化"。

立德树人是教育的根本任务。坚守意识形态阵地、捍卫国家安全是一切国民教育的使命。鉴于外语学科的特殊性，外语专业学生更多地暴露在多元文化、多元价值观和多元意识形态的场域中，更容易受到思想上的冲击。只有在维护文化安全的方向标下推进外语改革，才能真正回答外语教育培养什么人、怎样培养人、为谁培养人这一根本问题。在"知识传授、能力培养和价值塑造"三位一体的教育理念中，价值塑造始终是外语人才培养的第一尺度，是外语教育的落脚点和目标所在。外语人才培养的核心在于在进行语言技能教学、吸收外来文化的同时，一定要加强对学生的价值观与意识形态教育，同时，引导学生充分滋养中国文化底蕴，讲好中国故事，发出中国声音，展现中国精神。

三、外语教育教学评价体系不完善

改革开放以来，中国外语教育的发展以英语教育为主，纵观整个英语教育的教学评价模式，会发现其中存在着两大问题：一是教学评价方式是语言测试为主，过分注重结果轻视了过程；二是语言测试的理论研究不够深入和完善，从而造成语言测试对教学的负面反拨作用过大。

① 杨枫. 国家翻译能力建构的国家意识与国家传播 [J]. 中国翻译，2021（4）：15-19.
② 杨枫. 外语教育国家意识的文化政治学阐释 [J]. 当代外语研究，2020（6）：1.

（一）以语言测试为主的教学评价方式的弊端

首先，以英语为代表的外语教育采用的是中考和高考一考定终身的模式，通常中考和高考都是以学生最后一次考试的成绩来确定外语能力，这很容易造成多数人不注重学习和教育过程，而是仅仅关注最终的结果。同时以这种最终考试来测试外语能力的模式，缺乏过程性的测试成绩和终结性测试成绩相整合的有效机制，从而造成了一种绝对且不全面的测试结果。

其次，因为采用了最终考试来确定外语能力的模式，所以在学生学习过程中，各种阶段性测试都会以最终中考和高考的测试模式为核心，从而减少了在外语教学中应该拥有的进展性测试、语言水平测试、学能测试等其他类型的测试，这样很容易忽视通过测试促进学习、激发学习动机、反馈教育信息、完善教学模式等方面的内容，造成教学与考试之间不协调。

再次，在最终测试卷中题型分配不均衡，通常客观题占比较大，缺乏真正的主观测试题型。与汉语测试进行对比可以发现，外语的测试除最终的写作偏主观题型之外，缺乏促进学生对外语进行深入思考和挖掘的主观性题型，无法真正激发出学生对外语学习的高兴趣性，容易挫伤学生的积极性。

最后，采取客观题型过重的测试方法，导致英语考试的试题在数十年间变化不大，这就引发了教学过程中往往习惯围绕几种考试中常见题型进行教学，不仅限制了教师的想象力和创作力，还直接禁锢了学生的发散思维。

（二）语言测试的理论研究问题

外语教育通过中考和高考的语言测试形式选拔人才，其中出现的问题和弊端也造成了学术界对语言测试理论进行了深入研究和探讨，最终形成了两种观点。

其一是语言测试产生的弊端并非考试本身的问题，而是社会问题，无法通过简单完善考试流程就能解决的；其二是语言测试产生的弊端就是考试本身的问题，主要是考试题型的问题，只有将考试内容和制度进行深入改革才能够有效解决。

综合而言，考试本身所产生的问题本就不仅是教育问题，还是一个社会问题，其体现的是教育的发展和社会需求之间的矛盾，之所以采用标准化的客观性题型，是因为它能够更大限度地保证考试的公平性和可信度，能够避免人为阅卷时所产生的误差。但同时也出现了无法全面反映学生实际语言水平的负面影响。

四、语言规划语种比例严重失衡

外语教育语言规划语种比例生态失衡主要体现在外语语种规模小、外语语种结构不合理、外语语种学习连续性差三个方面。

(一)外语语种规模小

中国外语教育的语种规模主要是世界通用语种,即英语、俄语、日语、法语、德语、阿拉伯语、西班牙语等语种的教育,但在其他非通用语种方面的教育和应用规模都很小,在如今这个经济文化全球化的世界背景下,外语语种规模过小必然会对国际外语交流造成一定影响。

在全球化视域下,外语教育的语种规划需要根据生态哲学的原理,将各个外语语种的生态地位扶正,确保不同语种的协调、多元化发展。实行多元化语种规划能够有效推动汉语文化国际化推广,从而推动世界上更多的国家能够倾听中国的声音、了解中国的文化和现状。尤其是外语教育政策需要推行多元化理念,结合国家的发展需求和地域特色乃至学校优势,确定不同的外语语种比例,保证一代代外语学习者能够担负起向世界宣传中国形象和传播国家优秀文化的使命与重任,逐渐提高中国文化在世界范围内的影响力。

(二)外语语种结构不合理

在中国外语教育中,英语在整个外语教育体系中占据了绝对的优势和地位,甚至可以说英语语种和中文语种的地位持平,这令其他外语语种根本无法撼动英语的强势地位,很容易助长英语文化霸权的气焰,从而造成外语语种结构不合理现象一直存在。

在这样的背景下,也很容易影响到中国学生汉语文化思想意识的形成和发展,从而阻碍国家优秀文化在其他语种国家进行国际传播。这需要从外语教育战略层面进行外语语种结构的完善和布局,在推行多元化语言教育政策的基础上,时刻强化汉语语言和中国文化,从学习者的角度推动其形成学习外语、弘扬华夏文明的理念,打破英语教育的语种结构强势地位,以便推动外语教育承担起传播国家文化的重担。

(三)外语语种学习连续性差

如今中国外语语种的学习连续性较差,最明显的体现就是一些学生在中学阶段可能已经学习过某外语语种(非英语),而进入大学阶段依旧需要从头开始学习，这就造成了外语学习重复进行的现象，不仅耗时费力，且不利于外语学习向高阶进展。

造成这种现象的主要原因在于外语战略研究层面的断层，这需要从国家战略层面重视起来，成立对应的外语战略研究机构，广纳全国精通语言规划学、语言外交学、语言政策学等各方面的专业研究人才，开展外语教育总体研究和规划，以便推动外语教育和全球化发展理论的融合与互进，推行大中小不同阶段外语教育的"一条龙"教育模式。

为应对以上状况，不仅需要确保外语教育理念"一条龙"，即外语教育体系涉及的各方必须要了解不同学习阶段外语学习的个性和共性，还需要尽可能地确保外语教育不同阶段的教材使用"一条龙"，即研究和规划好不同学习阶段的外语教育相关教材，完善教材的衔接和匹配，以推动学生在学习某语种时的连续性和逐步推进，避免不必要的重复和精力浪费，推动外语教育的学习能够处于一个循序渐进的过程中。最后，结合上述模式，尽可能地推行整个外语教学"一条龙"，即在教学目标、教学内容和教学方法等各个微观层面都需要做到有效衔接和循序渐进，以促进不同语种的外语教育开启科学化、系统化的教育模式。

第三节　中国外语教育的文化使命

语言和文化密切相关。外语教育不仅是语言教育，还是文化教育，外国语言文学学科是哲学社会科学的重要组成部分，在向世界传播和弘扬民族文化、推动中华优秀文化走向世界、传播中国声音、展示中国形象方面发挥着特殊作用。进入 21 世纪，世界范围内各种文化交融日渐加深，外语教育作为文化交锋的重要场域，其文化使命更加凸显。因此，在建设中国特色社会主义文化强国的过程中，外语教育的力量显得尤为强大。外语教育既具有文化传承和创新功能，又具有文化开放和传播功能，因此外语教育不但要弘扬民族文化，而且要对优秀文化进行有效输出，大力推动中华文化"走出去"；不但要吸收世界优秀文化和各国优秀文明成果，而且要自觉抵制外语文本背后的文化渗透和意识形态侵袭，切实维护我国文化主权和文化利益。

一、外语教育的跨文化属性

外语是融通中外的媒介，也是中外文化沟通交流的桥梁。从前面对外语教育人文性的论述不难看出，外语教育的内涵与核心就是跨文化教育。未来外语人才不但要具备外语表达能力、分析判断能力、合作能力和学习能力，而且需要具备跨文化沟通能力。这五种能力，尤其是跨文化交际能力与外语教育的跨文化属性密不可分。接下来主要从理论和实践两个层面探讨外语教育的跨文化属性。

（一）外语教育的跨文化属性研究

外语教育的跨文化属性是跨文化交际功能实现的理论基础，跨文化交际能力培养是外语教育跨文化属性的本质要求，外语能力的培养很大程度上是跨文化交际能力的培养。外语教育不仅仅是学习对象国语言，更重要的是还要熟悉对象国国家的价值取向、思维方式、社会规范等文化背景。不同的国家由于历史渊源、地理条件、环境生态、规则习俗不同，形成的文化背景也各不相同。这些文化因素给跨文化交际必然会带来各种潜在障碍、低效沟通、暴力冲突甚至战争，给人类生存带来不必要的威胁。因此，语言交际功能的实现是文化沟通的关键。

李迪克在（A.J.Liddicoat）《争取第三空间：后果和影响》一文中指出，"跨文化语言学习意味着在母语文化和目标语文化之间、自我和他者之间开发第三空间……语言学习的理想状态不是一个被同化的过程，而是一个探索的过程"。① 从 20 世纪末开始，我国的外语教育开始了从工具性向人文性转变，外语教育的人文价值开始受到重视，外语课程中的文化意识有所增强。跨文化交际理论随之盛行。国内外学者就外语教育的跨文化属性对跨文化交际理论内涵进行了较为深入的研究，并对跨文化交际能力进行了不同层次的划分。

美国人际传播学专家 Brian H. Spitzberg 将跨文化交际能力细分为三要素，包括跨文化动机、跨文化知识和跨文化技能；②Koester 和 Olebe 则制作了跨文化交际能力的行为评估标准量表，通过尊重程度、求知倾向、交际驾驭能力、

①BIANCO J L，LIDDICOAT A J，CROZETC. Striving for the third place：Consequences and implications ［M］. Melbourne：Language Australia，1999：181−187.

②B. H. Spitzberg. A Model of Intercultural Communication Competence[A]. Intercultural Communication: A Reader[C]. Belmont: Wadsworth Publishing Company, 2000.

移情能力、关系角色能力、社会角色任务行为能力、交际心态、模糊容忍程度等来评估跨文化交际能力；[①]G.M.Chen 和 W.J. Starosta 认为，跨文化交际能力是由四个层面技能组成，包括性格力量、心理调适能力、跨文化交际技能、文化感知力。[②]

我国研究者对外语教育中的跨文化交际能力的探索更侧重语言交际领域，例如，胡文仲[③]将跨文化交际能力分为语言能力、行为能力和语言运用能力三个要素，语言能力包括语音、词汇、语义、语法等能力；行为能力则由非语言交际能力、社交能力、文化适应能力构成；语言运用能力则由语境、语言模式、社会语言学能力、社会文化感悟能力等构成。

又如，贾玉新[④]将跨文化交际能力分为人际交往能力系统、情感处理系统、人际关系调节系统、情境掌控能力、交际技巧方略等。

综上所述，可以看到，我国学者着重于外语的语言交际功能本身，而国外学者则更强调外语的沟通目标的达成与实现。在当今全球经济一体化的时代背景下，外语教育的跨文化属性会更加凸显，跨文化交际会更加强调通过外语进行交际所述到的附加效果，包括构建和谐人际关系、完成既定目标、淬炼跨文化意识、提升思维能力、扩展国际视野、完善文化体系等。

（二）体现跨文化属性的外语实践

其一，融文化性知识于语言技能培养。Harumi 提出，语言是思想文化的载体，语言背后的文本是语言的灵魂所在。语言教育需要有跨文化理念的指引。[⑤]在语言习得的过程中，教师要善于从内容介绍入手，引导学生多思考语言文本背后传递的信息。只有这样，才可以培养语言学习者在跨文化交流中的自我意识和他者意识，理解表层语言现象之下深层次的思维模式、思想、道德和价值观。如果对目的语文化的理解不透彻，语言将很难发挥其应用价值，外语学习者也将无法进行有效的跨文化沟通。

其二，有效平衡异域文化输入和本土文化输出。外语是中西文化的"摆渡

①J. Koester. Intercultural Competence: Interpersonal Communication Across Culture[M]. New York: Harper Collins College Publishers, 1996.

② 戴晓东 . 跨文化能力研究 [M]. 北京：外语教学与研究出版社，2018.

③ 胡文仲 . 跨文化交际学概论 [M]. 北京：外语教学与研究出版社，2002.

④ 贾玉新 . 跨文化交际学 [M]. 上海：上海外语教育出版社，2004.

⑤Ito Harumi. A new framework of culture teaching for teaching English as a global language[J]. RELC Journal，2002（33）：36-57.

人"，一边是"中"，一边是"外"。中国文化有效"输出"与异域文化"输入"同等重要。外语课程是学生接触异国文化的主要途径之一，外语教学长期注重外语语言习得和单方面的外国文化输入，教学目标更加侧重于外语语言能力训练，母语文化与外语教学关联度严重不足。

因此，在具体的外语教学实践中，尤其在教学素材选择上，各课程教材和各类教学资源一定要平衡好其中的中西文化所占的比例，并适当增加反映时代精神和社会主义核心价值观的文化内容；在教学方法上，在坚持文化多样性的基础上，多做对比分析，强化文化批判意识，注重文化精华的吸收和文化糟粕的摒弃。只有这样，才能逐步形成互鉴互通的新型文化观念，在坚守文化自信的基础上，提升学生的国际视野和国际理解力，最终培养出以人类文化共生共存为指向的国际人才。

二、外语教育的文化传播与传承功能

外语教育的跨文化属性使外语教育活动本身具有了丰富的人文内涵，赋予了其文化传承和传播、开放与创新及育人等诸多功能。在此过程中，外语教育既是构成文化的本体，同时也是传播文化和发展文化的载体。

（一）外语教育的文化传播功能

传播就是社会信息的传递以及社会信息系统的运行，通过各种文化符号的承载体，实现最终的信息传递、信息接收、信息筛选和信息反馈，是一种人与人之间、人与社会之间、社会与社会之间的信息传递过程。

传播的特性令文化有了空间扩散和时间延续的可能，外语教育的文化传播功能可以是某社会共同体文化向另一个社会共同体文化单向传输的过程，也可以是两种或多种文化共同体双向或多向传播及交流的过程。

外语教育的文化传播功能主要体现在两个层面，一是以传播的形式打开不同地域和不同国家的文化空间，以便令各种文化可以进行沟通和交流，最终得以促使不同国家的文化空间更加广阔和完善，更加多样化且精彩。

二是通过解构主义来充分表达文化自信，表现出本土文化的文化立场，包括认同底层文化和弱势文化，消解文化权威和文化霸权，促进不同文化之间的交流、融合、完善及传播。

（二）外语教育的文化传承功能

外语教育的功能不仅体现在文化传播方面，更多的还体现在文化的传承方面，外语教育需要倡导多元文化、尊重不同文化的教育理念，这样才能以本土文化为核心，构建起不同文化交流融合的平台，从而实现文化的传承。

文化传承功能的实现需要依靠外语教育重视文化精神和文化思想等文化精髓的传播，可以传递人类积累文化知识和技能的精神，促进教育者能够自我建构文化体系，推动文化的发展和保存。

外语教育的文化传承功能需要以实践的方式改变人们的思维方式、价值取向和生活方式，以实现文化的结构更加完善、文化的内容更加全面、文化的走向更加正确。

相对而言，不同的文化背景形成的语言体系承载的是不同历史背景下人类的生存智慧和生活经验，这些语言背后的文化底蕴都是人类珍贵的遗产和瑰宝，通过契合社会发展需求和时代发展需求的目标制定，选择恰当的外国文化内容，通过外语教育进行普及和融合，只有这样才能够避免西方文化对本土文化的侵蚀，从而更好地吸收对本土文化发展有益的外国文化元素。

综合来看，中国外语教育的文化传承功能就是吸收西方文化理性和实证的思维方式，注重竞争和个人实现的价值取向，推动学生创新发展，培养学生独立、自由的行为规范和法治观念，形成正确而深邃的伦理道德感；同时，需要通过外语教育来实现中国优秀传统文化的强势输出，在巩固中华民族独特文化根基的同时，传播和弘扬注重人类群体、社会至上、热衷奉献的儒家思想和仁爱和平的伦理观念，凭借中华民族特有的文化包容性和承载性，延续中华民族的文化血脉。

三、外语教育的文化开放与创新功能

东晋袁宏在《三国名臣序赞》中曾言："形器不存，方寸海纳。"《尚书·君陈》中有言："尔无忿疾于顽。无求备于一夫。必有忍，其乃有济。有容，德乃大。"基于此，才有了如今脍炙人口的"海纳百川，有容乃大"。

文化的发展同样如此，在如今这个世界大同、文化开放的时代背景下，外语教育只有发挥出自身文化开放功能和文化创新功能，才能够推动文化的壮大和传承。

（一）外语教育的文化开放功能

文化开放并非在单一文化轨道上的自由奔放，而是以一种海涵大量、虚怀若谷的气度去包纳更多元化的文化形态，只有这样才能促使文化具有生机和活

力。只有通过包容的态度去面对各种文化，才能够为文化的发展提供厚重和肥沃的氛围及土壤，从而令文化环境更加宽松和自由，同时这种开放的文化环境还会反作用于文化的包容，从而促成文化的集大成。

外语教育本就是一个开放的系统，一是通过不同于本土文化的吸收，在优秀本土文化的基础上整合和创造出新的文化形态，二是促进本土文化与其他文化的交融共生，造就出更加具有包容和开放特性的优秀文化特质。

文化开放的前提是文化包容，外在表现就是进行文化对话，外语教育就是通过一种极具表现力的文化对话来加强本土文化与其他文化之间的联系，最终实现不同文化体系中带有互补性和可溶性的文化内容不断进行空间和时间上的对话和位移，在不同文化之间的交流、碰撞、整合过程中，促成全新文化的诞生，实现各方文化的共赢。

文化对话的实现在外语教育之中完全取决于文化自信，不同语境之下的文化在教育活动中会出现复杂的演化和对话，从而有助于本土文化对外国文化的体验和多元视角理解，有利于加强对本土文化的理解和感知。

要实现这一点，就需要在本土文化和外来文化的对立与博弈中，保持本土文化的敞开性和交汇性，同时保持相对的独立性，最终才能实现文化的融合。

在如今全球一体化的背景下，对待不同文化不能用二元对立甚至一元封闭的心态，而是应该重视不同文化之间的个性特征以及共性，遵循不同外语文化背景下长期积累和形成的普适原则，让不同的文化进行真诚对话，在坚守本土文化特性的基础上，以更加开放的观念和更加多元的态度，去接纳不同的文化以实现共生及互补。

要做到文化自信，需要立足于本土文化的特性以及中华民族的根基，尤其是在如今英语盛行的背景下，一定要坚守中国优秀传统文化的输出自信，积极主动输出中国的文化，令中国的文化形象和内在肌理呈现在世界面前，最终以跨文化视角来传承中华民族的精神。

在此过程中，需要注意不能沉溺在自身文化形象的夸大表述和传播中，而是应该在认识到文化差异性的基础上，立足于和而不同的态度，鼓励不同文化之间的彼此欣赏和取长补短，最终提高中国人的文明素质、国际责任和全球意识，提升中国的软实力。

（二）外语教育的文化创新功能

外语教育的文化创新功能其实就是其文化开放功能的最终结果，只有在文化开放的基础之上，才能够通过不同文化的吸纳、摒弃、契合等，最终实现吐旧纳新的文化变化。

外语教育中的文化创新并非一味接纳或一味否定，而是要结合本土文化的价值体系、思维方式、心理架构等，通过不同文化的冲突和碰撞，快速寻找到促使文化平衡的对策和出路，然后依托于全新的观念和行为，促进中国本土文化的不断完善，并自信地向世界各国展示创新的中国文化形象。

在此过程中，不能毫无保留地复制外国文化，而是需要科学地筛选和过滤，依据基于事实的评判体系来创建新的文化体系。

四、外语教育的文化育人功能

其实，外语教育最需要发挥的是其文化育人的功能，即外语教育不仅要注重基础性教育，还要注重发展性，其教育模式拥有鲜明的文化特性和人文特性，尤其是在陶冶学生的思想情操、文化底蕴，培养学生的审美能力、发扬民族文化等方面，均发挥着极为重要的作用。

外语教育应该是一种能够渗透到学生生活、成长过程中的人生教育内容，通过外语素养的生成及强化，学生的生活和成长得到升华和陶冶，最终令其更具悟性和灵性。

外语教育的文化育人功能包括个性化、价值性、主体论、生命意义等各种文化内涵，通过外语教育的文化、物质、环境、社会层面的活动，学生可以不断获取到富含外语语境的知识、观念、态度、规范等，从而可以在认知和视野层面提高其眼界。

学生通过外语教育，应该能培养出更强的社交能力、陶冶情操的能力和正确认知的能力等；中外不同语境下的文化通过对比，可以有效激发学生的爱国主义热情和加深学生对中国特色社会主义的理解等，一方面能够促使学生主动树立起关注国家前途和发展的忧患意识，另一方面则能够激发学生形成维护国家尊严和民族气节的责任意识。

外语教育的文化育人功能主要体现在三个方面：一是可以影响学生的全球意识、道德渗透意识和审美判断意识，能够引导学生在多样化的人类文化体系中畅游；二是外语教育是一种人的教育，即在外语教育过程中，最基本的出发点应该是着眼于学生的生命成长和基本发展，关注学生的群体和个体的生长与发展，是一种以人为本的教育理念；三是能够为人的未来发展创造更多可能和空间，外语教育激发的是学生掌握知识和运用知识的能力，同时可以开发学生的潜能，尤其是外语教育的过程中对学生认知体系和文化认知能力的培养和熏陶，都对学生未来的发展和成长意义非凡。

第三章　外语教育中的文化自觉问题

文化自觉是文化自信的前提与根基，文化自信是文化自觉的内在升华与外在表现。中华文化是中华民族的血脉和灵魂，是中华民族成长的沃土，是国家发展的重要支撑。随着世界文化的不断交流与碰撞，外来文化逐渐走入我们的视野，丰富了我国文化的形式和内容，但也带来了风险和挑战。在外语教育中，树立文化自觉意识可以帮助学生深刻认识和准确把握中华文化的地位作用、发展规律和建设使命，增强对母语文化的认同和自信，是培养学生文化自信不可缺少的过程。

本章主要阐述了文化自觉的内涵和价值功能，解析了文化自觉和文化自信的关系，并通过分析文化自觉的尺度，探讨了外语教育中文化自觉问题，指出了构建方向。

第一节　文化自信的前提与根基——文化自觉

一、文化自觉的内涵和价值功能

（一）文化自觉的内涵

1997 年，费孝通先生第一次提出"文化自觉"的概念，他认为，对文化要有"自知之明"，即了解本民族文化的来历、形成和发展趋势，并提出了"各美之美，美人之美，美美与共，天下大同"的文化自觉路径。

自费孝通先生提出"文化自觉"理念之后，学术界的各个学者从不同的角度对文化自觉进行了广泛深入的探索，丰富了文化自觉的内涵。从整体来看，文化自觉主要体现在以下三个层面。

第一，"人贵有自知之明"，在文化方面亦是如此。处在一定环境中的人需要对本民族的文化有清醒的认知，了解文化的来源和历史，明白本民族文化的优秀之处和不足之处，即有"自知之明"。

第二，文化自觉并不仅指自知之明，还包括在其他异质文化面前，可以确立自身的主体意识，不会"本末倒置"，而是坚持本民族文化，自觉做到传承和弘扬自身的文化，树立文化意识形态观念。

第三，在面对其他文化时，需要认清本民族文化在世界文化体系中的位置，自觉将本民族文化融入其中，并借鉴学习其他文化的优秀之处，做到"取其精华，去其糟粕"。

总之，文化自觉是文化主体在进行文化活动中呈现出的主体性自觉状态，是指对文化在历史发展中的地位和作用的深刻认知、对文化发展规律和趋势的正确把握、对文化发展责任和使命的主动担当、对文化建设的引领。

（二）文化自觉的价值功能

文化自觉具有重要的价值功能，主要体现在认同功能、导向功能、传承和弘扬功能、传播功能和创新功能五个方面。

1.认同功能

文化自觉比较显著的功能之一就是认同功能，所谓认同功能，是指对民族文化的认同和赞同，这对民族文化的发展起到了重要的助推作用。

文化自觉坚持以民族文化为主体，充分尊重并认可自身的民族文化的价值，不会盲目追随外来文化，当遭遇文化侵袭时，可以自觉维护本民族文化。需要注意的是，文化自觉并不是文化自负，既不会盲目崇拜本民族文化，也不会妄自尊大和妄自菲薄，而是在尊重和保护本民族的基础上，对外来文化进行借鉴和学习，从中汲取优秀的文化，使得本民族文化得以发展和创新。

2.导向功能

从某种意义上来说，文化自觉可以作为一种意识形态，具有导向的功能，即可以引导人民正确对待民族文化和外来文化。

在全球化背景下，各种外来文化不断涌入我国，如果没有正确的引导，很容易就会迷失在文化潮流中，甚至失去自身的民族文化。而文化自觉则充当着指南针的角色，可以引导我们正确地认识民族文化的历史、现实和未来，帮助我们认识民族文化的魅力，树立民族文化自豪感，继承和发扬民族文化事业，做到正确认识民族文化和外来文化。

3.传承和弘扬功能

文化自觉可以促使人民传承和弘扬民族文化，这是因为文化自觉可以激发人民热爱民族文化的情感，使人民更加积极传承并弘扬民族文化。

文化自觉是一种强烈的责任感和使命感，其不仅停留在认同和尊重民族文化的层面上，还从更深的层面促进人民传承和弘扬民族文化，在实践中丰富和发展民族文化。可以说，民族文化的传承和弘扬依赖的是强烈的文化自觉意识，文化自觉是民族文化进一步发展的动力和源泉，如果失去文化自觉，民族文化就失去了根基，将无法继续生存下去。

4.传播功能

传播功能是文化自觉基本的价值功能之一，可以促使人民对民族文化进行积极主动的传播，向全世界宣传和推广自身民族文化的价值，使民族文化获得更好地发展。

"酒深也怕巷子深"，民族文化如果不进行传播，就无法让人了解民族文化的价值和魅力，很容易消失在时间的长河中。在文化多元化发展的今天，如果失去文化自觉，就无法正确把握民族文化的发展方向，从而导致民族文化难以在世界文化领域占据一席之地，甚至被淘汰。文化自觉可以助推人民对民族文化进行积极传播，形成强大凝聚力，扩大其国际影响力，助力民族文化屹立于世界文化之林。

5.创新功能

对民族文化来说，要想获得更多的生存土壤和空间，创新至关重要。而文化自觉具有创新的功能和作用，可以对民族文化的创新进行引导和帮助。

当今时代，任何事物要想获得发展就离不开创新，创新可以激发事物的活力或探索出新的发展道路，是事物发展的不竭动力。文化自觉可以通过吸收外来文化的精髓，明确民族文化发展方向和趋势，找到适合民族文化发展的正确道路，进而指导民族文化进行创新，使得民族文化不断发展。

二、文化自觉和文化自信的关系

文化自觉与文化自信紧密相连。文化自觉是指文化主体对自身文化的自我觉醒、自我反思、理性审视以及对其发展规律和历史使命的准确把握，文化自信则是指文化主体对自身文化传统与内在价值的充分肯定以及在此基础上建立起来的对自身文化生命力的坚定信念。二者相互影响、相互促进。文化自觉是文化自信的前提与根基，只有具备了较强的文化自觉意识，才能对本民族文化充满自信。没有深刻的文化自觉，就不可能有高度的文化自信。

（一）文化自觉是文化自信的基础

文化具有鲜明的主体性，是历史主体在历史环境中创造的精神成果，凝聚着历史主体的智慧和精力。因此，要想做到文化自信，就必须做到文化自主、文化自觉和文化自知，这样才能形成独立的民族文化。

文化自觉强调"自知之明"，即对文化有理性的反思，对自身民族文化的来源、利弊等有较为清晰的认知。文化自觉可以对现在文化的状态、未来的发展方向和趋势等有一个正确的自我认知，形成文化自信。如果一个民族不知道自身文化"从何而来，去往何处"，就不可形成真正意义上的文化自信，从这个意义上来讲，要想做到文化自信，就必须对自身民族文化有充分的了解，如民族文化的发展演变、基本特征、优点不足等，从而使自身具备全面、理性、深刻的认知和判断，即文化自觉。

总之，文化自觉是文化强国的基础，是传承和弘扬中华民族优秀文化和建设社会主义文化强国的重要基石。而文化自信是一种主体地位、创造能力的自信，是在对"自信什么，为何自信"等做出的理性分析和科学回答基础上形成的文化态度，离不开文化自觉的帮助。可以说，文化自觉是文化自信的前提和基础。

（二）文化自信是文化自觉的高级表现形态

文化自信的具体表现就是对中华民族优秀传统文化、中国革命文化、社会主义先进文化的文化自主和文化自觉，是文化自觉的高级表现形态。

文化自信是在中华民族5000多年的深厚历史基础上，以及中华民族传统文化的演变和发展的过程中逐渐形成的，其本质在于对中国精神、中国智慧、中国理念和中国价值的充分肯定和认同。例如，中国革命文化是在中华民族危难之际形成的，奠基于近代中国曲折奋斗的历史中，承载着中国共产党人的初心和革命精神，其内核为"首创、奋斗、奉献"等精神。又如，社会主义先进文化是改革开放以来形成的，饱含着中国共产党人和中国人民的心血结晶，是对毛泽东思想、邓小平理论、"三个代表"重要思想、科学发展观、习近平新时代中国特色社会主义思想等科学的、民族的、大众的文化的坚守和创新，是对社会主义建设的概括和思想升华。再如，在中华民族传统文化中包含着很多优秀的哲理和处世之道（如"和而不同""居安思危"等），这些文化形成于中华民族的演变中……这些文化都体现出中华民族深层次精神追求和文化认同，体现出文化自觉。当然，文化还包括在文化自觉的基础上，以马克思主义为指导，对民族传统文化进行理性分析，然后有选择地吸收西方优秀文化，并以中华民族根本利益为核心，对传统文化进行创新的文化。总之，文化自信不仅和历史文化的积淀联系紧密，还和当代文化建设的新成果相关，甚至和未来的文化创新发展也有莫大关联。

文化自信是文化自觉的思想结晶和精神升华，可以说，文化自信是文化自觉的高级表现形态。文化自觉和文化自信相辅相成，相互促进，文化自信可以提升文化自觉，一个民族越是对文化充满自信，就可以更加理性、平和地看待民族文化和外来文化，可以具备"海纳百川"的胸怀，提升文化自觉水平。

第二节　外语教育中文化自觉的内涵与要求

"文化自觉"，从字面上理解，是指对本民族文化的自我觉醒、清醒认知和深刻把握。文化自觉要求我们对自己的理想、信念、学说以及优秀文化传统发自内心的尊敬、信任和珍惜，充分认可自身的民族文化。在外语教育中，人们接触到的外来文化较多，更需要强调"文化自觉"的要求，将文化自觉意识巧妙融入外语教育中。

本节主要对外语教育中"文化自觉"的内涵和要求进行阐述和分析，帮助读者进一步了解"文化自觉"的基础知识。

一、外语教育中文化自觉的内涵

随着经济全球化进程的加快，在文化方面也逐渐体现出全球化趋势，这要求学生在学习过程中，既不要妄自菲薄，也不要盲目自大，而是做到多种文化和谐发展，做到文化上的"和而不同"。

外语教育是中华民族文化和外来文化交汇的平台，面对不同类型的文化，一方面需要提高本土文化自觉意识，批判地继承中华文化的精髓，成为传递中华文明的"跨文化交流者"，另一方面需要以客观、理性的态度学习和吸收外来文化的精髓，并对中华文化进行创新，其目的是培养学生成为"学贯中西"的人才。

外语教育中文化自觉的内涵不仅包含着对母语文化的认可和自信，还包含着对外来文化的批判性接受，因此需要学生在认识和理解中西方文化精髓的基础上进行文化创新。

二、外语教育中文化自觉的要求

在外语教育中，应该以文化自觉为根本，以中华民族的自我教育为导向，并将中国文化的演进作为教育过程，巧妙地将文化自觉培养融入外语教育中，其要求如下。

首先，调整外语教学目标，完善外语教学的课程体系。长久以来，我国外语教育的目标过于重视学生语言技能的培养，而忽视了人文性培养和价值观教育，忽视了其"育人"的本质要求。因此，外语教育需要调整其教学目标，将人文教育、价值观教育等纳入外语教学课程体系之中，帮助学生建立正确的文化价值观，培养学生的文化自觉意识，只有这样，才能在国际交流的浪潮中坚守文化阵地，实现民族文化创新。

其次，注意外语教师文化素养的提升。在进行外语教育时，外语教师起到了非常重要的作用，其需要引导学生树立文化平等理念，并帮助学生培养文化自觉意识。因此，外语教师不仅需要关注语言教学，还要了解社会和文化发展，加强自身的民族文化修养，对自身文化来源、历史等有所掌握，丰富自身的知识结构和专业水平，将中华民族优秀文化融入外语课程之中，帮助学生了解到中华文化的优秀魅力，在教学活动中培养学生的文化自觉理念。

再次，在开展外语教学活动时，教师应坚定维护中国优秀传统文化、革命文化、社会主义先进文化的主体地位，有意识地培养学生文化自觉理念，增强学生对中华文化的认同感和责任感。同时，需要转变外语教育的人才培养目标，将运用外语语言传递本民族文化作为重点，通过采取有效的教学方式，维护中国优秀文化的主体地位。

最后，在开展外语教育时，应增加中国本土优秀文化内容。目前，在外语教育的课程内容中，主要是传播西方国家文化，对我国优秀传统文化介绍较少，因此可以将有关中国民族文化的代表性内容融入进去，在丰富教材内容的同时，培养学生的文化自觉性，通过对中外文化差异的对比，学生不仅可以体会到本民族文化的魅力，还能提升其用外语阐述本土文化的能力和跨文化交际能力。

第三节　外语教育中的文化自觉尺度

外语教育不仅要吸收外来的优秀文化，还要传播本土优秀文化，这需要遵守基于主体自觉的文化尺度，即文化自觉尺度。

本节主要阐述了外语教育文化自觉尺度的含义和建设思路，并给出了相关的建议和策略。

一、外语教育与文化自觉尺度的关系

（一）文化自觉尺度的内涵

"尺度"作为某种衡量器具，可以对某些事物进行衡量，后被延伸为思想行为的标准及其应用，如时间尺度、生态尺度、文化尺度等。

对于文化事物，需要运用文化尺度对事物进行衡量，一般分为两个层次。从宏观的角度看，是指通过文化价值观对文化事物进行分类和把握；从微观的角度看，是指通过文化要点对具体文化事物进行衡量和评判。

文化自觉尺度是指对文化事务具有的自觉的文化意识，衡量的标志有三个：一是有关主体是否自觉；二是是否具有自我文化反思；三是反思的方向是否有价值。文化自觉尺度的核心在于人的文化主体意识，关键因素包括文化反思自觉、文化视野自觉等。

在外语教育中，通过文化自觉尺度，可以衡量学生文化自觉的程度，即学生是否培养出文化自觉理念，对外语教育而言具有重要的价值和作用。

（二）外语教育需要文化自觉尺度

长久以来，我国对外来文化采取"吸收"的处理方式，往往集中在科学设备或科学技术等器物方面，对外来文化的内在缺乏自觉思考，尤其是缺乏人文层面的思考。这会导致外语教育与自身应当承担的文化使命仍然具有较大差距，缺乏足够的文化自觉。因此，需要增强学生的主体意识和文化自觉意识，制定基于主体自觉的文化尺度，并通过文化自觉尺度建设外语教育。

教育和文化的关系十分密切，有很多精辟的观点，如"文德教化""教育与文化同源"等，我们可以认为教育的内容实质是指凝聚的文化，因此教育本身就具备文化的特质。

因此，外语教育离不开文化的交流和传播。在文化交流中，首先关注的交流主体的文化身份，尽管人们的文化身份客观上是比较明确的，但在实际交流中，人的主体文化身份有时会被模糊或丧失。例如，在和他人用外语进行跨文化交流时，对自身文化身份认识不清，出现茫然，令他人费解。

文化身份和文化主体意识常常相互影响，前者是后者的基石，如果没有文化身份，就无从谈起文化主体意识；后者又常常会影响前者，如果文化主体意识足够强大，就会反过来对文化身份进行强化。在外语教育中，学生处于价值观培养阶段，其文化主体意识并不强烈，很容易影响自身的文化身份，因此外语教育需要基于文化自觉的文化尺度，培养学生的文化自觉意识，进而明确自身文化身份，强化学生的文化主体意识。

二、构建外语教育文化自觉尺度的思路

那么该如何构建外语教育文化自觉尺度呢？要知道，过犹不及。如果构建文化自觉尺度有所偏差，就容易矫枉过正，使学生无法正确处理文化身份和文化主体意识的关系。因此，在价值观方面，需要坚持社会主义核心文化方向；在方法方面，需要坚信文化评价尺度；在实施方面，需要践行文化主体意识。可以遵守以下思路进行构建。

（一）转变外语教育思想观念

语言和文化的关系十分紧密，前者是后者的载体，可以通过语言来传播文化；后者是前者的表征，即语言是文化的一部分，是一种文化现象。两者相辅相成，相互依赖，不可分割。

外语教育的本质是文化的教育。在进行外语教育时，需要转变原有的思想观念，从文化视野的角度看待外语教育，需要具备文化意识。

纵观人类发展史，每次都是价值观念首先发生转变和变革，其次才是其他方面（如政治、经济等领域）的发展。比如，在新文化运动中，由于解放了人们固有的思想，才出现了后来的各种救国思潮；又如，中国特色社会主义的建

设正是由于不断解放思想，才能迎来今天的百花齐放。同样，在我国外语教育建设过程中，也需要进行思想革命，从根本上转变人们对外语教育文化使命的理解，坚持对本民族文化的继承和创新，不断和其他国家的文化进行沟通交流，这样才能使外语教育发挥真正的作用。

外语教育者和受教育者均需转变对外语教育的看法。长久以来，人们对外语教育的认识存在偏颇，认为外语教育就是学习外语知识和西方国家文化的教育。这一观点严重制约了外语教育的发展，对外语教育的文化使命缺乏深刻认识。除了"输入"外，外语教育还承担着"输出"的责任，肩负着"双肩挑"的使命，外语教育者和受教育者要转变对外语教育看法的固有观念，树立正确的外语教育观。

（二）营造外语教育文化环境

一个积极的文化环境可以引领人们主动加强文化意识，提升外语教育的质量和水平。

外语教育过程说到底就是文化行为过程，而文化本身就是广阔的，因此其教育过程应具备广阔的视野空间。然而，目前我国外语教育中，在跨文化交际方面，其相关研究基本是"引进来"，很少"走出去"，造成这种局面的原因主要是视野域度过于狭小。因此，外语教育的开展要构建更为广阔的视野空间，可以采取以下措施。

首先，构建外语教育文化意识。所谓外语文化意识的构建，包含两个层面：一个是比较基础的层面，是指主动用文化视野看待外语教育；另一个是比较高的层面，是指具有看透外语教育文化本质的能力，要求外语教育者具备深厚的文化素养，可以见微知著，以小见大。

其次，构建文化多元兼收的能力。不同文化有各自的特点和形态，其价值取向不同，文化视野更是有不同的侧重点。例如，从地域方面划分，文化可分为不同的地域文化；从信仰方面划分，可以分为不同的意识文化；从人种方面划分，可以分为不同的种族肤色文化；从社会地位方面划分，可以分为主流文化和非主流文化等。从中可以发现，世界上存在多类文化，文化呈现多元化特点，不同类型的文化都拥有不同的文化视野和价值取向，因此我们需要构建文化多元的能力，从不同的角度观察文化，这样才能带给外语教育者新的思维和视野，从而更好地进行外语教育。

再次，构建文化国际视野。随着全球化的发展和"一带一路"建设的推进，文化的发展已逐渐打破民族、国家和宗教等的限制，走向全世界。因此，在外语教育中，我们需要构建文化国际视野，把握文化发展方向，找准自身文化的定位，积极参与世界范围内的文化竞争。

最后，构建文化广域视野需要公众的积极参与。"众人拾柴火焰高"，构建文化广域视野需要每一个人积极参与，仅仅依靠少数人是无法完成的。公众需要强化文化主体意识，借鉴多种优秀文化，共同构建出外语教育文化环境，从细微之处着手，树立外语教育是文化的意识，突破自身已有的思维定式，从文化视野对外语教育进行思考。

（三）制定外语教育相关政策

在外语教育政策方面，很少有国家以文化多元为直接目的制定相关政策，但欧盟却是其中之一。这是因为欧盟是由多个国家联合形成的组织，其对文化的多样性比较关注，所以在外语教育方面，制定了一些系列的立法、协议等，确立了多种语言的平等地位，这样的措施基本消除了欧盟内部成员国之间的对话障碍，实现了文化多样性的价值取向和欧盟一体化。

目前，我国是当今世界上最大的拥有统一母语的国家，在外语教学政策方面还有所欠缺。随着时代的发展，我国已经完全融入世界，在制定外语教育政策时，必须具备国际视野和眼光，制定新的文化发展战略。例如，我们可以建立和欧盟类似的区域性文化组织，以发展多元文化为目标，培养跨文化交流和传播的人才，实现国际间的文化融合。实际上，和其他国家的文化不同，中国传统文化追求个人人文修养的提升，注重人与自然、人与人的和谐发展，在处理人与社会、人与经济、国家和国家关系等方面，讲究"和而不同""求同存异"等普世的智慧。因此，中国外语教育更要具备国际视野，制定相关的发展政策，将中国文化和异域文化进行融合和创新，实现多元文化之间的互动共生。

总之，文化自觉是一个十分艰巨的过程，公众需要认识自身的文化，包括文化的来源、发展和趋势等，并对外来文化进行理解和掌握，这样才能在多元文化的世界中找到自身文化的位置。在外语教育中也应是如此，需要立足自身文化进行反思，构建外语教育文化环境和广域视野，制定相关的政策，以促进外语教育的健康发展。

第四节　外语教育中文化自觉的构建方向

文化自觉不仅是一种理念，还是一个艰巨的过程，文化自觉的实现不能一蹴而就，而是需要时间慢慢培养。在这个过程中，不仅需要认识到本民族的文化价值，同时还需要理解自己接触到的多种文化，这样才能逐步明确自身文化的位置，顺利实现不同文化之间的交流和沟通。

在多元文化的世界中，文化自觉是处于一定文化中的人基于民族文化和社会变革，对自身所处文化环境的反思和重塑。它既不会排斥外来的先进文化，也不会简单地提倡文化复古，而是在民族文化的土壤中进行创新。在外语教育中，要想实现文化自觉，可以从教学目标、教学内容、课程实施和课程评价等方向进行探索。

一、关注教学目标的多维性

无论什么类型的教育，都应明确自身的目标，这是实施教学的方向和标准，然后据此选择和确定课程内容。因此，在实现外语教育文化自觉时，需要明确课程任务，制定多维教学目标。

首先，需要打破外语教育中异域文化单向传递的局面。外语教育是文化传播的重要途径，而文化的传播和交流应该是"有来有往"的，不能只是一方被动接受。因此，外语教育中不仅应包含西方文化，还应包含汉语主流文化，并在此基础上，制定多维的外语教育理念和目标，如增进文化的多元共生、培养批判性思维能力、掌握基本外语用法等。

其次，帮助外语学习者从多种族和多元文化的视角看待外语知识。外语知识是文化的一种形式，其学习者应该树立"多元文化素养"的观点，以知识为引导，使得世界更加人性化。①

最后，实现外语教育文化自觉，需要学习者具备以下素养：一是对本民族文化的认同和接受，发自内心尊重和珍惜本民族文化；二是对世界文化的理解和尊重，对和自己民族文化不同的外来文化，不产生排斥和厌恶心理，而是尊

①BANKS JA. Teaching for social justice, diversity, and citizenship in a global world[J]. The educational forum, 2004, 68（4）: 296-305.

重不同的文化；三是批判和思考的能力，对外来文化和自身民族文化可以有效鉴别，进行批判性思考。因此，在外语教育中，应从这三个层面出发，培养学习者上述素养和能力。

制定多维的教学目标，有助于改善外语教育中的"单向度"的文化教学观念，帮助学习者理解和分析不同文化，从而形成外语教育的文化自觉。

二、关注教学内容的文化性

在外语教育中，外语课程是实施外语教育的重要方式。然而，在目前的外语课程中，文化内容比较单一，主要体现的是语言对象国国家的文化，我国本土文化融入不够，内容占比小且缺乏系统性。

在这样的外语课堂中，学生在本民族的环境中面对陌生的语言和文化，会有较为强烈的疏离感。远离学生的现实生活，不利于学生的思考和探索，导致学生外语学习的效率不高。

外语教师应提高用外语表达本民族文化的能力，让学生感受到自身文化在外语中的表达方式，更多关注教学内容的文化性，其教学内容应具备本土化和生活化的特点，可以从以下方面进行。

第一，教育管理部门需要针对外语教育提供相关的政策支持和资金支持。在外语教育过程中，难免会遇到各种各样的问题，如教育目标的制定，课程内容导向等，都需要教育管理部门对其进行监督和管理。因此，教育部门需要提供政策性的支持，保证外语教育的顺利实施。

第二，外语教师需要从教学大纲、教学计划等宏观层面出发，将外语教育政策真正落到实处。外语教育的生存土壤是中华民族的文化，其课程内容需要结合本土文化特色，制定教学大纲，使文化自觉理念深入人心。同时外语教师应加强对所在区域、民族文化的学习和研究，将民族文化、地域文化融入外语课堂之中，进一步深化学生的民族认同感。

第三，在外语教学内容的选择方面，需要对不同文化的比例进行合理优化。外语教学中会涉及不同的文化，如西方文化、汉民族文化和少数民族文化等，教师需要对这些不同类型文化的比例进行合理安排，并适时将其有机融入外语教育的课程内容中，通过对比，引导学生感受中华文化的多姿多彩，增强民族自豪感。

三、关注课程实施的针对性

所谓课程实施，是指将课程计划付诸实践的过程，其实施效果取决于课程设计。通常，课程设计得越好、越科学，实施起来就会越容易，效果就会越好。根据课程专家斯奈德等人的观点①，课程实施可以分为以下三种取向（见图 3-1）。

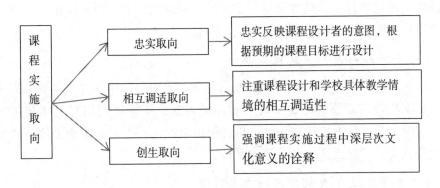

图 3-1　课程实施的取向

在外语教育的课程实施中，应针对不同文化的特点和需求采用不同的课程实施取向。一般而言，如果在课程实施过程中需要对东西方文化进行诠释和讲解，可以分别采用忠实取向、相互调适取向及创生取向等不同的原则。忠实取向主要是指在课程实施过程中，课程实施环节要忠实反映课程设计者的意图，不偏不离地执行预定课程计划；相互调适取向是指课程设计与具体教学情境之间相互适应的过程，既包括学校情境为适应课程计划而做的改变，也包括课程计划、目标、方法为适应学校实际情况而做的调整；创生取向则主要是指课程计划在课程具体实施过程中只是一种课程资源，教师是课程开发者，师生可以借助这种资源，联合缔造新的教育体验。

总之，根据授课内容及课程实施过程本质的不同，有针对性地采取不同的课程实施取向，有利于学生明确不同文化之间的异同点，更加深刻地理解自身文化，从而实现文化自觉。

---

① 靳玉乐. 新课程改革的理念与创新 [M]. 北京：人民教育出版社，2003：135.

四、关注课程评价的多样性

课程评价是指对课程进行研究和分析，对其进行价值判断和实用性判断，是教育工作的重要组成部分。这不仅包括对学生学业的评价，还包括课程本身的评价。

课程评价通过对课程的各个环节进行科学的分析和比较，最终为调整和改善课程质量提供科学合理的依据。它在教育中起到十分重要的作用。目前，在外语课程评价中主要存在以下几方面的问题。

（一）评价内容和方式比较单一

在课程评价内容方向上，过于重视课本上的知识，却忽视了对学生实践能力、创新精神、态度和习惯等综合素质的考察，不能体现出对民族文化的重视。同时，其评价方式比较单一，以传统的纸笔考试为主，很少采用新的评价手段和方法，不能体现出学生的差异性。

（二）评价过于重视结果而忽视过程

在进行课程评价时，教师往往过于关注最终评价结果，却忽视了学生在各个时期的进步和努力程度。过程性评价和终结性评价结合不到位。实际上，在进行课程评价时，教师应该关注学生求知和探索的过程，便于及时了解学生在学习中遇到的问题和困惑，并针对性地对学生进行有效指导，发挥出课程评价的真正作用。

（三）评价过于重视对象而忽视主体

在课程评价过程中，作为评价对象的学生，多处于比较消极的被评价地位，而作为评价主体的教师，多处于管理者的地位。教师和学生是评价和被评价的关系，不能进行有效互动，往往会使得评价结果过于主观。

因此，在外语教育中，需要关注课程评价的多样性，改善课程评价方法，以提升教育的质量。

一方面，对评价标准和方法进行改善。为丰富外语教育的课程内容，添加民族文化的讲授和学习，并针对民族文化的内容制定相关的课程评价标准，避免评价内容的单一性。在评价方法方面，应尽量丰富而多样，如课堂学习活动评比、问卷调查、实践报告等。

另一方面，在评价主体方面，应尽量多元化，避免评价主体过于狭窄，不能准确反映出课程中的问题。例如，可以邀请民族文化研究者、课程制定者、学生等作为评价主体，这不仅可以全面反映出民族文化的内涵，对课程进行科学合理的评价，还能体现出民主协商的精神。

综合来看，外语教育在向内输入异域文化的同时，亦承担着本民族文化有效向外输出的使命和职责，外语教学一定要克服其文化单一传输的弊端，在引导学生了解和掌握他国文化的同时，更重要的是将民族文化元素积极融入外语教育中，体现出外语教育的多元化特征，增强学生的文化主体意识，并在尊重自身民族文化传统和吸收外域文化的基础上，对本民族文化进行创新和创造性转化，最终提升学生对本民族的文化自觉。

第四章　外语教育中的文化安全问题

第一节　文化安全概说

一、文化安全

文化安全是国家安全的重要组成部分，主要是指一国观念形态的文化，如民族精神、宗教信仰、政治立场、价值理念等的生存与发展不受威胁的状态。一般来说，国家安全由政治安全、军事安全、经济安全、文化安全组成。《中华人民共和国国家安全法》第三条指出："国家安全工作应当坚持总体国家安全观，以人民安全为宗旨，以政治安全为根本，以经济安全为基础，以军事、文化、社会安全为保障，以促进国际安全为依托，维护各领域国家安全，建构国家安全体系，走中国特色国家安全道路。"这构成了总体国家安全观指引的安全治理方略。由此看来，文化安全与经济、军事、文化、社会安全一样，具有重要的作用。随着经济全球化的日趋走深和信息化时代的到来，全球的政治、经济、生活等各个领域都发生了巨大变化，各国的文化安全也面临着更大的风险与挑战。各国在解决物质层面（如生产力）出现的新问题的同时，也开始着手解决日益凸显的文化安全问题。不同国家之间的文化差异所导致的文化冲突、碰撞与博弈是文化安全问题产生的前提。文化安全研究是我国未来文化建设和文化软实力建设的重要切入点，更是全球化视野下外语学科发展的时代诉求。

（一）文化安全的组成部分

文化安全的内容范围较广，综合起来可以分为意识形态安全、语言文字安全、风俗信仰安全、价值观念安全、生活方式安全等。

1. 意识形态安全

意识形态安全是文化安全的核心内容。文化是意识形态的基础和载体，意识形态是文化的核心和灵魂。意识形态一经确立，便会对社会文化产生规约作用。巩固意识形态的主导地位是事关民族凝聚力和向心力的问题，是文化安全的首要选择。

2. 语言文字安全

语言文字安全在文化安全中处于最基础的地位。语言文字在研究中较少论及，但语言和文字是一个民族和国家赖以生存和独立的基础，对民族发展和国家独立都有积极的意义。

文化随着社会的发展不断变化，形成了具有时代特色的文化属性，与经济文化、政治文化、观念形态等相比，语言和文字具有稳定性，是最持久的文化符号。在民族和国家发展的过程中，文化会发生更新和选择，但文字和语言难以割舍，如果一个国家和民族的语言与文字发生了改变，那么国家的文化将会被彻底颠覆，整个民族也就名存实亡了。华夏文明之所以辉煌了五千年，能绵延至今，语言文字发挥了不可小觑的作用。作为中国文化的一部分，中国汉语文字自产生一直使用至今，虽有古代、现代之分，但未发生根本变化，这才使得中华民族的优秀文化得以赓续和传承。

语言文字安全包含以下三个层面的含义。

（1）国家和民族使用固有语言和文字的权利不受威胁，保持独立。

（2）国家和民族使用的语言和文字不会因为外来语言、文字的使用和"入侵"而失去主导地位，仍然保持着在经济、政治、文化等方面的绝对地位。

（3）国家和民族使用的语言和文字在外来语言、文字的影响下仍然保持着独立性、纯洁性。

3. 风俗信仰安全

风俗信仰是指一个国家和民族在历史发展中形成的具有地域特色和民族特色的长期的、稳定的习惯、风尚、礼节、宗教等。风俗信仰的稳定与发展常常是一个国家和民族长治久安的基础。许多被打败的国家和民族常常依靠留存下的风俗信仰，积蓄力量，进而恢复了原来的政权统治。当然，风俗习惯也并非都是优秀的、先进的，也并非一成不变，它会随着人类发展、社会进步不断变化，移风易俗正是改变那些不合时宜的风俗信仰，以此顺应时代发展的趋势的重要举措。

4.价值观念安全

价值观念安全主要是指国家和民族思想体系层面的价值与精神，是文化的本质体现。价值观是人辨别是非、认定事物的一种思维或取向，是基于人的一定的思维感官之上而作出的认知、判断和抉择。价值观念安全是一个民族在面对传统和现存价值观时采取的态度，即在日常生活中，有什么样的价值观，就有什么样的价值取向。例如，针对一种社会现象，民众所持的态度是否能与国家和民族所倡导的主流价值观相一致，是判定主流价值观念是否安全的重要标准。

所以，我国国家层面非常重视民众的价值观念，注重培养价值观念安全，奉行社会主义核心价值观，坚持富强、民主、文明、和谐、自由、平等、公正、法制、爱岗、敬业、诚信、友善的原则，通过国家、社会、家庭的教育，克服各国文化带来的负面影响与侵袭，努力维护价值观念安全。

5.生活方式安全

民族与民族之间在文化上的差别主要通过不同的生活方式来显现的，不同国家之间的文化冲突通常也是通过生活方式的冲突来表征的，可以说生活方式是文化的载体，也是价值观念外化的一种方式。生活方式安全并不是简单意义上的生活行为，它涵盖物质生活、精神生活，同时也包括经济生活和政治生活，属于广义的文化范畴。

（二）文化安全的特征

文化安全的特征主要表现在以下四个方面。

1.文化安全的相对独立性

文化安全的相对独立性主要是指文化对经济、政治等方面的相对独立以及文化结构发展的历史继承性。相对独立性包含两层含义：相对性和独立性。一方面，文化安全具有独立性，主要表现在文化安全具有保护民族传统、塑造民族精神、捍卫民族独立的独特社会功能上；另一方面，文化安全又具有相对性，文化安全与经济安全、政治安全、军事安全、国土安全、生态安全、科技安全等相互关联，共同构建起了整体的国家安全体系。

2. 文化安全的稳定性

文化安全是国家安全体系中最持久的一种安全形态，具有长期性与稳定性。与经济安全、政治安全、军事安全相比，文化安全具有较强的稳定特质。

3. 文化安全的隐蔽性

文化是一个国家和民族的软实力，这也彰显了文化安全的另一大特征——隐蔽性。文化安全处在国家安全的最深处，是国家和民族无形的力量。它隐藏在社会制度、行为规范、法律法规之下，识别语境的难度较大，难以控制，隐蔽性特征明显。

4. 文化安全的民族性和阶级性

文化安全的民族性体现为国家的文化安全区别于他国文化，文化不可丢失本民族特色。比如，中国文化就具有区别于其他民族如德国文化、法国文化的民族属性。文化安全亦具有鲜明的阶级性，主要表现为文化安全代表的是统治阶级的意识形态及价值观念，扮演着引导、规范、强制其他被统治阶级的思想、价值的重要角色，因此表现出较强的阶级倾向性。

（三）文化安全的理论基础

1. 文化哲学与文化安全研究

前面在第一章文化自信基本理论框架介绍中，我们对文化哲学已经做了大概的阐述。就文化安全研究而言，文化哲学这一理论处于本体基础地位。在西方文化哲学的影响下，中国语境下的文化哲学应运而生。当代中国的文化哲学研究路径从对文化的概念、本质、范畴、构成、体系和价值等旨趣转向了以社会历史发展现实和国际化时代背景为基础的实践文化哲学的哲学研究。在文化现象的研究、文化模式的研究、文化危机的研究和文化转型的研究等方面，明确文化哲学内容上的所指及其路向。

运用哲学的方式来解决文化安全问题是文化哲学的要求，主要通过两个方面加以完善：其一，文化哲学需要在不断交流与碰撞中得到进一步发展；其二，在完善自身的过程中，还要保持文化安全的警惕性，以此来维护文化哲学作为文化安全理论来源的合法性。文化哲学指导语言教育的文化安全意义重大，其价值在于通过对语言、文字及文化背后的理念进行反思，揭示特定文化安全的范围，使文化在保持自身安全的前提下，不断发展。

2.文化教育学与文化安全研究

文化教育学是研究文化安全的主要方法。其指导思想是力图从文化或者精神科学的维度来探索人的教育问题。其中，代表性观点有狄尔泰的"生命哲学"、博尔诺夫的"精神漫游学说"、斯普兰格"文化陶冶论"。

在外语教育开展过程中，突出外语教育工具的同时，一定要注重文化层面的教育。当今时代全球化、信息化越来越普及，语言的战略地位日益凸显，语言作为长期的、基础性的工具，在国家安全、文化安全方面发挥的作用不断加强。在西方文化资本、文化产品和价值观念给我国文化安全带来新的挑战的客观环境下，一方面，不能采取"鸵鸟政策""闭关锁国"，而要拥有一种文化开放的襟怀，大胆、主动、积极地吸收外来先进文化；另一方面，要大胆走出去，推动中华文明走上世界文化舞台，不断增强中国的国际竞争力和文化影响力。应当认识到，只有开放的文化才是安全的文化，只有文化开放水平不断提升、文化国际影响力不断扩大，文化安全才有坚实的基础。

3.跨文化交际理论与文化安全研究

跨文化交际理论强调的是多元文化的接纳与包容，在跨文化理论中包含着文化变迁、文化同化、文化融合、文化适应、多元文化等专有名词。在跨文化交际的过程中，不可避免地隐含着消极、被动的一面，因此在多元文化的语境中，要尊重文化差异，避免身份认同的主体性混乱，应当积极主动地构建跨文化交际的合法性地位，以求在跨文化交际中取得成果。

通过跨文化交际理论的梳理，我们发现论及文化安全的部分相对较少，造成这一现象的原因是文化交际学作为一门新兴学科，尚处在研究阶段，许多理论有待进一步发展。

二、外语教育中的文化安全

教育是构建文化安全体系的一个重要平台，教育不仅能让人获得知识与技能，还能从深层次上影响人的思想文化意识，所以教育活动不仅决定了受教育者的文化基因、文化行为、文化追求，还决定着受教育者深层的文化思维及文化"集体无意识"。在论述文化安全时，提到了语言文字安全，它是文化安全的重要组成部分，关系到国家的生存与发展的安全。语言教育从教育和语言文化安全中剥离出来，成为一个独立的分支，被视为提升国家实力、培养民族精神与维护民族尊严的枢纽。外语教育的作用在于促进世界各国间文化的交流与融合，实现世界文化的发展。在外语教育的过程中，冲突与摩擦时有发生，因此外语教育需要与文化安全达成良性互动的机制，才能有效保证外语教育的实施。在外语教育实践过程中，要坚持自我文化的独立性，同时在心理、认知上认可文化交流的意义，推动世界文化交流繁荣发展。

外语教育中的文化安全意识包括以下三个层面的意义。

（一）从国家层面上看，捍卫主流意识形态阵地

外语教育应当维护国家的主流价值观，捍卫主流意识形态阵地，保持政治制度、意识形态、主流价值、主流知识框架的完整性与独立性。在与外部文化的碰撞过程中，自觉维护国家的独立的文化主权，避免本国文化及意识形态受到外族文化的侵蚀与破坏。

具体来讲，确保文化主权包括以下五个方面。

（1）制定外语教育国家标准。

（2）制定战略层级的外语教育战略与规划。

（3）对外语教育职能有明确的定位。

（4）进一步完善外语教育的管理体制、工作机制。

（5）制定外语资源型战略规划，包括语种、人才层次、人才结构等。

（二）从外语教育界来看，实现外语教育与国家发展同频共振的功能

近年来，功能主义价值理论的盛行导致许多优秀的文化面临消亡的危险，汉语教育在我国亦有弱化的趋势。外语教育理论与实践的发展都应放在国家文化安全的框架中考量，实现外语教育同国家发展同频共振的功能。同频共振主要表现为外语教育与国家的政治、经济、军事、科技等方面协调一致，并在外语教育实践中培养学生的民族认同感与文化认同感，坚定文化自信。

文化安全思想要渗透在外语教育活动的全过程中，包含在外语教育的各个环节中。

（1）课程设置、教学大纲是保障文化安全的基础和起点。

（2）教师需要培养文化安全意识，在授课时引导学生养成文化安全习惯。

（3）在教学过程中，教师要有甄别能力，引导学生了解外语中的文化安全隐患。

（4）运用案例方法，教会学生认识文化安全的重要性。

（5）外语教育的考核及评价也要依据文化安全的原则制定标准。

（三）从外语学习者个体来看，有助于深化国家意识，有效抵制不良文化侵袭

外语教育不仅具备语言教育功能，同时还兼具文化教育功能。学生不仅学习语言本身，还要具备自觉、清晰的文化身份。外语教育中大量的目的语国家的文化、政治、世界观、价值观等都深刻影响着外语学习者的思想意识。但外语教育不可能为了规避他国文化而故步自封，文化安全意识培养有助于学生文化身份建构，引导学生自觉抵制他国文化中不良思想侵蚀的同时，对其精华加以吸收，为我所用，中外文化有机融合，共同促进世界文明的繁荣与发展。

第二节　文化安全与文化自信的内在逻辑

在全球化背景下，中国在文化安全上面临着一些问题，主要表现在以下几个方面：主流意识的模糊、核心价值观的迷失、民族自豪感与民族自信心不足等，这些问题的产生一方面来源于西方文化的侵蚀，另一方面是我国正处在社会主义转型时期，内部问题增多。但最根本的原因还在于文化的不自信，导致了文化安全上的隐患，所以要加强文化安全，增强文化自信，提升国家在世界范围内的综合影响力。

文化安全与文化自信之间的内在逻辑表现如下：没有文化安全就无从谈文化自信，没有文化自信也就没有基本的文化安全。文化安全是文化自信的保障，文化自信是维护文化安全的思想铠甲，二者互为前提，互相促进。

一、文化安全是文化自信的现实保障

文化传统往往渗透在国民生活的方方面面，具有"百姓日用而不知"的特点，文化传统是一个民族在长期的实践中发展起来的文化现象、文化心理、文化精神、文化追求等。由于文化产生的地域、时间、实践不同，因此形成了本民族区别于其他民族的文化传统，在世界范围内关照各民族文化，呈现出丰富、多彩、绚烂的文化特征。随着全球化进程的加速，国家要想发展，就必须秉持开放、共融、互利、共赢的立场，这必然导致国与国之间的经济、政治、文化等方面会发生交流与碰撞，而在这一过程中，需要保持本民族文化不受威胁，确保文化主权不受侵犯。文化安全从本质上说是维护文化利益，维护文化

安全中的意识形态安全、语言文字安全、价值观念安全、风俗习惯安全、生活方式安全，确保这些方面的利益。

文化安全对增强文化自信有积极的意义，下面从国家、社会、个人层面展开具体论述。

（一）国家层面

文化安全建设可以作为各国间文化交流的准绳，在坚持本民族文化独立性的基础上，与世界范围内的文化展开广泛交流，促进文化的发展。

中国的优秀传统文化是根植于中华民族五千年历史的发展结果，其中包含的价值观、思想广泛影响着世界各国的思想体系、文化体系，要想保证文化安全，就需要确保这些文化根基的独立性，探索传统文化在当代的发展路径，促进传统文化的传承与发展，形成具有中华民族特色的文化自信。

（二）社会层面

文化安全可以在社会范围内形成正确的价值观、世界观，引导文化朝着社会倡导的方向发展，形成社会合力，增强文化自信。

文化安全的构建可以具体到社会的各个方面。例如，非物质文化遗产的建设就是文化安全建设的具体途径之一，非物质文化遗产广泛散落在各个区域，如今面临着消亡的威胁，推进非物质文化遗产的保护与转化，有助于这些优秀文化的经济价值及精神价值的转化，带动区域经济的发展，大大丰富了区域内的精神文明建设。

（三）个人层面

文化安全是个人安身立命、贡献、发展的前提。以往中华民族的历史告诉我们，强大的国家意味着国家的各方面的安全，意味着个人在安全的氛围中的全面发展。个人只有在本民族的文化中找到正确的价值观、人生观，才能进一步构筑文化自信。

二、文化自信是维护文化安全的思想铠甲

文化是当今时代各国竞争的重要手段，其地位日益凸显，文化作为软实力，其生命力越强，在各国文化的碰撞中就越能占据主动性，所有文化安全首先要求文化自信。"文化自信是更基础、更广泛、更深厚的自信，是更基本、更深沉、更持久的力量。""坚定文化自信，是事关国运兴衰、事关文化安全、

事关民族精神独立性的大问题。"[①] 文化自信对文化安全的作用表现为文化自信是维护文化安全的思想铠甲，表现为以下三个方面的内容。

（一）文化自信促进文化的独立性

一个国家要将文化作为与各国交流的手段，前提是保障国家的文化安全。而文化安全的衡量标准在于本国的文化是否在形态和形式上保持独立性。独立性包括文化存在、主体资格、发展道路是否独立。

1.文化自信促进文化存在的独立性

文化存在的独立性指文化在发展过程中保持自身的独立性，不受外界条件的影响，在形态上、形式上保持独立性。文化存在的独立性的前提包括以下几方面：

（1）承认文化的多样性。文化的多样性的前提是文化的合法性，即文化本身具有独立性，能被本国、本民族普遍认可。文化的多样性体现的是历史发展的多样化。

（2）承认文化的差异性。多样性中包含着差异性，也是区别外族文化的依据。文化的差异性要求保持本国文化独立性的同时，也要充分尊重国外的文化，在文化交流的过程中求同存异。

（3）承认文化的平等性。平等性肯定各国文化都是世界文化的组成部分，中国文化与其他文化的地位相等，在文化交流的过程中，应享有同等的权利。

文化自信需要在充分肯定自我文化的基础上，承认文化的多样性、差异性、平等性，在此基础上不断拓展文化的发展空间，在广度上，与各文化进行广泛交流；在深度上，加强文化的影响力，打造文化名片，扩展文化的内蕴。

2.文化自信保持文化的主体资格

文化主体指的是生产本国或本民族的文化并赋予其特殊意义的人，文化自信对文化主体资格的作用表现在以下三个方面。

（1）文化自信可以保持本土文化与主体的一致性。文化与文化主体之间是主客体的关系，但二者在对外交流中主客体关系淡化，二者存在对外一致性的特征，即文化的主体是本国或本民族，与文化一同参与交流与碰撞。一方面，一国的文化主体与对应的文化之间是一致的，即什么样的文化主体产生什么样的文化；另一方面，国与国之间的区别并非经济、政治等方面的区别，本质上

---

① 习近平 . 习近平谈治国理政（第二卷）[M]. 北京：外文出版社，2017：349.

是文化上的区别，是文化主体的差别。由此可见中国的崛起并不单单是经济上的崛起，同时也是文化上的崛起，这就需要中国构建具有时代意义的、与之相适应的当代文化。一致性要求作为中国文化主体的中华民族，应坚持文化自信，应对大国崛起中的各种文化冲突保持文化的独立性与文化自信。

（2）文化自信可以有效维护文化主体的权利。文化自信与文化权利联系在一起，一般而言，获得文化的主体资格，就拥有了相应的权利，这种权利与政治、经济的权利相区别，一般具有隐蔽性、间接性的特点。文化自信不仅可以维护本国、本民族的权利，还可以维护个人的权利。

这些权利包括生存的权利和发展的权利。

就其生存权利来看，如果一个国家丢掉了本国的文化根基，也就丢掉了本民族的灵魂；如果一个国家在文化上唯唯诺诺，也会难以保持自身文化的独立性，会丧失更多的文化话语权。

就其发展权利来看，中国的文化自信一方面说明中华民族的日益强盛，另一方面说明中华民族的发展权利得到了充分的尊重。中华民族的伟大复兴需要坚定走文化自信之路。

（3）文化自信促使文化主体承担应尽的义务。文化自信表现为自觉维护自身权利的同时，还应当自觉承担应尽的义务，这种义务表现在两个方面（见图4-1）。

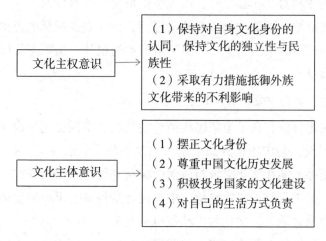

图4-1　文化主体应尽的义务

（二）文化自信保持文化的独特性

1.中国文化的内涵概括

中国文化具有深厚的内涵，有着自身的独特性，从伦理文化方向来看，可以以下四个方面为缩影代表。

（1）"天人合一"观。天与人是两大概念，所谓天有天道，人有人道，天人关系是主体、客体的关系，但在古代的哲学观中，天与人之间是整体与部分的关系，人需要顺应天道，天是人的价值追求的价值原则，主张"天人合一"。

（2）"大同""和谐"。"大同"一词出自《礼记·礼运》"大道之行也，天下为公，选贤与能，讲信修睦。故人不独亲其亲，不独子其子，使老有所终，壮有所用，幼有所长，矜、寡、孤、独、废疾者皆有所养，男有分，女有归。货恶其弃于地也，不必藏于己；力恶其不出于身也，不必为己。是故谋闭而不兴，盗窃乱贼而不作，故外户而不闭，是谓大同"。"大同"是古代对理想社会的构想，与西方的"乌托邦"类似，形成了天下为公、选贤任能、讲信修睦、认得其所、人人为公、各尽其力的思想倾向，大同思想发展到今天有所创新，而人类在价值追求上的"大同"就是"和谐"。

（3）群体至上。在处理个人与群体之间的关系时，个人考虑的首先是服从集体，坚持集体利益。在必要时，可以舍生取义、以身殉国。

（4）重义崇德。中国文化讲究重义轻利，树立先义后利的道德价值观，同"义"处在同一地位的是"德"，"德"是国家的根基，国家需要以德治国，个人需要以德修身。

2.文化自信保持文化的独特性三大作用

其一，文化自信有利于中华民族精神的传续。中国文化的内涵是中华民族深层的精神体现，是中华民族的根基，也是中华民族的灵魂。有了文化自信，中华民族的精神才能在文化交流与碰撞中保持独特性，促进其在文化交流中居于主导地位。如果没有了文化自信，中华民族的根基、灵魂将被动摇，中华民族的精神也会随之消失，文化的主动权也会丧失。

其二，文化自信有利于民族自我意识的独立。中国文化是中华民族经过长期发展在实践中形成的，具有民族独立性。

首先，文化自信在一定程度上彰显了民族自信，是民族发挥自我拼搏精神、创新精神的基础，促进文化不断构建与时代同频的民族文化，参与到大发展的潮流之中。其次，文化自信延续民族的思想意识、思维方式和日常生活方式，人们在这样的文化氛围之下，建立起具有民族自豪感的文化系统，并自觉建设和维护，共同促进本民族的文化不断发展与壮大。最后，文化自信有利于民族保持自我意识的独立。文化自信促使民族承担起文化传承与发展的责任，在发展过程中，保持自我文化的鲜活性与生命力，保持文化与文化主体的一致性。文化主体要努力追求文化与文化主体的认同，达到"我们生而为中国人，最根本的是我们有中国人的独特精神世界，有百姓日用而不觉的价值观"①。

其三，文化自信有利于保持中国文化构建的定力。文化从产生就处在不断变化的过程中，努力在时代大潮中寻找方向，取其精华，去其糟粕，不断适应变化着的社会。我国的文化构建一方面是建立在中国特色的社会主义市场经济环境下，另一方面是经济全球化的不断推进。这两大方面推动着我国文化的建设，也促使中国文化走出国门，走向世界，与更多的文化交流与碰撞。在这一背景下，外国文化对中国文化的影响将愈加激烈，所以中国要努力构建中华民族的文化体系，实施文化崛起战略，坚定文化自信。只有坚定文化自信，中国文化构建才能在纷繁复杂的局势下保持定力：既不盲目排外，也不崇洋媚外；既借鉴外族文化的优势，也要保持文化的独立性。唯有坚定文化自信，才能实现文化安全，确保文化强国战略的实施。

（三）文化自信维护文化的无风险性

文化自信维护文化的无风险性表现在以下几方面。

其一，文化自信可彰显民族自豪感，增强民族自信心，能使文化保持其独特性。

其二，文化自信可展现中国的社会主义核心价值观，构建中华民族的精神家园。

其三，文化自信可应对不同程度的挑战，增强文化的韧性，有利于文化走向成熟，为文化安全奠定基础。

---

① 习近平. 习近平谈治国理政 [M]. 北京：外文出版社，2014：164，171.

第三节 中国外语教育面临的文化安全风险与使命

一、外语教育与文化安全关系

文化中蕴含着中华民族的奋斗精神和革命精神，沉淀了中华民族几千年的优秀文化，是中华民族的灵魂和血液，培养着一代又一代的中华儿女。可以说，文化安全是最深层次的国家安全，如果不能有效构筑文化安全屏障，对民族和国家的发展将会产生重大影响。

语言教育在文化安全教育中的意义重大，"教育是文化权利激烈交锋的重要场域，特别是通过语言教育和文化传播等手段进行文化渗透已成为一种常态"。[①]随着经济全球化、改革开放的不断深入发展，我国对外交流合作日益加深，在这一过程中，异域文化给我国民族文化增添活力的同时，亦不可避免地对我国文化安全造成威胁和挑战，国家文化安全问题逐渐凸显。为了铸就文化安全保障，必须强化人民的文化安全意识，在增强经济实力的同时，提升文化软实力。

外语教育层面上的文化安全内涵"首先体现于文化在全球一体化背景下的一种双向式的、平等而又有尊严的交流与互动"，强调要"充分接纳和吸收外域先进的文化成果，努力维护我国语言文字的地位和安全"，从而"避免我国外语教育体系被西方教育体系同化或解构。在介绍吸收外域文化、价值观的同时，特别强调文化的有效输出，向国际社会传播优秀的文化遗产"。[②]在外语教育中，文化交流应是双向平等的，如果仅是单向度的文化输入，在文化交流时，自然就会出现忽视本民族文化的情况，在潜意识中迎合外来文化的价值观，进而丢弃对本民族文化的认同，威胁我国的文化安全。

外语教育应从捍卫国家文化安全的角度出发，引导学生对本民族文化进行深入了解，对民族文化的渊源、历史、发展有充分认知，掌握本民族文化的精髓，形成认同感和自豪感，进而帮助学生树立正确的文化观，客观公正地看待本民族文化，批判吸收外来文化。

---

① 曾敏.外语教育中的文化安全研究 [D].武汉：华中师范大学外国语学院，2015：2

② 曾敏.冲击与回应：文化安全视域下的外语教育 [J].教育研究与实验，2012（3）：60-63.

那么如何通过外语教育来捍卫国家文化安全呢？其立足之本就是文化自信。文化认同及分享是文化安全的保障，如果缺乏文化自信，就无法尊重并认同本民族文化，文化安全自然就无从谈起；文化安全的关键在于文化批判和文化平等，如果缺乏文化自信，就无法客观公正看待本民族文化，因此必须在外语教育中坚守本民族文化，加强文化自信教育，只有这样，才能在国际交流中获得平等、被尊重的地位，筑牢国家文化安全保障。

二、中国外语教育面临的文化安全风险

从 20 世纪 90 年代起，我国大力发展外语教育，尤其英语的普及及重视程度一度超过了母语汉语。无论中小学还是高等院校，英语成为必修课，受众范围迅速扩大，且英语教育伴随整个学生生涯。更因为利益的驱使，英语教育市场化趋势明显，各种辅导机构如雨后春笋一般迅速生长，中小学英语辅导、考研英语、考博英语、托福、雅思等市场巨大。一些高等院校也将大学英语四、六级成绩与学生的学位挂钩，这些都将英语的重要性提到了前所未有的高度。

外语教育在飞速发展的同时，也问题重重，涉及文化安全上的风险，表现在以下几个方面。

（一）从学习人数上看，英语成为仅次于汉语的语言

英语贯穿于学生的整个学习生涯，且还成为必修课。据统计，2014 年，中国已经有 4 亿人学习英语，约占全国总人口的 1/3，成为全球学英语人数最多的国家①，近几年学英语的人数更是有增无减。按照这样的趋势发展，中国英语学习者未来将超过以英语为母语的国家的人口数量。随着英语学习的人数的增多，相应地，人们在英语投入上的时间和金钱也会增多，也潜移默化地影响着当代学生的价值观。

（二）在处理外语教育与母语教育上，母语教育存在被忽视的现象

以高校为例，大多数高等院校开设的大学语文课程通常不是必修课，而是选修课。除了汉语言本专业的学生会学习专业的文学与汉语之外，其他专业将与汉语相关的课程作为选修课要求。这一现状直接导致学生对母语的忽略，而将更多的精力放在有功利价值的英语上。特别在现代多元文化影响的背景下，英语教育产生了非常广泛的影响，反而作为母语的汉语遭遇忽视，停滞不前。

---

① 赵喜斌. 统计称中国 4 亿人学英语 熟练度亚洲倒数第二 [N]. 北京晚报，2014-07-17.

美国著名的语言学家萨丕尔曾指出，语言对人的重要影响表现为"语言可以决定人们的思维，决定人们的世界观"，英语受众人数的空前扩大不仅对母语汉语造成了忽视，还在一定程度上威胁到了中国文化基因的纯洁性。从受众来看，尤其青少年阶段正是人生观、价值观形成的阶段，需要正确地引导他们学习本国的文化，并正确处理母语与英语的关系。另外，在外语教育中，通常涉及不同语言的交流与碰撞，如何选择合适的外语教学内容，如何选择评价机制，如何看待外语文化中的精华与糟粕，这些都是外语教育工作的重点，直接关系到外语教育开展的成果。

（三）过分强调外语教育的工具性，忽略其人文性

在教育国际化背景下，外语教育的工具性特征更加凸显，许多国家将语言作为打开其他国家经济、政治、文化之门的钥匙，大力开展外语教育。许多高校的入学、毕业考试都将外语纳入必考科目，毕业后，一些社会招聘考试同样要考核外语。当下我国要实施文化强国战略，就必须大力弘扬和传播中华优秀文化，增强文化自信，维护文化安全。

（四）外语教育带来的是对人们精神上潜移默化的影响

全球化的潮流加速了各国间在政治、经济、文化上的交流，而外国文化也以各种各样的形式充斥在日常生活中，小到广告、媒体、网络、社交，大到文化观、价值观等的渗透，这些文化渗透凭借现代传播媒介和方式，潜移默化地影响着人们的生活、工作、学习。在外语教育中，如果不注重文化安全意识的培养，将影响青少年的思想、思维模式，甚至还有可能被"西化"。所以，"外语教育肩负着神圣的文化使命，学习他人的目的是为了'洋为中用'，而不是盲目地崇拜他人，更不能渐渐演变为对我国文化安全产生威胁的一种社会群体或思想力量"[①]。

从以上问题看出，语言教育不仅是教育问题，还是国家文化安全问题；不仅关系着母语地位是否稳固，还关系着国家文化主权是否独立、民族身份是否清晰。无论从宏观还是微观上看，语言教育的发展都需要建立在本民族文化自主、文化自信的基础上，在确保母语地位的稳固性前提下，吸纳其他文化的精华，更好地"为我所用"。

---

① 潘一禾 . 文化安全 [M]. 杭州 : 浙江大学出版社，2007：130.

三、中国外语教育的文化安全使命

外语教育是一个特殊领域，处于各种文化与意识形态交锋的最前沿，维护国家文化安全是外语教育的应有之义。中国外语教育在汲取外族文化、在交流与碰撞中实现自身文化跨越式发展的同时，也应当主动承担起维护国家文化安全的使命。外语教育的文化安全使命主要表现在以下两个方面。

（一）在中外文化交流中，外语院校应承担文化安全的使命

外语院校作为国际文化安全建设的前沿阵地，在国家文化安全建设中承担着特殊的使命。在新形势下，外语院校应当承担起以下使命。

1.培养自觉维护国家文化安全的优秀涉外人才

随着经济的不断发展和综合国力的提升，中国的国际地位在不断提升，但在全球化语境下，其话语权仍然处于劣势。需要外语院校培养大量的涉外人才，不断提升中国的国际话语权。国际话语权的提升一方面要靠经济的支撑，另一方面还要靠中国文化的支撑。当前我国的经济实力显著增强，文化建设方面还有待提升，需要加快文化建设，培养文化自信，建立社会主义文化体系，增强其世界影响力。

外语院校在培养涉外人才时，需要培养外语专业能力强的人才，培养他们具备过硬的思想政治文化素养。尤其思想政治文化素养的培养直接关系到我国国家文化安全的建设，所以培养兼具专业能力强，思想政治过硬的优秀涉外人才是当前外语院校工作的重点。

2.在维护国家文化安全的同时推进文化交流

中国文化在走向世界的过程中，外语院校功不可没，外语院校培养了大批的优秀涉外人才，活跃在中外文化交流前沿阵地，推动中华民族的文化走出去，为中国树立起了大国形象。随着文化交流的深入，文化安全问题是一个不可回避的问题，外语院校在培养人才的过程中要加入对学生的国家安全意识的教育，促进学生养成文化自觉。当下，外语院校应继续推动孔子学院的建设，扩招留学生规模，为文化交流前线输送更多的人才。

（二）在外语教育工作开展中，践行文化自觉理念与立德树人理念

1.外语学习中践行文化自觉理念

从本质上说，文化安全就是如何看待与处理文化之间的关系，文化自觉是

构建文化安全应有的态度。文化自觉就是将本民族的文化放在不断变化的时代大背景下，秉持与时俱进、开放包容的态度，促进文化的传承与发展。对于外语教育来说，文化自觉表现为主动继承和发扬本民族的优秀文化，在批判的基础上接受与发展，通过比较、分析、整合，实现中外文化的交流与借鉴，在文化自觉的基础上完成文化创新，实现文化自信。

前面多处论述，外语的学习不仅体现为对语言本身的学习，还体现为对外语国家及民族的思想、政治、经济、政治、文化的学习。因此，外语教育必然面对中外文化的交流与碰撞。而多元文化交流中出现的文化碰撞现象并非一国存在，而是普遍存在于广大发展中国家。^①当前，我国外语教育的文化安全意识较为薄弱，尤其在教材建设上表现突出。有些教材教学内容以英美文化背景为主，有的则直接摘取原文，其中渗透的是英美国家的主流文化与价值观，并没有涉及中外文化对比中的差异性，学生极易受其影响。长此下去，不利于我国本民族的文化建设。所以，在跨文化交流中，要更多地去实践本土文化的国际表达，以实现中华优秀文化的传播与发展。

2.外语教学中践行立德树人理念

外语教育是构成国家教育的一部分，肩负着涉外人才培养的重任。涉外人才的培养首先是教化育人，之后才是运用语言开展文化交流与沟通。在教学过程中，教师要树立"立德树人"的教育观，在讲解语言的同时，还要以文化人、引导学生思考，树立正确的价值观。在外语学习中，比较法是常用的学习方法，通过比较中西文化的差异，总结出各自民族的心理特点、价值追求，通过对比，体会中华民族的家国情怀与文化根基，达到良好的育人效果。

---

① 彭龙.中国外语教育发展的重要趋势 [J].中国高等教育，2017（7）：16-19.

第四节　外语教育中的文化安全理念建构

一、文化认同

（一）文化认同内涵

文化认同的概念源于文化学，解释文化学认为，文化认同就是详细地介绍本土文化中的各类事件、习俗，判断文化交际中的人的主体间性——是否具有共同的话题、是否遵守共同的规则。"文化认同是最深层次的认同，是民族团结之根、民族和睦之魂。"[①] 文化认同产生的效果也是文化（见图 4-2）。

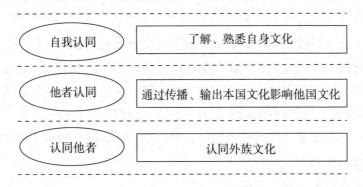

图 4-2　文化认同的三个方面

自我认同，即对自身文化的认同，要了解本民族文化产生的根基，了解文化的历史发展脉络，了解文化的价值取向、思想倾向、宗教信仰、生活环境等，了解文化内在的民族精神，构建民族认同。这是文化认同的第一层含义。

他者认同，即运用现代多媒体技术手段，最大限度地传播本民族文化，通过介绍民族文化的精髓吸引外国文化，并获得外国文化的认同。他者认同的实质是为了实现文化的感召力与影响力，吸引更多的人认可民族文化，通过文化渗透到他国的方方面面。

认同他者与他者认同之间是输入和输出的关系，本质上说文化输入的目的

[①] 陈凌. 文化认同是最深层次的认同 [N]. 人民日报，2021-03-07（4）.

是为了更好地输出。就文化本身讲，只有不断交流与碰撞才能更好地推动人类文化的发展；就国与国之间的文化交流来看，文化交流是一个双向互动的过程，吸引外族文化可以找到本民族文化与外族文化的结合点，借鉴外来先进文化，促使本民族文化的更新，反过来更长久地影响外族文化。

综上所述，文化认同是本族文化、外族文化、多元文化之间的相互认同，文化认同首先要认同本民族的文化，创造条件扩大本民族文化的影响力；在对待外族文化时，要持客观的态度，既不能全盘接收，也不能全盘否定。本族文化处于多元文化之中，要鼓励文化交流与文化融合，形成独立自主、兼容并包的文化交流局面。当然，文化认同忽略了世界文化发展的非对称性、不平衡性等重要的因素，所以文化认同是一个复杂的问题，在实施的过程中，也要具体问题具体分析。

（二）外语教育中的文化认同观照

1.教学大纲依据母语文化教学目标设计

在跨文化学习过程中，教学大纲除了强调外语的语言及文化外，还应当强化不同文化之间的关系，特别是外语与本民族语言的内在关系，通过比较，厘清两种文化的区别，强化本民族文化的独立性、自主性。在全球化背景下，外语的大纲设计应当从以目的语文化为中心转向以多元文化为中心，一方面，通过博采众长，促进了文化交流与发展；另一方面，促进了母语文化的融入，扩大母语文化的影响力度。

2.教材中平衡中西文化内容

在当前外语教育相关的教材中，涉及文化的内容较少，外语教材中的中国文化少之又少，所以在教学过程中，外语教师要培养学生进行文化主题的升华，从不同角度切入文化主题。

（1）从文化价值观角度切入。教师可以先让学生了解基本的语言、文化，就某一知识点与本民族的文化习惯进行比照，有条件还可以进行多文化的对比，通过对比找出差别。在教学中，教师要注重培养学生的学习兴趣，在立足母语文化的基础上，培养学生多元文化思维。

（2）从交际行为角度切入。在教学中，加入更多的实践内容。例如，通过观看教学短片感受不同文化的打招呼方式，然后指导学生进行角色扮演，扮演不同文化背景下的打招呼方式，通过具体情境使用语言进行交流，体验不同文化氛围。无论是文化价值观的讨论还是交际行为的感受，教师都要尝试总结，引导学生认识本民族的文化魅力，进一步形成开放的多元价值观。

3.采用多样化的教学方法体验多元文化语境，思考多元文化内涵

本民族文化的介入应当尝试形式上的创新，以增加外语课堂上的趣味。其中，教学实践就是一种创新形式，对本民族文化的感悟是通过体验和思考得来的，大大加深了对文化的感悟。在教学中，教师可以尝试以下方式来体验文化及内涵。

（1）在文化背景导入环节，增加本土文化内容。文化背景知识介绍在外语课程上占有重要的地位，有助于学生快速、高效地接收理解相关信息。在背景介绍时，学生容易陷入以下误区。

一是没有维持好本土文化与外国文化之间的平衡。要平衡二者的关系，应当意识到文化教学的目标是培养学生对不同文化的理解能力，而不是简单、机械复制异国文化。所以教师在介绍背景知识时应当保持中立的态度，引导学生区分本土文化与外国文化的关系，为深入理解外国文化的内涵奠定基础。

二是介绍背景知识易形成刻板印象。文化是生动、活泼的，文化的学习应当尽可能地放在具体的场景中介绍，切忌脱离语境受众；避免照本宣科，避免对文化或文化现象下定义，这样更有利于对相关文化信息有一个全方位的了解。

在课堂教学中，教师的引导非常重要，教师通过设计教学情境来创造不同的文化语境，教师并非某一社会环境的代言人，而是各种文化语境的创设者，外语教师应当还原文化场景，为学生提供客观的文化交流情境，帮助学生全面理解外国文化。

（2）通过对比，探索不同语言的文化内涵。与语言相关的语音、语法、语义、词汇、句子等都具有鲜明的语言特征，通过分析语言特征，对比中西语言差异，得出不同的文化内涵。例如，在中西语言中"狗"的语言文化对比：狗在中国文化中常带有贬义的意味，如"狼心狗肺""狗仗人势""狗腿子""看门狗"等。而英语中"dog"多为褒义词，如"a luck dog"——幸运儿；"Every dog has its day."——凡人皆有得意时；"Love me, love my dog."——爱屋及乌；"A good dog deserves a good bone."——论功行赏。

狗在以农耕文化为本的中国和以狩猎文化为本的西方国家之间存在着很大的差异：狗在狩猎的时候充当着重要的角色，狗被视为狩猎的重要帮手，在家

庭中是重要的一员。而在农耕文化中，狗扮演的是看门的角色，更多展现出的是奴役性，因此中西方对狗的态度就表现出巨大的差异。通过语言的比较，可以认识到中西文化的内涵，有助于学生认识西方文化的独特性，同时加深对中国文化的了解。

（3）通过体验学习感受文化之间的差异。体验式教学倡导学生在具体课堂情境中感受学习的过程，一般分为营造情境、发现问题、搜集资料、寻找办法、检验办法五个步骤。此五步不仅强调学生学习知识、体验文化内涵的过程，还强调学生在学习过程中将新知识与已有知识进行整合，从而构建新的知识体系，完善世界观、认识论。

二、国家意识

随着中国特色社会主义进入新时代，外语教育工作在开展的过程中要注重国家意识的培养。新一代的外交人才应当具有鲜明的国家意识，能捍卫国家主权，正确处理全球视野与国家意识之间的关系。

（一）国家意识内涵

国家意识作为国民共同的价值及信仰，是维系一个社会和国家生存、持续、发展的前提。中国经历了"泛意识形态化"的革命时代、"去意识形态化"的改革时代，意识形态领域发生了巨大的变化，且形式日趋复杂。当代中国，社会意识层面呈现出百花齐放、兼容并包的态势，多样化的社会意识都或多或少地影响着民众。而国家意识作为各种社会意识的最高意识，是兴国之魂，必须在发展的大潮流中找到其定位，捍卫其主导性、权威性。

（二）外语教育中的国家意识培养

在外语教育中，国家意识处于缺位的状态。在《国家中长期教育改革和发展规划纲要（2010—2020年）》中，关于对外教育，强调："加强国际交流与合作。坚持以开放促改革、促发展。开展多层次、宽领域的教育交流与合作，提高我国教育国际化水平。借鉴国际上先进的教育理念和教育经验，促进我国教育改革发展，提升我国教育的国际地位、影响力和竞争力。适应国家经济社会对外开放的要求，培养大批具有国际视野、通晓国际规则、能够参与国际事务和国际竞争的国际化人才。"文件中强调了国际化人才的国际视野，但并未提及国家意识的重要性，包括大多数高校外语专业人才培养方案也较少提及国家意识内容的培养。

在外语教育工作中要强化国家意识，培养国际化人才，至少应当包括以下几个方面。

1.国家认知

国家认知主要包括对本土文化的认识，包括本民族的历史、风俗、政治、经济、文化等，了解时代背景下国家发展的机遇与挑战，讲好中国故事，传播中国文化。

2.国家认同

国际化人才需要认同本民族的价值观，对国家有深厚的感情基础，只有充分认同国家，才能对国家有归属感，才能在外交中坚持道路自信、理论自信、制度自信、文化自信，其中的文化自信就是要坚持母语（汉语）自信，在外交过程中，将中国的文化传播出去。

3.国家责任

国家责任即国际化人才对国家的发展及稳定负有一定的责任——要维护祖国尊严，一切从国家利益出发，自觉服务于社会。

4.国家立场

在外交过程中，国际化人才需要有强烈的爱国主义情怀，坚持国家利益高于一切的原则，遵循个人利益服从集体利益，维护国家的稳定与发展。

5.国家期待

国家期待即国际化人才也要保持适当的期望，要从实际出发，坚定国家会朝着所期待的方向发展。

三、人类命运共同体意识

文化具有共性，又具有差异性。文化从表面上来说是千差万别的，它是我们不同地方的人类适应不同环境的一种产物，因而显示出民族性、差异性及多样性。独具地区和民族特质的文化与文明构成了多彩的当今世界。但文化在本质上又是统一的，代表了人类共同的智慧、共同的发展方向和共同的发展规律。文化的共性是人类命运共同体的基础，我们是共同的人类，我们有共同的文化诉求，共同的愿望诉求，不同文明之间只有尊重文化的差异性、多样性，摒弃文化霸权主义思维，寻求共性，以包容和交流的态度去对待本国以外的文明，才能更好地推动人类社会共同进步、共同发展。

（一）人类命运共同体内涵

党的十九大报告明确提出了人类命运共同体的重要理念，为新时代中国特色社会主义现代化建设提供了指导思想，也为我国的人才培养工作提供了行动指南。人类命运共同体是指"每个民族、每个国家的前途命运都紧紧联系在一起，应该风雨同舟，荣辱与共，努力把我们生于斯、长于斯的这个星球建成一个和睦的大家庭，把世界各国人民对美好生活的向往变成现实"①。人类命运共同体包含了"五位一体"的总布局、总路径（见图4-3）。

人类命运共同体契合当今时代各国发展的要求，彰显人类的共同利益，也诠释了中国的外交态度，为全人类的共生与发展提供了中国方案。

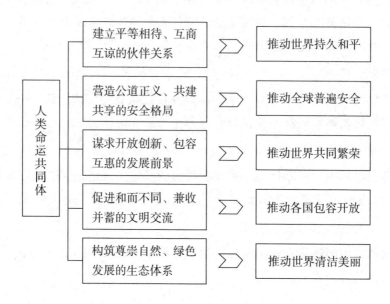

图4-3　人类命运共同体

（二）外语教育和人类命运共同体的关系

语言与人类命运共同体的关系密切。语言互通是人类命运共同体发展的前提和基础。在构建人类命运共同体的大背景下，外语教育旨在解决不同语言之间的沟通问题和不同文化的和谐共存问题，并在此基础上实现民心相通和世界文明的交流互鉴与共同发展。

---

① 习近平.携手建设更加美好的世界——在中国共产党与世界政党高层对话会上的主旨讲话[N].人民日报，2017-12-2（2）.

1. 外语教育应树立人类命运共同体意识

人类命运共同体构建给外语教育与外语人才培养提出了新的挑战，也是外语教育的时代责任。在全球化的背景下，国际环境日趋复杂，各种问题日益凸显，从历史、地理、人文、气候、生态到政治、文化等，涉及社会的方方面面，年轻人需要培养全球素养，才能更好地参与全球治理，有效解决全球问题。所谓全球素养，是指一种综合素养，即基于多语种能力，将知识、技能、态度、价值观等融于一体的公民素养。它要求相关人才具有全球视野，通晓国际规则，能辩证理解"区域"和"全球"问题，熟悉不同民族的文化传统和思维方式，了解不同观念产生的历史地理和社会文化的原因，包容世界文化多样性，理解差异性，客观公正地看待世界，并在相互尊重的原则下进行有效跨文化互动，并能为全球发展和共同福祉采取有效行动，做出应有贡献。

培养学生的全球素养是外语教育的重要使命。因此，在外语教育中，不仅需要培养学生掌握外语语言基础和应用能力，还要帮助学生掌握构建人类命运共同体所需的情感、态度、价值观等，培养学生语言沟通能力、人文交流与合作的能力等。除此之外，中国国情、国际规则、国际协议、国际机制、国际共识等知识储备也是具备全球素养的外语人才所必需的。外语教育必然也会从关注语言技能训练走向关注语言素养、人文素养、思维品质和终身学习能力提升的融合发展。

2. 人类命运共同体为外语教育指明方向

教育是民族国家的基础事业，事关全人类的利益，其起到的作用是基础性、整体性、战略性的。对外语教育而言，其在国际交流中的重要性不言而喻，在促进国家之间的了解、知识和文化的创新等方面有巨大的作用。可以说，外语教育助推人类社会的整体进步。

一方面，构建人类命运共同体为国际交流合作指明了方向，需要各国之间加强合作交流，形成"共同体"，即"一荣俱荣、一损俱损"。而外语教育在国家之间进行经济互通、政治互信、文化包容、合作交流等方面不可或缺，是构建人类命运共同体的关键和桥梁。构建人类命运共同体的理念对外语教育提出了更高的要求，同时指明了外语教育的发展方向，即培养具有跨文化交际能力的外语人才。

另一方面，构建人类命运共同体要求各国从维护全人类的共同利益出发，树立双赢、多赢、共赢理念。这需要在更大范围、更高水平层面上推动外语教育的发展，进而实现国际间交流合作。

（三）构建人类命运共同体举措

外语教育不仅有利于不同文明之间的交流、传播和共享，还在促进人类命运共同体构建中发挥着全局性和先导性作用。

在构建人类命运共同体的背景下，外语教育是助推国际交流合作的主要阵地，肩负着推动世界共同繁荣进步的重要使命，需要全方面践行人类命运共同体理念。在外语教育中构建人类命运共同体可以采取以下措施。

1.融合工具性和人文性，提升学生的人文素养

外语教育作为一种教育活动，具有自身的独特规律。然而，在外语教育中存在"重工具轻人文"问题，导致学生"有知识没文化"，在进行跨文化交流活动时，不能流畅地进行沟通，存在很多文化方面的问题。同时，由于我们不重视外语教育的人文性，在西方有意的文化植入下，学生很容易成为西方文化的追捧者。因此，必须融合外语教育的人文性和工具性。

在外语教育中，外语的工具性和人文性并不是完全对立的，两者之间有自身的内在逻辑，只有将两者进行融合，才能提升外语教育的质量，培养学生跨文化交际能力，实现学生的全面发展，进而助力国际交流合作，为构建人类命运共同体作出一定的贡献。

一方面，将外语的工具性作为载体，将人文性融入其中。工具性是外语的基本特征，因此在外语教学活动中，应着眼于语言知识技能，并在此基础上，有意识渗透人文性意识，提升学生的人文素养。

另一方面，深挖外语教育中的文化内涵。外语教育不仅是一种教育活动，其还承担着自身的文化使命。外语教师在进行教学时，需要探究外语中的文化内涵，并引导学生进行鉴别和批判。

总之，外语的本质是语言和文化的结合体，只有将其内在意义和外在形式进行有机融合，才能达到融会贯通的效果。

2.重视文化批判性，培养学生文化审辨能力

在进行国际交流合作时，不仅需要尊重他国文化，还要坚守自身的文化阵地，确保交流合作的顺利完成。因此，外语教育必须坚持母语文化为主体，以尊重平等的态度对待外来文化，立足本国文化，吸收外来文化精髓，培养学生正确的价值观，提升其价值判断能力，使其成为优秀的跨文化交流人才，成为

国家栋梁。

如果学生没有文化批判性，就不能正确鉴别中外文化的差异性，容易随波逐流，没有自己的价值判断。批判性是进行合理选择并采取恰当决策的基础，在外语教育中，外语教师应重视学生文化批判性的培养，使其保持开放的态度，敢于怀疑、敢于创新。例如，在外语教材中，为了保证外语教材的"原汁原味"，很多材料内容是从西方语言教材中节选的，里面的确蕴含着西方社会的价值观和独立开放的积极一面，如果教师不重视文化批判性，就不能有效引导学生进行独立思考，在对其中的文化内涵进行讨论时，就容易失去自身的文化立场。

3. 立足于优秀传统文化，结合时代精神，培养学生文化创新能力

一方面，需要帮助学生认识到中华文化的独特魅力，中华文化源远流长，今天，这些中华文化依旧焕发出勃勃生机，符合当前时代的要求。习近平总书记强调，"中华优秀传统文化是我们最深厚的文化软实力，也是中国特色社会主义根植的文化沃土"。在中华文化中，蕴含着很多生存的智慧，为中国特色社会主义文化提供了丰富的养料，我们可以从中汲取文化精髓，并赋予其时代的内涵，进行文化创新。

另一方面，文化创新并不是盲目进行的，其离不开中华优秀传统文化的支撑，要想提升文化软实力，就必须继承和弘扬中华民族传统文化，将优秀传统文化和时代精神进行紧密结合，实现文化的创造性转化、创新性发展。因此，在外语教育中，需要重视学生的文化创新能力的培养，使其成为中华美德、中华文化的传播者和创新者。

综合来看，构建人类命运共同体和人类发展息息相关，我国迫切需要提升国际影响力，为世界发展做出贡献。随着经济全球化发展，我国的文化安全问题提上日程，语言多元化成为不可避免的趋势，因此外语教育应转变以往的价值取向，增强国家意识，构筑国家文化安全保障，助力国际交流合作，促进人类命运共同体的构建。

4. 以外语为基础，培养全球胜任力

《PISA 全球素养框架》（PISA Global Competence Framework）的发布旨在发展全球胜任力，培养具有全球素养的青少年。全球胜任力涵盖以下几方面的内容。

（1）青少年能够分析当地、全球和跨文化的问题。

（2）理解和欣赏他人的观点和世界观。

（3）与不同文化背景的人进行开放、得体和有效的互动。

（4）为集体福祉和可持续发展采取行动的能力。

而学习外语正是发展全球胜任力的前提，外语教育须培养学生掌握外语知识及应用能力、语言沟通能力、回应全球和跨文化议题的能力、人文交流与合作的能力等，为学生走向世界做准备。

外语教育中要注重全球胜任力能力的培养，这是时代赋予国际化人才的重要使命。对个人来说，学习不同的语言不仅可以培养跨文化交际的能力，还能更好地了解不同文化差异，培养客观理性看世界的能力，有利于多元思维模式的形成；对国家来说，全球胜任力的培养利于国家保持国际竞争力，增强国际影响力。

5. 构建学科核心素养体系，助力国际理解教育

在外语教育中，学生的核心素养主要包括语言能力、文化意识、思维品质、学习能力四要素。语言能力是基础性要素，文化意识决定着学生的价值取向，思维品质反映了学生的心智特征，学习能力为学生成为国际化人才提供了条件。四要素构建了核心素养体系，促进了学生掌握理解和沟通能力、跨文化认知能力、价值判断能力、学习能力等方面的发展。

语言教育的归宿是人的教育，语言教育的本质是促进人的全面发展，其存在是为人类生存与发展服务的。面向人类命运共同体的中国外语教育是为了培养具有"中国心"的国际化人才。在外语学科教育中，全球视野和跨文化沟通能力的发展都必须以坚守中国情怀为前提。在国际理解教育的视域下，中国外语教育应更多地思考如何利用好语言这一载体传播中国文化、彰显中国力量、推动国际交流与合作。因此，在外语教学过程中，要积极创设跨文化交际语境，将外语教育打造为融知识、技能、态度、价值观为一体的核心素养提升活动，助推人类命运共同体的构建。

第五章　外语教育中文化自信培育的策略重构

世界上多个国家均把外语教育作为增强综合国力、维护国家安全、培育文化自信、提升国际竞争力和话语权的战略路径。外语教育战略转型要遵循"走出去""外向型""多元化"和"专业化"的原则，跳出传统的"语言技能提升"及"单向道文化输入"的思维模式，广泛融合其他学科，立足中国大地，坚定中国立场、定位国际坐标，契合中国参与全球治理的发展要求，推动中国获取更大的国际话语权，走向更大的国际舞台。

本章主要介绍了中国外语教育的战略转型，深入剖析了中国外语教育制度当前存在的问题，并提出了重构中国特色外语教育制度的策略，又对中国外语教育品牌战略进行了探索，并给出了相应的建议和意见。

第一节　中国外语教育的战略转型

在全球化的影响下，国家之间逐渐打破壁垒，在经济、文化方面的交流日益频繁，外语教育之于国家发展举足轻重。外语战略规划是国家语言战略的重要组成部分，是指"为提升国家外语资源的建设和掌控能力，根据形势变化不断调适的一系列可持续的规划方案和计划。"[①]外语规划的制定需要对接国家战略需求，服务社会发展大局。目前我国外语战略及外语规划仅限于外语教育发展、人才培养、专业设置等教学实践层面及具体问题，忽略了外语战略规划

[①] 沈骑，魏海苓．构建人类命运共同体视域下的中国外语战略规划 [J].外语界，2018（5）：12.

的顶层设计维度，无法有效揭示外语战略规划的宏观价值，在跨文化交流活动中，难以发挥出其应有的价值。因此，中国外语教育战略转型势在必行。

一、外语教育战略转型方向

随着改革开放的不断深化，国家外语能力建设方兴未艾，对实现国家现代化建设起到了关键的作用。国家外语能力建设和国家综合实力、国家战略定位的关系十分密切，重视国家外语能力建设，是外语教育转型的战略指向。中国外语教育战略价值转型，可以分为四个方面进行。

（一）价值导向朝"走出去"转型

新中国成立以来，在外语教育战略规划方面，曾经有两次重大改变。其中，1978 年，召开全国外语教育座谈会，在该次会议中确定了外语战略方针，即为"学好外语以汲取外国科学文化知识"，为国家对外开放、学习先进发达国家的科学文化知识和技术服务，为"引进来"大局服务。

自此之后，在改革开放的影响下，中国引进了发达国家很多最新的科技和经验，包括很多优秀的文化和思想，国家外语能力建设也得到了长足的进步，获得了不错的成就。可以说，"引进来"外语战略为对外开放和国家现代化建设培养和输送了很多精通外语的科学技术人才，为中国 30 多年的经济腾飞和社会发展作出了不可磨灭的贡献，同时使得国家外语资源更加丰富。

然而，随着中国国际地位的提升，国际影响力不断增加，和其他国家的交流日益频繁，参与国际事务和国家竞争成为不可避免的事情，仅仅依靠"引进来"的外语战略显然并不能满足当前中国的需要。因此，必须在坚持"引进来"的基础上，考虑向"走出去"转型，即向国际输送中国的文化和思想，实现国家外语能力建设的"双向互动"。在新时代，国家外语能力建设需要提升到国家战略高度，为实现中国文化"走出去"，传播中国声音，讲好中国故事和构建新的对外话语体系服务。

（二）战略需求向"外向型"转型

在进行外语规划时，我们必须对外语需求进行科学准确的分析，这是外语规划和国家外语能力建设的重要前提和依据。根据对象和属性，外语需求可以分为两种，即战略需求与现实需求、社会需求与个体需求。

目前，国内在外语需求的分析多集中于外语课程需求分析，很少关注学校外语教育与社会和企业需求的衔接问题，导致学校培养的大学生很难满足企业对员工外语能力的需求。同时，学生对外语能力的实际需求主要来自求职或学校考试，并不是直接对外交往的需要，这种外语能力需求可以归类于"内需性"。然而，随着改革开放的深化，国际交往的日益频繁，人们对外语的需求发生了明显的变化，无论是国内或国外，我们时常需要和外国友人进行沟通交流，出现了新的外语需求，其需求开始向"外向型"转变，即对外交往的需求。在这样的背景下，国家外语能力建设不仅需要满足内需的外语教育，还需要以外向型需求为目标，改革外语教育。

（三）资源种类向"多元化"转型

长期以来，我国外语资源种类比较单一，以英语为主，其他类型的外语种类比较少。改革开放以来，中国在外语语种规划方面，逐渐关注外语语种多样化的建设，使得部分通用语种得到发展。

目前，中国开设的外语语种约有五六十种，经常使用的有十多种。随着"一带一路"倡议的提出，"一带一路"沿线语言呈现多元化格局，现有的外语资源种类远远不能满足其需求，主要体现在以下方面。

首先，在语种选择方面，英语"一枝独秀"的局面令人深感担忧，相关数据显示，在外语专业教育中，英语专业的比重高达 95% 以上，甚至不少办学水平一般的高校不顾实际情况，会招收上千名英语专业学生。同时，在不少综合性大学中，其小语种专业十分稀少，仅能开设英语、日语等通用专业，导致高校同质化严重，不能很好地为社会输送需要的外语人才，并影响国家外语能力的建设。

其次，在语种数量和布局方向上，小语种专业的课程设置十分单一，并不能系统、全面地培养学生掌握相关语言和文化。与我国建交的国家有 100 多个，至少有 90 多种官方语言，但我国开设外语语种数量较少，显然有所欠缺。从开设语言的对象国家和地区来看，其非通用语种的分布和布局并不均衡，主要体现在开设的非通用语种主要是欧洲国家的语种，而有关中亚、南亚和非洲国家的非通用语种很少。

最后，我国战略语言规划起步较晚，对关键战略语种的建设比较滞后。由于没有重视战略性语种规划工作，没有进行科学合理的规划，因此会影响到国家安全。可以看到，在"一带一路"建设的过程中，传统安全和非传统安全问题此消彼长，各种突发事件交织复杂，如跨国犯罪、非法移民、国际维和等问题。而语言则在其中起到了非常重要的作用，可以消除和化解非传统安全的威胁和风险。

总之，我国在资源种类方面存在各种各样的问题，这要求中国必须建设多元化的外语资源种类，并做好战略性语种规划工作，建立非通用语种人才培养基地，培养多种类型的国际型外语人才。

（四）人才规划向"复合型"转型

对国家外语能力建设来说，外语资源质量十分关键，不仅决定着其纵深发展的程度，还决定着外语人才的水平和质量。那么该如何提升外语资源质量呢？

不同的历史时期对外语人才有不同的要求和规划，往往和具体的历史背景与现实需求相关。例如，晚清时期，认为外语人才是通晓西学之才，民国时期，认为外语人才则是精通中西文学之才。自新中国成立之后，受到学科观念的影响，我国外语人才规划更加强调培养学生相关外语知识和技能，具有明显的工具性和实用性。这种工具性外语人才的规划固然具有显著的优势，但也会产生一些弊端，那就是外语人才可以满足通用性语言沟通，却缺乏人文知识和专业知识，对国际专业领域工作或学术研究心有余而力不足，导致在外语人才市场上出现高水平外语人才"一将难求"的现象。

全球素养和全球胜任力是新时代对于外语人才的必然要求。现阶段，随着"一带一路"建设的深入推进，我国和其他国家的交往日益增多，"工具型"外语人才规划显然不能满足当前的需求，因此需要向"复合型"转变，对外语人才规划进行重新设计，不仅需要培养出精通沿线国家语言的外语人才，还需要培养对"一带一路"国家文化、政治和经济等方面比较精通的专业研究人才。外语人才不仅需要具备扎实的语言基础、专业的行业知识、开阔的国际视野，还要有坚定的中国情怀、较高的人文素养和过硬的思维品质。

二、外语教育战略转型路径

随着我国国际地位的提升，中国开始逐步在世界事务中占据主导地位，参与全球经济治理，因此外语教育迫切需要明晰战略转型路径，以融入中国的文化价值和新的治理理念，培养出内外文化兼备、符合时代需求的高级外语人才。

（一）设立外语规划部门

国家外语能力建设不仅对外语教育事业具有重大的意义和作用，同时还对国家战略实施有重要的影响。从某种意义上来说，国家外语能力建设是战略问题，关系到国家的发展。因此，全社会需要重视外语能力建设问题，以"走出去"的战略导向为核心，可以设立外语规划部门，对外语教育进行统筹管理和改革规划。

目前，各阶段的外语教育主要由教育局各个管理部门进行分割式操作，尽管可以对外语教育进行有效管理，却不利于协调各项工作。而外语教育的规划和管理工作涉及的内容复杂，工作面广且工作量巨大，必然需要建立国家外语规划和决策机构或部门，对外语教育进行统筹规划、指导、监督、评价，制定或调整国家重大外语教育政策，促使外语教育更快地发展。当然，外语规划部门除规划工作之外，还需要承担外语教育政策的研究和咨询、考试评价和服务等任务，对现有的语用司、基础司、高教司等进行整合，并对其进行相关外语规划。设置国家外语规划部门，可以实现多位一体，从各个角度和层面对外语教育进行统筹，提升外语决策能力，实现全国外语教育的协调发展。

（二）制定外语能力标准

制定外语能力标准的前提是对外语需求有所了解，做好外语需求调研工作，这样才能制定出符合实际需求的外语能力标准，避免盲目开展外语教育。

一方面，对国内来说，重要领域和行业对外语能力的需求有所差别，如外贸行业对外语能力的要求较高，而普通行业则对外语能力相对较低。因此，需要根据行业和领域的不同，制定相关的外语能力标准，做到有针对性地提升。当然，在对国内企业制定相关标准时，需要做好调研分析工作，在了解外语能力现状和需求的基础上，制定外语能力标准。

另一方面，对国外来说，我国的"交际圈"中涉及很多国家和地区，其语言文化各不相同，都有自身的特点，只有对这些国家语言状况和需求进行充分调查，尤其是和我国利益密切相关的国家或地区的语言文化问题，这样才能在外语需求调研的基础上，有针对性地制定外语能力标准，从而做到游刃有余。例如，在和"一带一路"国家进行交流时，需要对其社会语言和文化进行调查，充分了解其文化风俗，可以有效促进合作的顺利进行。

总之，需要外语规划部门针对外语需求进行调研，根据其调研结果制定相关的各类外语能力标准，尤其是非通用语种语言的相关标准，做到语言的标准和规范，保证外语教育的有序开展。

（三）完善语种规划机制

目前，我国开设的外语专业类型单一，非通用语种数量较少且分布不平衡。因此，我国需要完善语种规划机制，从整体上对语种分布、布局、数量等进行规划，不仅需要加强国际通用语种的教育，还要注重其他类型的外语语种规划，尤其是加强"一带一路"沿线国家的语言教育，均衡国家外语资源种类，使其布局更加合理。

在进行语种规划的过程中，难免会出现各种各样的问题。例如，高校不顾自身实际情况和专业建设标准等，盲目开设小语种专业，导致培养的外语人才不能满足市场需求。国家要意识并重视这一点，对外语语种的规划机制进行完善，制定相关的政策和制度，在进行语种需求调研和分析的基础上，对小语种建设进行合理规划和布局。

一方面，我国是多民族国家，很多民族有自己的语言，如维吾尔族语言、傣族语言等，这实际上也属于"跨境语言"，对这些珍贵的民族语言应该注意保护和传承，加以适当规划和开发。在现有语种资源的基础上，对少数民族地区外语教育的语种进行科学规划，并因地制宜地制定相关政策，这不仅可以实现语言多元化发展，还可以传承和弘扬少数民族文化。

另一方面，外语规划部门需要掌握我国外语国情的现实情况，从国家政治、经济、安全、教育等多个层面出发，制定出具有战略价值的外语语种规划，即出于防范非传统安全威胁和风险的考虑，为维护我国海外利益做出的外语规划，又被称作"战略语言"教育规划。例如，我国和中东地区的国家有所往来，掌握这些国家的库尔德语对维护我国海外能源利益、打击恐怖组织等具有重要的战略价值，外语规划部门可以针对该语种进行规划，从而使外语教育可以有效为国家创造价值，可以采取以下措施增强"战略语言"外语教育。

第一，由国家外语规划部门进行调控，制定相关政策向"战略语言"教育倾斜，使其获得更好的教育资源。

第二，有计划、有选择、分步骤地在中学开设"战略语言"外语课程，使学生更好地打牢"战略语言"学习基础。需要注意的是，在中学开设"战略语言"外语课程时，需要对学校办学条件和资源进行调研，确保该学校具有相应的开设课程的条件。

第三，在相关外语院校或有条件的综合性大学实行"订单式"招生计划，并制定科学合理的培养规划，确保培养出的外语专业人才可以有用武之地，积极发挥自己的潜力和价值。

总之，通过对具有战略价值的外语语种进行科学规划，将有利于提升国家外语能力语种资源建设、维护国家安全和稳定。

第二节　重构中国特色的外语教育制度

外语教育制度是保障外语教育顺利实施的基础。随着我国国际地位的逐渐提升，国际间的交流日渐频繁，外语在联通中外、维护国家文化安全中的地位越来越重要。外语能力已成为一个国家参与全球治理不可或缺的战略资源。目前，我国外语教育制度难以适应新时代的要求，局限性日益凸显。

一、中国现有外语教育制度的问题

目前，我国对外语教育缺乏有效规划，存在第二外语语种数量不足、外语语种的质量偏低、对外语人才资源管理松散、对外语资源缺乏有效规划、重"引进"轻"输出"等问题，阻碍了国家外语能力的提升。

（一）对外语资源缺乏有效规划

《国家中长期人才发展规划纲要（2010—2020 年）》在统筹推进各类人才队伍建设方面，提到了党政人才队伍、企业经营管理人才队伍、专业技术人才队伍、高技能人才队伍、农村实用人才队伍、社会工作人才队伍等各类人才队伍的建设问题，并分别对每一类人才队伍的发展目标及主要举措做了概述，但对"外语"及"外语人才"建设却没有任何观照。对比其他国家，显然我国对外语人才培养重视性不足。我们来看一下美国的规划体系。就其战略思想而言，有两个特别著名的法案，一个是 1958 年的《国防教育法案》，另一个是1991 年的《国家安全教育法案》，这两个都是与外语密切相关的；就其战略规划而言，新世纪美国国防部有两个战略规划，一个是 2005 年的《国防语言路线变革图》，另一个是 2011 年的《国防部语言技能、区域知识、文化能力的战略规划：2011—2016》。除了以上规划外，它还有落实这些规划的抓手——项目集群，这些项目集群能把规划付诸实施，保证其落实落地。

国家外语能力的提升是我国参与国际新秩序建立、全面提升中国国际竞争力的核心保障。国家外语能力的不足极大地影响了国家政治、经济、文化、科技利益的安全与拓展。2018 年 8 月，习近平总书记在全国宣传思想工作会议上强调："要推进国际传播能力建设，讲好中国故事、传播好中国声音，向世界展现真实、立体、全面的中国，提高国家文化软实力和中华文化影响力。"

所以在外语教育的规划中，我们必须思考中华文化自信培育的策略。2021 年，习近平总书记在主持中共中央政治局第三十次集体学习时指出，"积极推动中华文化走出去，有效地开展国际舆论引导和舆论斗争，初步构建起多主体、立体式的大外宣格局，我国国际话语权和影响力显著提升，同时也面临着新的形势和任务。必须加强顶层设计和研究布局，构建具有鲜明中国特色的战略传播体系，着力提高国际传播影响力、中华文化感召力、中国形象亲和力、中国话语说服力、国际舆论引导力"。思考外语教育如何才能更好地为国家政治、经济、社会发展和文化服务，为地方经济、社会发展、文化繁荣兴盛服务，为企业、为科学技术发展服务，如何更好地使理论基础研究与现实意义及应用价值的结合，研究真情况，解决真问题。

（二）第二外语语种数量少

现阶段，我国实行的外语教育制度具有语种限制性，即以英语为主，以通用语种为主流（如英语、日语、法语等），而忽视了其他非通用语种的教育。例如，韩语、越南语、泰语等在我国没有相对成熟的培训机制和培养人才的模式，在学习和升学考试中没有相应地位，这种外语制度显然对外语人才的多元化发展造成了制约。

随着"一带一路"倡议和"文化走出去"战略的提出，我国的"语言储备"明显不足。我国目前能够教授的外语仅有 70 余种，远远无法满足与全世界 6000 多种语言使用者沟通的需求，这些需求远不是仅仅开设几门大学外语课程就能够满足的。同时，外语教育语种以英语为主，无形中限制了其他语种的教育资源的利用。比如，在我国边境地区，其邻国语种的教育资源十分丰富，却由于现行的外语教育制度，忽略了学习相邻国语言的便利，因此这些天然的外语教育资源便无法得到合理的开发利用，阻碍了我国外语教育的健康发展。

（三）外语语种质量低

从小学到大学，学生花费了大量的时间和精力学习外语，但效果却不尽人意。这不但占用了有限的外语教育资源，而且导致了外语资源的粗放与低效。1996 年，李岚清副总理曾指出："我国目前外语教学水平、教学方法普遍存在费时较多、收效较低的问题，急需研究改进。"他认为我国是很重视英语教学的，……但很多人经过 8 年或者 12 年的外语学习，仍旧难以和外国人进行直接交流。[1]20 多年过去了，这种状况至今仍未有根本改观，大多数学生掌握的外语除了应付毕业、入学、就业等各种考试外，几乎无法发挥出其他任何作用，与巨大人力、财力和精力投入相比，成效不高。

（四）外语学习观念陈旧

要想提升国家外语能力，观念很重要。目前的外语教育习惯于把外语与母语对立起来，没有意识到学习者应具备双语或多语能力；仍把外语学习只看作外语能力的训练，忽视了学习者的跨文化交流能力和全球意识培养；把外语教学只看作局限在课堂和校园的教学活动，忽视了校园外广阔的外语生活场域，没有满足国家、社会对外语的需求等，这些陈旧的外语学习观念在很大程度上阻碍了外语教育的发展和国家外语能力的提升。

二、重构中国特色外语教育制度思路

育人是教育的责任，培养德、智、体、美、劳全面发展的社会主义建设者和接班人是新时代外语教育的历史使命。新时代外语教育应该肩负起中华民族伟大复兴、树立文化自信和构建人类命运共同体的重任，充分发挥好育人功能，努力培养出坚定"四个自信"、葆有家国情怀、定位全球视野，有扎实外语专业本领的复合型外语人才。

（一）加强外语人才规划

20 世纪 60 年代，我国曾做过专门的国家外语教育规划。近年来，相关部门又对非通用语种人才培养及以翻译为主的语言服务人才培养也做出了相应规划。这些规划无疑都对我国的外语教育发展起到了积极的推动作用，但在提升国家外语能力上仍显不足。国家外语人才规划应充分考虑新时代要求和科学技术发展水平，从国家的"外语生活"出发，针对语种配置、文化传播、人才培养、语言智能等方面做出统筹规划和长久谋划。

1.改变外语教育语种单一现状

在基础教育阶段，外语学习科目不必局限于英、日、俄等几个少数语种，而是需要与当地的发展需要相结合，根据地方优势或地理位置等条件，合理开

---

[1] 印蕾.中国非英语专业研究生英语教育改革与实践研究 [M].南昌：江西高校出版社，2019：27.

设不同类型的外语科目，鼓励开设非通用语种课程。大学外语专业要加大复合语种教育。

2.提升外语人才培养质量

全球化及新时代的到来对外语人才培养提出了更高的要求。外语教育已不仅仅限于语言学的范畴，还涵盖社会学、传播学等学科的内容，具有跨学科和多学科性质；外语教育不仅包括语言技能知识，还包括历史、哲学、政治、传媒、地理等相关文化领域内容。在知识方面，外语类专业学生不但具备语言理论以及目标语知识，而且要熟悉对象国社区和社会方面的知识，不但了解异域文化，而且要熟悉本土文化精髓；在技能方面，既要具备学科技能，也要掌握认知和人际关系等通用技能；在素养方面，不但要考虑学生道德水平提升、人文情怀培养、审美层次提高等方面，而且要体现在国家意识培养、民族身份构建等方面。随着我国逐渐走入国际舞台的中心，外语人才规划工作亟须加强，外语专业标准需要持续更新。

（二）推进外语教学改革

1.加大外语学科转型发展与内涵建设

长久以来，外语学科更多地聚焦于目的语国家的思想、文化和价值观的输入，忽视了外语在专业领域的应用研究及本土文化的输出。因此，要加大外语学科转型力度。一方面，积极推进"外语＋专业"的改革，创新"外语＋专业""专业＋外语"的人才培养模式，研究语言能力和其他专业能力的复合型人才培养问题，探讨如何在大学外语与专业知识之间找到契合点，使大学外语逐渐向通用 ESP 转化，由"学外语"向"用外语学"转变，从根本上提高学生本专业领域的外语水平；另一方面，在外语学科教学中融入中华文化。在中国从大国迈进强国之际，国际格局和世界形势发生了重大而深刻的变化。改革开放前四十年，外语学科在"引进来"中发挥了无法替代的作用，面对中国构建人类命运共同体的新任务，外语界学者应该在"走出去"的伟大事业中，更加有力地展现中国人文学者应有的责任担当和家国情怀。从事外语学科研究的学者们应该主动打破原有的学术固化结构，秉承"学科融通、文化传承、中西互鉴和启迪新知"的理念，根植中国文化，从优秀传统文化中汲取营养，为构建中国特色的外语学科学术话语体系贡献才智，为中国文化、文学的国际学术传播贡献力量。

2.创新外语人才培养模式

长期以来，外语教育中存在的"重语言，轻文化""重工具，轻人文"以及"重西方，轻本土"的现象，导致我国外语人才培养模式比较单一，培养出的外语人才在知识储备方面（知识、技能、素养）有所欠缺，因此需要探索培养多元化外语人才的途径和方式。

2020年11月3日，国家新文科建设工作会议召开。会议发布了《新文科建设宣言》，全面部署了新文科建设工作，会议认为，文科教育应是"培养自信心、自豪感、自主性"的教育，是"形成国家民族文化自觉的主战场、主阵地、主渠道"，新文科建设对于推动文科教育创新发展、构建以育人育才为中心的哲学社会科学发展新格局、加快培养新时代文科人才、提升国家文化软实力具有重要意义。[1]

"新文科宣言"对人才培养提出了新要求，宣言指出，推进新文科建设要遵循"守正创新、价值引领、分类推进"三个基本原则，把握"专业优化、课程提质、模式创新"三大重要抓手，努力推进学科交叉与深度融合，打破学界业界及院系壁垒，实现培养"人"与培养"某种人"的统一。[2]因此，外语人才培养要聚焦"文化自信"导向下的跨界培养模式，旨在为社会输送"知中国、爱中国、堪当民族复兴大任"的适应新时代社会发展需要的应用型、复合型语言服务人才，为提升中华优秀文化的对外传播力及国际影响力提供人才和智力支持，助推中国文化的域外传播。

（三）强化中国文化与外语教育的有机融合

当前的外语教育依然聚焦于外语文化而脱离本土文化，重外语文化"引进"而轻中国文化"输出"。中国文化在外语教育中的融入度不高，很多高校学生均无法用外语正确表达中国文化精髓。应鼓励融中国文化于外语教育之中，培养学生双语文化素养，加强学生对中国文化的外语表达能力及文化感悟能力。中华文化璀璨耀眼，五千年历史的中华文明赋予了中国珍贵的文化宝藏，其中很多理念为全球治理中国方案的提出提供了深度思考，极大地影响了中国全球治理战略。中国在全球经济治理提出"共同发展"的新理念，便是基于中国儒家思想中"和"的理念，强调世界各国和平共处，协同发展，共同解

① 李莉.跨文化视域下语言服务人才协同培养模式探索[J].菏泽学院学报，2021（1）：37.
② 同上.

决全球性问题[①]。同时，在强化中国文化与外语教育有机融合的同时，加强对隐藏在语言背后的外语文化研究，推动外语教育从浅层次的单一语言教学向深度的文化教育转变，从而更好地了解各国制度文化表征下的原则和潜在规律，更好地推动中国融入国际社会。

第三节　加强中国外语教育的品牌战略

随着世界政治、经济形势的不断变化，我国不仅需要越来越多的外语人才，对人才的质也提出了更高的要求，需要其掌握和精通相关国家的文化，做到可以真正和西方国家进行流畅沟通，在不同文化的交流和碰撞中实现自身文化的发展。

同时，在我国全方位开放的背景下，我国需要多语种的人才，除了英语、日语、法语等通用语种，还需要越南语、泰语、老挝语等国家的语言人才。因此，需要优化整合外语教育资源，探索中国外语教育品牌战略之路，以国家核心利益为目标，以文化自信为根基，培养高质量、多语种的外语人才。

一、中国外语教育品牌战略的要求和优势

（一）中国外语教育品牌战略要求

要想更好地实施外语教育的品牌战略，首先需要明确这一点，外语教育是一种语言教育，存在其特殊的规律，需要遵循语言教育的特殊规律。

语言是人类进行交流活动的重要工具，和民族密不可分，更是其民族文化的重要组成部分。和数学、化学等没有民族和文化界限的科目不同，语言教育具有特殊性，即学习语言离不开语言环境、文化环境和语言交流实践，人们只有在一定的社会文化环境中，才能真正掌握一门语言。因此，外语教育需要在特定的语言环境和文化环境中进行，并结合跨文化的语言交际实践，真正做到遵守外语教育的特殊规律，才能实施外语教育的品牌战略。

（二）中国外语教育品牌战略优势

外语教育品牌战略的实施需要外语学习所需要的语言、文化环境等外语教育资源，在这方面，我国就有得天独厚的资源优势，主要体现在以下几个方面。

---

① 赵柯. 提高中国在全球经济治理中制度性话语权的路径 [J]. 理论视野，2016（4）：7.

1. 我国具有大量的外语教育资源

在我国这片广袤的土地中，潜藏着丰富的外语教育需要的语言和文化环境、人才等资源，尤其是我国的西南、西北等边疆地区。这些边疆地区与10多个国家相邻，其所在地区人民和邻国人民交往十分频繁，这为边疆人民学习外语提供了天然的语言环境。例如，中国西南边疆地区和越南、泰国、老挝等国家陆路相邻，边境地区的居民在进行经商、旅游、走亲访友等活动中，不可避免地会接触到对方的语言和文化，这为边疆地区的人民学习外语提供了独特的环境和条件。

一方面，我国边疆地区和邻国民族文化关系密切，具有深厚的渊源。在我国边疆地区，大约有30个民族，具有相同或相近的民族文化，为外语学习打下了坚实的基础，在文化交流活动中，很少产生隔阂和问题。例如，中国西南地区的有关民族属于跨国而居的同一民族，他们在语言、建筑、风俗等方面都具有相似性，民族关系十分密切。

另一方面，我国边疆地区有大量的天然外语人才，在语言学习方面具有得天独厚的优势。在我国边疆地区，很多少数民族的语言和相邻国家的语言十分相似，这为其学习外国语言提供了十分便利的条件。例如，我国西南边疆的壮族、水族等少数民族语言和老挝语言、泰国语言同属于汉藏语系，系壮侗语族，这些语言"同属一宗"，实际上潜藏着很多"天然外语人才"，为我国对外交流提供了极大的便利。

总之，我国具有大量的外语教育资源，这些教育资源形成了我国外语教育品牌战略的优势，对提升我国外语能力建设具有重要的作用和意义。

2. 相关的政策支持外语教育的相关政策

我国一直很重视外语教育的发展，随着改革开放的深化，外语教育的价值导向开始转向"引进来"和"走出去"相结合，并制定了相关的政策，这些政策为我国带来了丰富的外语教育资源。

一方面，由于相关政策的支持，我国北京、上海等地涌现出了越来越多的外国人，他们在这些地方进行经商、教学和旅游等活动，在促进我国经济发展的同时，也为当地带来了丰富的外语教育资源，给当地人民创造了学习外语的环境。例如，桂林的"西街"中聚集了很多外国人，当地居民可以利用这种环境在实践中学习外语，在和人的沟通交流中，提升外语沟通交流能力，真正掌握外语交流技能。

另一方面，我国外语教育要发展，还需要"走出去"，通过出国学习、探亲访友等活动，将我国优秀文化传播出去。目前，我国很多学生都会选择出国留学，在国外直接学习语言，有利于其快速掌握外语应用技巧。同时，在和外国人日常的沟通交流中，也可以将我国的文化进行传播。除此之外，有很多高校和国外大学进行合作，相互交换学生，交流教育资源，不仅可以提升学校的教学水平和实力，还可以拓展我国的外语教育资源。

二、中国外语教育品牌战略的措施

中国外语教育品牌战略的关键在于做好品牌定位、品牌建设和品牌延伸，可以采取以下措施（见图 5-1）。

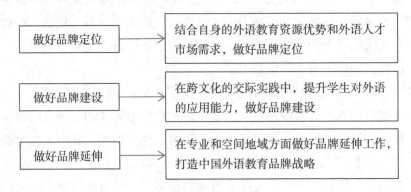

图 5-1 中国外语教育品牌战略的措施

（一）做好品牌定位工作

所谓品牌定位，是指在市场上，为自身的品牌树立一个明确的、符合消费者需要、不同于其他对手品牌的形象，往往需要结合市场细分和产品差异化，准确找到优势并选择目标市场。

在中国外语教育中亦是如此，需要利用自身优势，做好品牌定位，才能在国际竞争中占据优势，其关键在于结合外语人才市场和自身资源优势。

随着改革开放的深化和"一带一路"倡议的进行，近年来外语人才的市场需求发生了很多改变，主要体现在以下方面。

第一，在我国睦邻友好的外交政策下，我国和邻国的交往日益频繁，包括在政治、经济、文化等方面的交流，因此需要大量的、精通邻国语言的外语人才，如韩语、蒙古语等。

第二，我国和东盟国家的交往也日渐密切，尤其是在中国—东盟自由贸易区的影响下，和东盟国家在经济方面的交往不可避免，需要相关的外语人才来支持，包括越南语、泰语、老挝语、缅甸语等东盟国家语种的非通用语外语人才。

第三，随着我国的进一步对外开放，我国的交际圈进一步扩大，已经远远不限于英语国家。然而，目前我国外语教育仍旧以英语为主，其他语种的外语人才相对较少，这大大限制了和其他国家交往的能力。因此，在外语人才市场上，不再是英语"一枝独秀"的局面，而是呈现出各种语种外语人才"百花齐放"的现象，需要越来越多的语种外语人才。

综上所述，我国外语人才市场的需求发生了巨大改变，中国在国际竞争中占据优势，就必须在外语教育品牌定位方面做出一定的调整，包括在和英语国家交往频繁的大城市中，重新定位英语人才的培养目标和培养技能；在西南等边疆地区中，结合自身的外语教育资源，重点培养周边国家的语种人才；在我国西南、南方地区中，结合中国—东盟架构下的国家语种，培养相应的东盟国家语种人才等。总之，需要具体情况具体分析，结合地区的外语教育资源和地区相关的发展方向，制定出符合中国外语教育品牌定位的规划。

（二）做好品牌建设工作

在准确找到品牌定位之后，接下来需要做好品牌建设工作，将品牌打造成不可替代的存在。在中国外语教育品牌建设中，其关键在于尊重语言学习的特殊规律，创新外语教学模式。

和数学、物理等科目不同，语言学习需要有语言环境和文化环境，并需要在具体的环境中进行实践，这样才能起到事半功倍的效果，可以采取以下措施。

第一，外语语言的学习离不开实践，如果没有跨文化的交际实践，仅仅是依靠课堂进行外语学习，其结果往往是花费大量的时间，最后却只是收获了一大堆单词，不能灵活地应用外语语言。因此，我国需要创新外语教学模式，打破传统的课堂教学模式，在跨文化的交流实践中，不断提升学生的外语应用能力。例如，我国边疆地区的学生可以利用自身所处的地域优势，走出课堂，在和外国人不断交流中，达到娴熟掌握外语的目标。

第二，和国外大学进行深入合作，即将学生送到国外或引入国外大学的学生，在跨国交流中，丰富自身的外语教育资源，相互学习语言和文化，以达到灵活应用语言的目的。

（三）做好品牌延伸工作

和品牌定位不同，品牌延伸是在确定品牌定位的基础上，将核心品牌应用到新的产品或服务中，减少新产品或服务在市场中的风险，从而以较少的营销成本获得较大的市场回报。对我国外语教育而言，要想做好品牌延伸工作，可以从以下方面进行。

1.品牌的专业延伸

所谓品牌的专业延伸，是指利用我国自身的教育资源在专业方面进行品牌延伸。例如，在我国边疆地区中，存在大量的天然外语人才，可以利用这些独特的资源优势，开展相关的专业教育来进行品牌延伸，通过开设国际贸易、国际旅游等专业，对学生或居民进行专业培养，促使其成为综合型的国际人才，这不仅可以巩固核心品牌的地位，还可以带动其他专业的发展，实现品牌的专业延伸。

2.品牌的空间延伸

从字面上理解，所谓品牌的空间延伸，可以理解为是在区域方面的品牌延伸。例如，我国边疆地区的外语教育品牌，其最初的定位是限定在某一区域或边疆地区，有较大的局限性。将品牌进行空间延伸则不必考虑地域的限制，可以利用自身的语言优势，吸引周边国家的学生来学习中文或学习其他专业方面的知识。例如，对我国周边国家越南、泰国、老挝等国家来说，其教育并不是很先进，中国完全可以打造留学生的教育品牌，吸引留学生的加入，拓展国际化办学渠道和发展空间，从而实现品牌的空间延伸。

第六章　外语教学中文化自信培育的四重维度

外语教育要以立德树人为根本目标，以坚定文化自信和维护文化安全为核心。我国外语教育中文化自信培育主要体现在思想意识上对本土文化的高度认同、对外来优秀文化的肯定和对文化不安全因素的充分认知。在此基础之上，引导学生审辩性思考，批判性地借鉴异域优秀文明成果，以提升其文化思辨意识，提高跨文化沟通力、全球理解力和全球表达力。进入新时代，中国将继续发挥负责任大国作用，积极参与全球治理，更需要大批兼具"中国深度、全球广度、人文高度、专业稳度"的"四有"卓越外语人才。因此，在新时代的外语教学中，必须以新时代党和国家事业发展需求为导向，从厚植家国情怀、讲好中国故事、提升国际视野、培养思辨意识等多个方面重点优化教学内容，完善教学体系，充分发挥外语学科的"内引外联"作用，以期更好地实现"让中国了解世界"和"让世界了解中国"的历史使命。

第一节　厚植家国情怀：外语教学中的中国文化坚守

外国语言文学作为人文属性较强的学科，在注重培养学生的语言素养、文化素养、国际视野、跨文化交际能力以及多元文化包容力的同时，更重要的是培养学生的品格和责任心，在中外文化比较中，深化国家意识、厚植家国情怀，树立文化自信。

一、"家国情怀"的内涵

"家国情怀"是中国优秀传统文化的时代呈现，又是马克思主义情怀观的中国化表达，是指主体对共同体的一种高度认同感、归属感、责任感和使命感，并促使其发展的一种思想和理念。其基本内涵包括家国同构、共同体意识和仁爱之情。"家国情怀"与民族精神、爱国主义、乡土观念、天下为公等传统文化既密切相关、一脉相承，又是对这些传统文化的升华，在增强民族凝聚力、提高公民意识等方面都有着极其重要的时代价值。

习近平总书记在讲话和论述中多次提及"家国情怀"，并着重强调家国情怀对新时代青年的激励意义。2013 年 3 月，在中央党校建校 80 周年庆祝大会上，他在讲话时提到"苟利国家生死以，岂因祸福避趋之"的"报国情怀"；2014 年，他给全体在德留学人员回信时提到留德学子心系祖国、报国为民的"爱国情怀"；在 2018 年 9 月 10 日召开的全国教育大会上，他强调："要在厚植爱国主义情怀上下功夫，让爱国主义精神在学生心中牢牢扎根⋯⋯"[1]2019年，在京津冀协同发展座谈会上，他指出："爱国主义是中华民族的民族心⋯⋯首先要培养学生的爱国情怀。"[2]随后在"3.18"思政课教师座谈会上的重要讲话中，他又着重强调教育要引导青年学生怀爱国情、立强国志、践报国行，以实际行动自觉融入坚持和发展中国特色社会主义事业之中，投身建设社会主义现代化强国伟业之中，要求思政课教师"情怀要深，保持家国情怀，心里装着国家和民族"[3]。

习近平总书记关于"家国情怀"的重要论述对教育完成立德树人这一根本任务有重要启示，给新时代思政教育工作指明了方向，培育家国情怀是思政教育工作因时而进、因事而新的时代新要求。

二、外语教育中"家国情怀"培养理念的提出

外语课程中大量涉及英美国家历史、地理、文化、人文、思维模式与价值

① 冯粒，袁勃.坚持中国特色社会主义教育发展道路 培养德智体美劳全面发展的社会主义事业建设者和接班人 [N]. 人民日报，2018-09-11（1）.

② 王仁宏，曹昆.稳扎稳打勇于担当敢于创新善作善成推动京津冀协同发展取得新的更大进展 [N]. 人民日报，2019-01-19（1）.

③ 张烁.用新时代中国特色社会主义思想铸魂育人 贯彻党的教育方针落实立德树人根本任务 [N]. 人民日报，2019-03-19（1）.

观等方面的内容，中华文化与异国文化会在学生学习过程中不断碰撞、较量与交融。改革开放初期，西方文化涌入中国，外语学习者盲目接受西方强势的政治、经济以及文化思想，加之他们对本国的传统文化了解较少，逐渐形成了崇尚外国文化的倾向，并显露出了对中华民族文化的否定和不自信。

在世纪交替之际，外语界《关于外语专业本科教育改革的若干意见》对此提出："对于外语专业的学生来说，应该更加注重爱国主义和集体主义的教育，注重训练学生批判地吸收世界文化精髓和宣传弘扬中国优秀文化传统的能力"。[①] 该文件不仅强调了对世界文化的批判吸收，而且开始突出了爱国主义教育和中国优秀文化的传承与弘扬，是外语教育政策的一大进步。这里的"爱国主义"与"家国情怀"是一脉相承的。

2010 年 7 月，党中央、国务院颁布了《国家中长期教育改革和发展规划纲要》（2010—2020 年），更是从战略高度提出了教育的"爱国主义"主题，指出要"把社会主义核心价值体系融入国民教育全过程"[②]。

2012 年 12 月，国家发布了《国家中长期语言文字事业改革和发展规划纲要》（2012—2020 年），明确指出，语言文字是人类最重要的交际工具和信息载体，是文化的基础要素和鲜明标志，更是国家文化建设和社会发展的重要组成部分。[③] 该文件进一步对语言文字工作提出了面向国家利益和国家安全的要求，认为，语言文字工作必须以国家主权和国家利益为核心，确保增强高度的文化自觉和文化自信，维护国家安全。

课程思政的提出给我们提供了强化公民意识培养和厚植家国情怀的方法和具体路径。2020 年出台的《高等学校课程思政建设指导纲要》要求结合专业特点分类推进课程思政建设，强调"要在课程教学中帮助学生掌握马克思主义世界观和方法论……要结合专业知识教育引导学生深刻理解社会主义核心价值观，自觉弘扬中华优秀传统文化、革命文化、社会主义先进文化"。此文件为外语教育明确指明了方向。课程思政是"爱国主义"精神与"家国情怀"理念的具象化，要求外语教育必须围绕家国情怀、母语文化素养和外语教育中的文

①高等学校外语专业教学指导委员会.关于外语专业本科教育改革的若干意见 [J]. 外语界 1998（4）：2.

②国家中长期教育改革和发展规划纲要工作小组办公室.国家中长期教育改革和发展规划纲要 [N]. 人民日报，2010-03-01（5）.

③教育部语言文字信息管理司.中国语言生活状况报告（2013）[M]. 北京：商务印书馆出版社，2013：23.

化立场等重点优化外语教育课程思政内容，调整育人目标，创新教学方法，把外语知识传授、能力提升与价值引领相结合，充分发挥外语课程的育人价值，扭转外语教育长期以来的重知识、轻文化的倾向，系统进行专业教育与价值观教育以及中华优秀传统文化教育等教育的同频共振。

三、坚守母语文化，厚植家国情怀

中华文化光辉灿烂，源远流长。随着经济全球化不断发展，文化作为重要的国家软实力，在国家与国家沟通交流的过程中，发挥着不可替代的作用。在多元文化背景下，母语文化成为外语教育的重要内容，母语文化坚守事关外语教育的立场问题，母语水平影响着跨文化交际的程度、范围和效果。

（一）母语文化是民族身份认同的根基

中华文化是我国各民族共同创造的，人们对中华文化具有共同的认同感，基于这种文化的认同，产生了以人文关怀为基础的家国情怀，并逐渐形成了中华民族的共同体意识。学者成尚荣在其《母语教育与民族文化认同》中强调，"母语教育就是让学生在母语中树立对民族、对祖国的认知，确立自己的民族身份和文化身份，培育民族性格、民族脊梁、民族精神"。① 在外语教育领域，深厚的母语素养更是防范受他国文化侵袭或文化殖民的利器。在文化多元化和全球化的过程中，只有保持对自己国家文化认同的追求和坚守，才能在多元文化的冲击中，传承和发扬本民族文化的本色。在外语教育过程中，如果教育主体或受教育主体在体验他国文化时丢失了自己的文化根基，就无法通过学习他国文化来丰富和发展自己的文化基因，也就无法构建起符合时代发展的身份认同。

（二）母语文化是跨文化交际能力培养的基石

外语学习是一种跨文化言语交际行为。在跨文化交际中，母语和母语文化是基础。对母语文化的学习和掌握，有助于我们深入理解异国文化，是跨文化交际能力的基石。母语和母语文化的正迁移作用可以使外语学习效果事半功倍，较高的母语和母语文化素养可以促进跨文化交际能力和学生综合素质的提高；外语学习者必须深入了解自身文化，并主动把母语文化融入异国文化学习及跨文化交际活动中，否则其跨文化交际难免会遇到局限，最终产生交际的障

---

① 成尚荣.母语教育与民族文化认同 [J].教育研究，2007（2）：24.

碍。例如，胡适、林语堂、王宗炎这些翻译界的前辈，他们都是母语文化的优秀传播者，正是厚实的母语文化基础，才使得他们具备超高的外语水平和外语交际能力。

我国的母语文化具有强大的凝聚力，中国文化历经五千年的发展，具有本民族特有的语言系统、文化价值观、风俗民情等。对外语学习者来说，母语文化深深扎根于自身的血肉中，其观念、社会心理等会以无形的方式影响着自身的学习方式和思路。比如，"中国式英语"的背后显示着中国人的学习思路和学习方式，是利用外语表达本民族文化的方式。由此可见，母语文化和异国文化在诸多方面都各不相同，只有清楚了解彼此文化的差异性，在跨文化交流中，才能准确进行表达，从而实现得体且有效的沟通。

（三）母语文化是构建国际话语权之必需

外语教育不仅仅是为了培养运用外语与其他国家进行文化、科技等方面交流合作的人才，也是传播中国声音、构建国际话语权之必需。外语学习必须以母语文化为参照，在世界范围内传播中华优秀民族文化之精华。在外语教育中，最理想的状态应该是民族与民族之间的双向交流。

著名学者王守仁曾指出，中国学者如果不能发出自己的声音，不能向世界宣讲自己本民族的文化，所谓的"全球化"在中国便无法成为对话，而只能是单向的输入。从我国现行的各类外语教材内容上来看，其仍存在着中西文化安排比例失衡的问题，主要表现在以下几方面：对象国文化介绍多，本土文化涉及少；教材中呈现的中国文化内容不客观，与实际差距较大；中国文化介绍不深入，只陈述文化表层现象，没有相关语境解读；内容陈旧，缺乏与时俱进更新，所学语言技能难以在中国的生活中应用等。所以对于中国的外语学习者来说，掌握了语言技能，并不意味着就能对外传播中国文化，向世界宣讲中国声音，深厚的母语文化功底才是讲好中国故事之必需。

四、外语教育的中国文化立场

外语教育不仅是一门语言知识课程，还是一门涵盖西方政治、经济、历史、宗教、哲学等内容的文化课程。外语教育需要将语言知识所承载的文化背景、文化差异、文化价值甚至其独特的思维方式纳入语言教学过程中。如果仅仅将其作为语言知识进行处理，则会忽略外语中蕴含的文化价值，割裂语言和文化的内在联系。同时，外语教育在本质上又是一种跨文化教育，是一种跨文化的互动学习行为，外语教育文化立场问题事关"培养什么人、怎样培养人、为谁培养人"的大问题。因此，在我们在制定外语课程标准时，首先需要考虑的是，外语教育究竟是以外国文化的输入为导向还是以我国优秀文化输出为导向？外语作为交流沟通的工具，学习者是做国外文化的搬运工、应声虫，还是向外宣扬传播我国的民族精神？外语教育者如何帮助学习者抵御西方文化价值观和不良社会思潮的侵袭，避免长时间耳濡目染而使青少年发生精神蜕变？我们的外语课程是为了给受教育主体进行他国移民做铺垫，还是培养能使用外语对外传播中国文化的中国人？① 教育的根本任务是立德树人，外语教育是为国家培养社会主义的合格建设者和可靠接班人，其内在本质和根本任务决定了外语教育中的中国文化立场。我国外语学科对于建设具有中国特色、中国风格、中国气派的哲学社会科学具有重要意义，在向世界传播社会主义文化、展示中国形象方面发挥着特殊作用。

外语教育应该是基于跨文化的文化回应性教学。文化回应性教学不仅要求培养学生尊重其他文化的意识和态度，还要求学生可以从不同的文化视野去审视相同的事件，并形成对自身文化的认同感和自豪感。因此，在外语教育实施过程中，需要帮助学生在认识和了解不同文化背景、文化价值观念和文化思维方式的基础上，更好地理解并发展本民族文化，坚定文化自信。从这种意义上来讲，外语教育本身就包含着自身文化立场的坚守。因此，在外语教育中，外语教师需要根据"中国文化"视角和"中国文化"立场进行设计，充分利用好外语学科"文化桥梁"的特殊价值，引导学生提升外语专业技能，同时夯实中国文化功底，强化国家意识培养，维护本土文化安全。"以中国文化的演进为实质过程……开辟外语教育发展的新方向"。②

总之，在国家大思政格局背景下，外语教育应该充分发挥好育人功能，致力于培养"有家国情怀、有国际视野、有责任担当"的卓越外语时代新人，培养新时代社会主义建设者和接班人，培养时代的开拓者和创新者，在新时代大潮中，教育引导学生自觉将个人利益与个人发展融入国家利益与国家发展之中，在传承红色基因、推动中国更好地走向世界、世界更好地了解中国上作出贡献。

---

① 曾敏，外语教育中的文化安全研究 [D]. 武汉：华中师范大学外国语学院，2015.4.
② 张珊 . 中国外语教育的文化自觉 [J]. 外语教学，2017，38（2）：7.

第二节　讲好中国故事：外语教学中的中国文化对外传播

　　讲好中国故事，传播好中国声音，让中华文化展现永久魅力和时代风采，让世界了解一个更加真实立体全面的中国，是外语教育的新使命，更是第二语言从业者义不容辞的责任和历史担当。语言不仅是交际的工具，还是文化的载体，在促进民心相通、服务人文交流等方面发挥了无可替代的作用。各民族文化之间的沟通和交流正是借助于广泛意义上的外语教育实现的。外语作为中外文化联通的媒介，不但要把外国文化引进来，而且要担负起中国优秀文化对外传播的重任，要"让中国了解世界，更要让世界了解中国、读懂中国、理解中国"，搭建起中国人民同世界各国人民有效互动交流的桥梁，与世界各国携手谱写人类文明的新篇章。

　　讲好中国故事是构建国家话语权的第一步。习近平总书记2016年2月19日在党的新闻舆论工作会议座谈会上指出："我国综合国力和国际地位不断提升，国际社会对我国的关注前所未有，但中国在世界上的形象很大程度上仍是'他塑'而非'自塑'，我们在国际上有时还处于有理说不出、说了传不开的境地，存在着信息流进出的'逆差'、中国真实的形象和西方主观印象的'反差'、软实力和硬实力的'落差'。要下大力气加强国际传播能力建设，加快提升中国话语的影响力，让全世界都能听到并听清中国声音。"外语学科是中外文化传播的重要媒介，理应在阐释中国精神、中国价值、中国力量和构建国际话语权的过程中发挥重要作用。因此，如何以第二语言为载体，更好地推动中华优秀传统文化、革命文化和社会主义先进文化走出去，促进中华民族优秀文化的国际传播，增进中国话语的传播力和国际影响力，是当前外语教育与外语专业改革的热点话题。

一、何为中国故事

　　文化分为两个方面，一个是文的维度，一个是化的维度。文的维度就是指文化的内涵。中国优秀传统文化、革命文化和社会主义先进文化等中国文化的核心和精髓正是中国故事的核心要义和内涵所在。要讲好中国故事，首先要弄清楚何为中国故事。新时代要讲好中国故事，就是要讲好中国特色社会主义故事，讲好中国梦的故事，讲好中国人的故事，讲好中华优秀文化的故事，讲好中国和平发展的故事，也就是说要把中国道路、中国理论、中国制度、中国智慧、中国精神融入进去，寓于其中。在我国的外语教学领域，中国故事与外语教学的相互融合已经逐渐成为新趋势。

其一，讲好中国故事，就要讲好中华优秀传统文化故事，弘扬中国精神，彰显中国意蕴。中国有着五千多年悠久灿烂的历史和文化，纵观中国历史，就是由一个个饱含中国人民奋斗精神和智慧的故事串联起来的，每个故事中都蕴含着深邃的思想，反映着中国人民的拼搏精神和对生活的美好向往。讲好中国故事，就要讲清楚"以和为贵""和谐共生""天下大同"等中华文化精髓，讲好具有中国特色的地域文化及各具特色的地域风情，其中体现的民族风骨、审美情趣和中国力量亦是中华文化的竞争力所在。中国传统文化是多种哲学思想完美融合的文化，具有高度的包容性，又具有独特之处，中国需要打造出自己的"名片"，以中国意象呈现中国形象，以开放包容促进中西文化之间的交流和理解，进而在国际舆论场中构建中国话语体系，将对外传播由文化向其他多个层面辐射。

其二，讲好中国故事，还要讲好中国和平发展的故事，讲清楚中国将始终做世界和平的建设者、全球发展的贡献者，不仅要充分展示中国底蕴深厚的历史，也要展示中国日新月异的变化，改革开放、脱贫攻坚的伟大成就，更要展示"实现中华民族伟大复兴"的中国梦，展示中国各民族多元一体、共同谋发展创繁荣的新篇章。

其三，讲好中国故事，还要讲好在中国共产党领导下中国人民奋斗的故事，讲好中国共产党为人民谋幸福、为民族谋复兴、为世界谋大同的实践史，讲好中国共产党史、中华人民共和国史、改革开放史、社会主义发展史，讲好中国特色社会主义故事。中国特色社会主义是中国人民在从建立新中国到社会主义革命和建设，再到改革开放等多个阶段的艰辛历程中成功开拓的发展之路，是符合中国国情的人类文明新形态。这一过程中的一系列伟大实践不断丰富和深化着中国故事的内涵。

二、为何要讲好中国故事

（一）更高的人才培养要求

新时代，中国逐渐走向世界舞台的中央。面对各种区域性和全球性的危机和难题，中国主动承担起相应的责任，广泛参与国际事务，全方位参与全球治理。"展示中国作为、彰显中国担当"需要一大批具有家国情怀和全球视野、熟练运用外语、熟悉中国国情、会讲中国故事的国际传播人才。在新时代背景下，外语教育应充分发挥语言学科优势，利用好语言这一媒介，用世界听得懂的方式，向世界讲述中国故事，传播本族优秀文化，推动中华文化走出去。

（二）更复杂的国际环境

讲好中国故事，在全球确立中华文化与价值地位，是中国形象客观、真实、立体再现的需要，更是彰显中国在当代国际格局变化中负责任大国形象的需要。讲好中国故事就是要讲清中国的历史传统、基本国情，讲好我们的制度优势、人民意愿和社会发展进步，让越来越多的国家了解中国发展的理念和思路，客观地、实事求是地主动帮助西方国家把他们关于中国形象的片面的、曲解的、主观的、碎片化的感知有机地加以还原，尽可能地呈现给外部世界一个真实的、清晰的、相对完整的中国形象。所以，要构建我国的国际话语权，让世界更好地了解中国，提升用外语讲中国故事的能力是外语教育的必然选择。

（三）更重要的中国责任

讲好中国故事，提升中华文化影响力，是我国积极参与国际新秩序建立、全面提升中国国际竞争力的重大战略部署。西方工业文明带来的生态问题、种族问题等给世界带来了巨大的挑战。很多人开始把目光转向东方，寻求长达数千年的东方智慧，求解世界现代问题的良方，中国有责任为解决人类问题贡献中国智慧、提供中国方案。

三、如何讲好中国故事

如何讲好中国故事的问题，就是文化中"化"的维度。要讲好中国故事，教师应具备较高的母语文化素养，了解讲中国故事的主要途径和策略。

（一）"化"的教师素养

要讲好中国故事，教师要具备较高的文化素养。首先，要有文化之眼，即善于观察和感知两种语言之间的文化差异，发现和挖掘语言现象背后的文化内涵。比如，英语中最简单的问候语"How are you？"中已经蕴含着丰富的文化内容。同样，在中国文化中，打招呼会问，"你吃了吗？"，这个打招呼的方式从西方眼光来看，显然就是中国人太爱探听别人隐私。但以中国文化视角来解读，就能明白，中国文化就是一种抱团文化，是一种拉近彼此距离的文化，是把彼此生活紧密联系到一起的一种集体主义文化。所以，文化与文化之间有差异，但不存在优劣之分，不存在价值判断的问题。其次，要有文化之心。文化之心就是指关注人类有价值共业，文化之眼只是让人变成一个观光客或者旁观者，文化之心能让人变成一个与异域文化的同行者，从"非我族类，其心必异"到"人同此心，心同此理"的一个变化。再次，要讲好中国故事，还要具备文化之脑。文化之脑就是指要具备一个发现、分析、思维、评价、批判语言教学中广泛存在的文化偏见和文化定式以及刻板印象，能敏锐地意识到文化差异，自觉克服文化偏见，清醒地认识到文化意义和文化价值的相对性，用多元平等的眼光来看世界、看自己，牢固树立文明互鉴、守望相助的理念。最后，要讲好中国故事，还要具备文化之身。文化不是一个简单、抽象、概念性的东西，更多地还是一个体验性活动，亲身体验、亲近体悟中华文化，使文化内化于心，外化于行，更有助于理解中国文化、讲好中国故事、推动中国文化走出去。

（二）"化"的主要途径和方法

在具体的教学过程中，教师要从听、说、读、写、译的技能训练，到读、写、思、辨、创的能力培养，多渠道、多方法让中华文化活起来，通过课堂教学帮助学生掌握习近平新时代中国特色社会主义思想，让学生充分了解当代中国的发展成就，帮助学生提高向国际社会讲好中国故事的能力，提升学生服务国家建设的责任感，真正意义上做到"让中国走向世界，让世界了解中国"。

1.精心设计教学环节讲好中国故事

不同地区和国家的具体情况不同，对我国所秉持的态度也有所不同。因此，在外语教学中，外语教师需要根据不同的情况，因时制宜，精心设计教学环节，并讲好不同的中国故事。

随着网络技术的发展，"地球村"的概念已经深入人心，各国之间交往越来越便利，我国属于世界的一部分，有责任和义务维护世界和平发展，需要承担起一个大国应有的责任，维护好大国形象。然而，并不是所有的国家都可以理解、认同我国的发展，甚至有些国家并不希望中国成为强大的国家。尽管如此，在重重压力之下，大多数国家对我国一直保持十分友善和肯定的态度，他们期待中国可以为世界发展提供更多的中国智慧。因此，在面向其他国家讲述中国故事时，就不能一概而论，照本宣科，而是需要根据具体情况精心设计不同的教学环节。例如，对于那些对中国十分友好的国家，可以讲述比较全面的内容。

同时，外语教师需要对外语教材进行改革和创新，在教材中添加中国优秀文化相关内容，而不是简单地进行景点、节日介绍，而要添加人文方面的知识，包括中国名著、历史、名人故事等，打好讲好中国故事的基础。

2.利用国际化思维讲好中国故事

外语教育本质上是一种跨文化交流活动，所以需要处理好文化差异问题。因为即使我们的故事再动人，如果世界各国人们不能理解，也很难达到中国故事应有的效果。所以，外语教师需要培养学生的国际化思维。

对同一个事物，人们由于思维的不同往往会产生不同的认识和看法，如果我们希望对方可以站在自身的角度思考问题，首先要做到尊重对方的文化选择，了解对方的文化，并适应对方的思维习惯，准确把握对方的语言表达，只有这样才能消除文化差异，让对方真正理解到你的意图。在进行外语教学时，外语教师需要遵循差异性原则，用外国人可以理解和接受的话语体系，描述和讲述中国故事，以培养学生的跨文化交际能力，培养学生的国际化思维，使其进行有效的沟通和交流，讲好中国故事。

3.丰富表现形式讲好中国故事

我国的历史隽永深刻，我国的现实波澜壮阔，我国的未来精彩纷呈，因此在讲述中国故事时，需要找到故事的切入点，将故事真实传播给世界人民，而这个切入点就是人类共同拥有的基本情感。

文化的传承与延续和人类的基本情感紧密相连，文化中蕴含着人类的基本的情感，人类的基本情感是相通的，因此文化的差异可以通过情感的相通消除，纵观古今，一件成功的艺术作品中往往表现着人类最普遍、最基本的情感，可以感动世界不同国家的观众。在外语教育中，亦是如此，只有将最符合人的基本情感的故事率先介绍出去，才会更容易赢得其他国家人民的认可。因此，外语教师需要采取一些措施以丰富中国故事的表现形式，包括民间故事、神话传说、电影、音乐等，通过这些喜闻乐见的表现形式，更容易被学生和世界人民所接受。例如，在各国谚语中，往往承载着民族的思想智慧、道德情感、价值观念等，不仅容易学习，还容易被人们反复使用，外语教师可以利用谚语培养学生的学习兴趣，提升学习效果。同时，使用谚语会拉近人类共同情感，实现有效沟通，更加贴切地讲好中国故事，展现中国形象。当然，外语教师还要不断提升自身的专业素养，不断探究用英语表达中国文化的方式，并进行优化和改进，使得西方国家人民可以更加容易理解其中的意义。

4.创新考评形式讲好中国故事

测试是外语教育的重要指挥棒，全面、客观的评价体系是提升学生母语文化素养的重要手段。传统的考评模式主要是对学生的听、说、读、写等语言技能的考察，而在"讲好中国故事"新的教学课堂模式推动下，评价体系从测试内容、测试形式再到测试手段都应该作出相应调整。在测试内容方面，要加入对中国文化外译的考查，唤起外语学习者的文化自觉；在测试方式上，也要力求多样化，采用访谈、讨论、报告、话剧表演、演讲与辩论等多种方式，对学生的听、说、读、写进行全方位的考评，重点加强对学生跨文化知识的运用及人文素养的考查。另外，为了激发学生对于此种教学模式的兴趣，应该以学生为主体，积极动员学生对于身边的"中国故事"进行搜集整理，并大量进行翻译及模拟讲解练习，增强学生中国文化对外有效输出能力。

第三节　拓宽国际视野：外语教学中的多元文化观照

国家外语能力发展要求既要葆有家国情怀，又要提升国际视野。二者紧密相连，相辅相成。没有深厚中国情怀的国际视野是不符合新时代中国特色社会主义建设要求的国际视野，没有宽广国际视野的中国情怀是无效的中国情怀，只能坐井观天，闭门造车。外国语言文学学科具有国际性，王守仁教授在谈到外语教学时指出，"外语教学一个重要任务，就是帮助学生树立世界眼光，培养国际意识和文化自觉"。因此，拓宽学生的国际视野、培养多元文化包容性，是由外语学科的特殊属性决定的，是外语教育的另一重要使命。

一、国际视野的内涵

"国际视野"一词本是一个经济学领域的术语，主要是指面临市场国际化的大背景，企业应具备世界眼光，高瞻远瞩，站在更广阔的视角上观察全球经济运行态势，放眼全球搞营销，从而实现企业的大发展。现在该词已演变为各行各业全球化能力的代称，成为各行业谋求高质量发展必备的一项能力。

新时代需要大批具有全球眼光和国际视野、能参与各领域全球事务的卓越人才。《国家中长期教育改革和发展规划纲要（2010—2020年）》提出："适应国家经济社会对外开放的要求，培养大批具有国际视野、通晓国际规则、能够参与国际事务和国际竞争的国际化人才。"一般来说，全球眼光和国际视野包含以下四个方面。

一是从中国看中国，熟知中国的传统与文化，对本民族文化理念高度认同。参与全球事务的各领域专业人才首先要"知己"，要了解中国国情，熟悉党和国家的各项方针和政策。只有熟悉本国的历史与特色，才能从自身文化的发展趋势中感知自身文化发展的生命力。

二是从中国看世界，吸收世界各民族优秀文明之精华。文化具有开放性。任何一种文化想要得以生存和发展，都必须建立在兼收并蓄、广泛学习人类文明发展的一切优秀成果的基础之上。真正的文化自信既要做到"知己"，又要做到"知彼"。立足全球化大潮的新时代，随着新科技革命和产业变革的不断深入，国际格局正在重塑，和平发展大势不可逆转。新时代中国要为全球治理体系改革与建设贡献力量，就必须立足全球，审视当今世界面临的重大问题，就要博采众长，肯定和吸收世界各民族优秀的文明成果，并要在保持本土文化特点的基础上，做到理性扬弃。

三是从世界看中国，了解世界是为了更好地认识中国、发展中国。我们培养的人才既要了解异域文化，也要看清楚其他国家与中国的不同之处，弄明白不同背后的根源所在，要在与其他国家的对比中把握中国特色，在"知彼"中坚定自我认同。

四是从世界看世界，把握时代潮流和世界和平大势，共同致力于构建人类命运共同体。网络和信息技术的发展使世界各民族休戚与共，世界越来越变成一个命运相关的"地球村"。我们培养的人才必须拥有全球格局，具有良好的合作精神和协调能力，立足世界历史的视角，理解当今世界发展趋势，引领全球治理。

就外语教育而言，国际视野意味着要立足外语专业优势，培养立足世界舞台、具有全球格局、定位国际坐标、掌握国际话语，通晓国际规则，有国际事务参与能力的卓越外语人才和合格的社会主义建设者和接班人。他们深谙世界历史，了解国际形势，能以更加全面、客观、科学的眼光分析问题，正确认识世界与中国。根据时代发展变化的新特征，新时代培养外语人才的国际视野主要包括以下内容。

第一，跨国想象和国际通用学术话语。把握本国文化在世界文化的坐标，具有将本国文化传统与世界学术话语体系进行交流的能力。

第二，具备科学、客观评判、判断世界主要国家社会、经济、政治、历史等的能力，在比较、理解与鉴赏中提升文化审辨能力。

第三，和而不同的意识。理解、包容、容纳不同文化，深谙世界多样性。坚持更加现实和杂糅的视角，尊重传统，尊重对民族的忠诚，对文化多元持开放态度，致力于与其他文化的沟通与对话，做到文明交流互鉴。

第四，认识世界共同危机和问题、积极应对并保持对世界人类生活意义的信仰的能力，同时，避免滑入历史虚无主义的深渊。

二、外语教学中的多元文化观照

中外文明都是世界文明的重要组成部分，是人类共同的精神财富。由于地理环境、历史背景、发展过程、文化心理等因素的不同，各民族文化又各自呈现出不同的特点，各有所长，存在着巨大的互补性。所以，我们需要学习、借鉴、汲取西方文化的精华，适应世界发展的潮流，积极探索具有中国特色的未来教育，以开放包容的心态、以开阔宽广的视野，成就育人的千秋伟业。

在国际交流日益频繁的今天，培养具有多元文化视野的跨文化人才十分重要。多元文化观具有高度的敏感性和宽容性，在多元文化视域下，可以更容易化解母语文化和外语文化之间的差异和冲突，促进人们之间的信任与合作，打破文明之间的隔阂，使不同国家和民族之间的沟通交流更高效、更顺畅。

首先，多元文化讨论的不仅仅是文化本身，更多的是讨论多种文化（或者说价值观）之间的关系，其往往涉及认同、差异、竞争、同化等问题。这些问题对任何国家或民族来说，都是文化发展中无法回避的。文化要想获得进一步发展，就必须正视并解决这些问题，确立本土文化在世界文化中的地位，并积极传承、传播和创新本土文化。

其次，多元文化可以分为外部的多元和内部的多元，前者是指以民族文化为单元的世界文化格局，立足点是集体主义；后者是指在民族或国家内部文化的多样性特点，所站立场是个人主义。同时，如果外部文化越来越趋于同质化，则意味着各个民族会通过外部交流变得越来越相似，但对内部文化多样性则有积极影响，即民族内部的个体可以选择的文化将会越来越多样。如果外部文化呈现多元化发展趋势，则意味着民族内部会体现出同质化的特点。因此，国家在发展文化时，不能以外部多样性来否定内部多样性，当今世界不仅需要多元化的民族，同时还需要多样化的个人，需要掌握好文化多元发展的脉络，为人类提供更多可选择性方案。

最后，在全球化背景下，文化的多元化发展仍是时代潮流。国家之间的交流愈加频繁，文化的作用日益凸显。每个国家都拥有本民族的文化和历史，这些文化都具有自身独特的价值，丰富了世界文化的种类。多元文化观的提倡者认为，每一种文化都是平等的，文化本身没有优劣之分，都应该受到同等尊重。

海纳百川，"只有做到文化的坚守与开放包容相结合，世界才能携手并进、共同发展。"[1]外语是中外文化的桥梁，外语教育不仅肩负着培养跨文化外语人才的重任，还承载着对外传播和弘扬中国优秀文化的使命。因此，在外语教学实践中，教师要及时调整教学目标、教学内容、教学方法等，实施双向文化教学，帮助学生树立多元平等的文化观，培养文明交流互鉴意识，在国际交流中承担起"内引外联"的使命担当。

第四节　提升思辨意识：外语教学中的跨文化交际能力培养

前面第二章第三节论述了外语教育的跨文化属性，指出外语教育在本质上是一种跨文化教育，跨文化交际能力培养是外语教育的内在要求。因此，提升思辨意识和培养跨文化交际能力也是外语教育中文化教学的一个重要目标。

外语课程大量涉及他国历史文化、风俗人情、价值观和思维方式，文化思辨能力缺席可能会导致学生对异域文化的盲从，甚至"以洋为尊""唯洋是从"。举个例子，在高校英语专业开设的"英国文学史及选读"课程中，莎士比亚戏剧和华兹华斯诗歌几乎是所有教材的必选经典。这些宣扬西方价值观的文学作品随着帝国主义文化在全球的全面渗透，与英式足球和板球一样，不只是在殖民地家喻户晓，深入人心，也早已成为世界文学名篇。但这恰恰又是我们在课程教学中需要审辨性思考并进行理性"扬弃"的地方。否则的话，我们的英语课堂就很可能会变成培养中国学生认同英国国家和民族的场域。

彼得·休姆在《殖民遭遇：欧洲和加勒比土著》一书中对文学作品中的

---

① 李莉. 文化安全视域下高校外语专业课程思政建设探索 [J]. 菏泽学院学报，2022（1）：39.

"文化殖民"倾向做了特别强调，他指出，文学是文化的重要组成部分，英国文学在为英帝国赢得政治认同和文化认同中发挥了不可替代的作用。在英国殖民主义传播其文明的使命中，英国文学与其他教育形式一样，成为了一种殖民话语的组织结构。① 比尔·阿什克罗夫特在《逆写帝国》中也表达了类似的观点，"文学对于帝国的文化产业就好比郡主立宪制对于英国的政体一样，据于中心地位。"② 因此，教师在教学过程中要善于引导学生运用中西对比的视角，对他国历史文化进行审辨性思考，培养学生的文化批判意识，引导他们通过现象深挖其背后的本质，从而提升他们的辨别是非能力、独立思考能力和批判性思维能力。具体来说，教师要重点培养学生的鉴赏、鉴别、思考、思辨的能力，"在语言上，强调母语与外语的修养；在文学、文化上，注重中国与外国的比较研究；在思想思辨上，突出马克思主义理论与中国实践结合的立场、观点与方法"。③ 通过研读、讨论、写作和反思等方法，潜移默化地引导学生树立起正确的三观，坚定学生的文化自信。

目前在外语教学中，学生跨文化交际能力培养仍未得到相应重视，文化思辨力不足，"思辨能力缺席"症仍然普遍，因此外语教学者需要采取一些措施，加大跨文化交际能力培养力度。

一、跨文化交际能力

王国维认为，学习可以分为三个境界。同样，对语言的应用能力也可以分为三重境界。孙有中先生认为，可以将语言能力分为"言之无误""言之有理""言之有礼"三个境界，这实际上强调了在外语教育中，不仅需要保证语法层面的准确，还要保证逻辑论证层面的准确，并且在此基础上需要跨越文化差异进行得体且有效沟通。由此可见，语言能力或者说跨文化交际能力包含思辨能力和跨文化交际能力，这二者是高阶外语能力的关键要素。

在全球化与文化多元化交织发展的时代，外语专业学生想要掌握高阶外语能力，必须同时具备跨文化交际能力和文化思辨意识。简单来说，只有具备了跨文化思辨意识的语言能力才是真正有效的高阶外语能力。

①Peter Hulme. Colonial Encounters: Europe and the Native Caribbean 1492−1797[M]. London: Routledge, 1992 : 175−178.

②Bill Ashcroft, Gareth Griffiths, and Helen Tiffin. The Empire Writes Back. Theory and Practice in Post−Colonial Literatures[M]. London. Routledge, 1989: 146.

③ 李莉 . 文化安全视域下高校外语专业课程思政建设探索 [J]. 菏泽学院学报，2022（1）：40.

（一）跨文化交际能力的内涵

1.跨文化交际能力的内涵

学术界对跨文化交际能力有着诸多解读，国内外研究者对于跨文化交际能力的内涵理解亦不尽相同。我国学者侧重于外语的语言交际功能本身，而国外学者则更强调运用外语进行沟通的目标达成与实现。但无论哪一种观点，都不否认，在全球化语境下，跨文化交际能力更多地表现为全球话语能力，即全球理解力、全球表达力和全球沟通力三个层面能力的提升。上海外国语大学党委书记、研究员姜锋认为，全球话语能力是跨文化交际能力更深层次的表现形式，它是打开不同国家和民族"心锁"的能力，是"言之成理，言之有识，言之共情，言之可信"的一种能力。在这三个层面的能力中，全球理解力是跨文化交际能力的基础，主要是指在全球化背景下，不同文明之间相互理解、相互尊重和相互借鉴的能力，具有全球理解力的人以公正、平等、自由、人性、包容、责任为核心价值，倡导共同建设人类共同的美好未来。全球表达力则是跨文化交际能力的外在呈现，它包括良好的语言表达能力、就专业相关话题进行深入探讨的能力、理解言语表层之下对方真实意图的能力及说服对方接受自己观点的能力。具有全球表达力的人能够在跨文化环境中自信、得体地表述自己的观点，在交流中能不断通过自我审视来灵活改善自我表达，进而化解冲突与矛盾。跨文化沟通力是跨文化交际能力的核心，也是跨文化交际的最高境界。理解和表达是沟通的基础，沟通又能够反过来深化理解与促进表达。良好的沟通才能使具有不同文化背景的人进行开放、得体和有效互动，共同合作，达成共识。

以上对于跨文化交际能力内涵解读主要针对能力提升视角，从文化流动的方向性来看，在新时代背景下，外语教育使命的历史性转变也使跨文化交际任务发生了根本性转向。"跨文化交际"一词解读的关键点在于"跨"字。原来"西学东渐"的单向交流已不再适应新形势的需要，也没有真正体现"跨"的内涵。真正意义上的"跨文化"应该重视本土文化和外域文化交流的双向性，不仅要汲取外域文化的精华，还要注重向世界传播本土优秀文化，推动世界文明的交流与互鉴。

3.跨文化交际能力的基本特质

（1）跨文化同理心和文化批判意识。世界上的诸多国家和民族由于地理位置、形成历史、发展状况等各不相同，文化呈现出多样性的特征。然而，随着人类历史的发展，世界文化正面临着"西化"和"同质化"的威胁。因此，具有跨文化交际能力的人需要树立文化同理心和文化批判意识，在尊重世界不同文化的同时，只有具备深刻的思辨能力，才能做到既不妄自菲薄，也不盲目排外，公正客观地评价本土文化和异域文化。

（2）跨文化理论和分析方法。掌握相关的跨文化理论和分析方法是跨文化交际能力的基本要求，是在跨文化交流中实现有效沟通的前提和基础。跨文化交际能力的培养在外语教育的层面，需要关注文化与文化之间的差异，掌握相关的分析方法，对不同文化现象进行观察、思考和研究，提高文化反思能力和文化自觉。

（3）交际双方国家的社会与文化知识。跨文化交际能力并不等同于跨文化交际技巧，没有对目的语国家的历史渊源和风土人情全面和深入的了解，就不可能真正理解其价值观念和思维方式，更谈不上深层次的沟通和交流。因此，提高跨文化交际能力，需要熟悉目的语国家的社会与文化。同时，学生还必须掌握本土文化的精髓，并自觉把两者进行对比，在对比分析中理解中外文化的异同，从而提升文化批判意识。

（4）阐述和评价文化现象的能力。阐述和评价是比"熟悉和了解"更高层次的思维活动，对学生运用跨文化理论和知识进行交际提出了更高的要求。在进行跨文化交际活动时，学生不仅需要掌握基本的语言技能和文化知识，还需要具备对文化现象进行阐述和评价的能力，能够透过文本、文化产品等表层文化现象抓事物本质，继而进行批判性审视，以实现真正意义上的跨文化交流与沟通。

4.跨文化交际能力的培养原则

为了培养学生的跨文化交际能力，外语类专业必须开发高质量的跨文化交际课程，加强学生中西文化素养，尤其要强化国学修养和对当代中国国情的理解。跨文化交际能力的培养必须贯穿外语人才培养始终，渗透到整个课程体系和教学环节之中。在建设跨文化交际课程时，应遵循以下原则。

（1）思辨原则。所谓思辨，是指对信息进行思考的过程，在这一过程中，学生通过对自身获取的信息进行观察、审视、反思或推理，再作出概念化分析、综合或评价，进而形成自身信念和行动的指南。思辨能力是一种非常重要的能力，在跨文化教学中，教师首先应注意培养学生的思辨习惯，引导学生对不同文化进行思考和价值判断，并通过教学活动的设计，教授学生思辨的方法，提升其思辨能力。

（2）反省原则。古人倡导"每日三省吾身"，心理学研究表明，反省是一种深层学习过程，可以促进个人在心理、情感、认知、方法等方面的全面成长，可以更好地了解自身优点，发现自身的不足。因此，在外语教学中，教师应鼓励学生多反省、多思考，引导学生将习得的跨文化理论应用于实践，在实践中检验理论的适用性，并通过反省和不断总结，提升文化自觉及文化批判意识。

在教学活动中，外语教师可以根据反省原则，对教学各环节进行精心设计，创新教学形式，如访谈、写日记等，帮助学生进行自身反省的同时，引导学生从文化多元的视角去审视世界文明，培养文化批判意识。

（3）探究原则。外语教学活动是一个开放性较强的活动，良好的探究能力是跨文化交际能力培养的第一步。教师要帮助学生养成独立思考和终身学习的习惯，积极引导学生进行多种文化体验，培养学生对多元文化的好奇心、开放态度，鼓励他们在体验中探索，引导他们创造性解决问题。

（4）共情原则。所谓共情能力，是指通过想象可以在认知、情感或行为等层面进入他人世界的能力，这是一种非常重要的能力，可以帮助学生理解跨文化交际对象的内心世界，感受对方的行为逻辑。因此，在进行跨文化教学时，外语教师应遵循共情原则，引导学生做出客观理性的评价。

在面对纷繁复杂的外国文化现象时，教师应引导学生尊重、宽容彼此间的文化差异，设身处地地以对方视角考虑问题，去理解该文化现象背后的行为逻辑，而不是急于进行价值判断或进行否定，避免自身的偏见和思维定式，这样才能开阔视野，超越自我文化的边界，进而构建包容不同民族文化的世界观、价值观。

（5）体验原则。"耳闻浅陋，不如躬行"，真实或仿真体验是获取知识的必要途径。文化是一个体验性的活动，文化并不遥远，就在我们身边，就在我们脚下。在外语教学中，教师可以通过开展诸如话剧表演、演讲、观影等形式多样的活动，创设文化体验环境。学生可以通过融入拥有不同文化背景人物的生活，亲身感悟他们的所思所想。当然，出国夏令营、短期游学、海外志愿服务等真实体验，会更好地帮助学生提升跨文化交际能力。

（二）思辨意识及思辨能力

思辨是一种思维模式和思维习惯，是一种系统性的思考过程，思辨者运用观察、体验、分析、比较、反思、质疑、沟通等方法对外部信息或内部想法进行认识、归纳、总结与评估，其结果往往是产生一种更清晰、更准确、更客观、更全面、更有深度和广度的新观点。

在教学中，思辨意识就是指在学习过程中能主动进行思考、对比、辨析的意识，它能够综合地反映出一个学生的思维能力。良好的思辨意识对于学生思辨能力的发展有着十分重要的作用。思辨能力属于抽象思维能力的范畴，涉及学生进行思考、分析、判断、推理等方面的能力，从思、辨这两个视角出发，思辨是内隐的思考和表达，学生具有良好的思辨意识主要表现为能够客观、全面、清晰地对问题进行分析。

1.思辨能力的概念

思辨能力又称批判性思维能力，美国理查德·保罗认为，思辨能力是通过解析、应用、综合和评估支配信念和行为的那些信息对逻辑进行推理、对知识进行转化的能力。[①]孙有中则认为，思辨能力是指能对"证据、概念、方法、标准、背景等要素进行阐述、分析、评价、推理与解释"的能力。[②]他指出，思辨能力主要表现为勤学好问、相信理性、尊重事实、谨慎判断、公正评价、敏于探究、追求真理等。由此可以看出，语言能力发展离不开思辨意识培养，一旦思辨能力缺乏，就无法产生深层理解，也无法产出逻辑严密的文本，语言能力也就失去了应有的意义。

2.思辨能力的培养

思辨能力是外语专业学生必备的核心能力，也是学生进行跨文化交际活动的前提和基础。外语教育处于不同文化与意识形态交锋的最前沿，面临各种文化的碰撞与博弈，如果学生没有良好的思辨能力，就很难正确客观地表达自己的看法和观念，很难顺利地进行跨文化交际活动。培养学生的思辨能力可从以下几个方面着手。

（1）将思辨能力培养纳入课程目标和评价标准。课程目标和评价标准在教学活动中发挥着关键的导向作用。《外国语言文学类教学质量国家标准》提出

---

① 理查德·保罗，琳达·埃尔德.思考的力量：批判性思考成就卓越人生 [M].丁薇，译.上海：上海人民出版社，2010：58.

② 孙有中.外语教育与思辨能力培养 [J].学论经纬，2015（3）：23.

了知识、能力和素质三个方面的要求。在能力方面，外语类专业学生应具备外语运用能力、文学赏析能力、跨文化能力、思辨能力、一定的研究能力、创新能力、信息技术应用能力和自主学习能力以及实践能力。教师应着重考虑如何使这些能力要求中的内涵元素与外语各课程特点相结合，并有机融入课程目标与评价标准中，使思辨标准内化为学生的思维习惯，最终外化为思辨能力。

（2）将思辨能力培养贯穿教学全过程。思辨能力可以通过后天培养和反复训练获得。因此，外语教师应采取具体的措施训练学生的思辨能力，通过设计具体的教学活动，将其落实到具体的单元、章节、线上或线下学习过程之中；通过提出具有思辨性的问题，引导学生进行独立思考，在潜移默化之中，学生的思辨能力不见其增、日有所长。

（3）反思培养思辨能力。反思是构成思辨能力的重要因素，是指元认知能力和自我调节思维能力，可以用它指导教学实践。我们每个人都有自身的思维习惯和思维缺陷，而通过反思则可以发现自身的认知特点，形成高度的思维自觉，进而避免掉进思维陷阱。例如，外语教师可以在每节课适当安排反思活动，要求学生写反思日志，通过反思自身不足，不断改善自身的思维方法，进而提升思辨能力。同时，反思也可以提升外语教师的教学能力，外语教师通过不断反思自身的教学设计、教学过程，及时总结经验教训，提升教学水平。

（4）探究培养思辨能力。思辨外语教学提倡探究式学习。在探究式学习中，学生和教师可以就某一问题共同收集资料和数据、找寻方法，构建教学共同体，有效促进学生深入思考、辩证地看待问题、处理问题的能力。敢于质疑和善于提问是思辨能力的重要表现，教师可以采取"对话式"教学，引导学生评估教材内容，启发学生不断提出新问题，逐渐形成课程思辨文化。

（5）以学生全面发展为中心。思辨能力并不单纯是指压倒辩论对手的能力，如果思辨外语教学仅专注于辩论技巧的训练，学生有可能会变得以自我为中心，屏蔽外面的不同声音，走上畸形发展道路。实际上，思辨能力的重点在于思考、辨别，即批判性思维，即全面、系统、辩证、历史地看待问题。因此，思辨外语教学应高度重视学生积极心理的验证，促进学生的自我实现和全面发展。简而言之，思辨外语教学不应局限在帮助学生掌握认知技巧，而应着眼于促进学生个性发展和潜能的实现，并将其作为思辨外语教学的最终目标。

（6）思辨能力和语言能力培养相融合。外语教学中思辨意识的培养对语言学习提出了更高的要求。在语言习得过程中，强调让学生通过分析语言现象，从而发现语言的使用规则，提升语言能力。从这个角度来说，思辨外语教学可以看作是一种外语教学理念，即主张将思辨能力培养融入语言能力培养，共同助力学生跨文化交际能力提升。

（7）语言材料应富有认知挑战性。在语言习得过程中，输入的思辨性在很大程度上决定着输出的思辨性，一方面，语言材料的思想高度、参照标准等很大程度决定着输出语言的思想高度。另一方面，语言材料是学生产出思辨性语言的原材料，学生只有根据这些思辨性很强的语言材料进行批判性思考，才能输出高质量的文本。因此，教师应多向学生输入认知挑战度高的语言材料，在语言材料选取中多关注话题的相关性、文体的多样性、知识的学术性和思想的启发性。

二、跨文化交际能力培养层次与模式

在了解跨文化交际能力的内涵之后，外语教师可以针对不同的跨文化交际能力层次，选择合适的、科学的跨文化交际能力模式。

（一）跨文化交际能力层次

跨文化交际能力可以分为以下四个层次，这四个部分层次递进，相辅相成，共同帮助学生提升跨文化交际能力。

1.熟悉和了解对象国文化知识

交际以语言为媒介，受文化所制约。熟悉和了解对象国文化是进行跨文化交际的基础和前提。学生接触的异域文化面愈宽广，其认识就会愈深刻，跨文化交际就会愈深入。因此，教师需要采取合适的方法和措施，使学生充分了解对象国的文化，感受异域文化与本土文化的不同，提高学生对文化差异的敏感性。

2.理解对象国文化中的价值观

价值观是文化的核心部分，是社会群体在长期共同的社会生活中形成的，是人们对待事物的观念、态度和行为的心理基础。在熟悉和了解对象国文化之后，学生需了解"隐藏"在表层文化现象之后的价值观和思维方式，这样才会有更有效的沟通与合作。因此，教师需要在第一层次的基础上，将中外文化建立联系，再进行文化对比，在这个过程中帮助学生建立正确的认知图式，避免本族文化的负迁移，提升学生的文化适应能力。例如，在向学生讲解中西方取名方式不同时，教师可以让学生了解西方思维方式，提升学生的文化适应能力。

3.正确评价中外文化差异

正确评价中外文化差异是跨文化交际活动顺利开展的关键。学生不仅需要了解对象国文化，更要正确看待其中之差异，学会用独立的思想和眼光对中外文化不同作出客观评价，并逐渐形成自己的判断和理解。

4.灵活应对跨文化交际中各种情况

灵活应对实际状况的能力是跨文化交际能力的最高层次。在能够正确评价中外文化差异之后，最终要在实践中进行运用。因此，学生进行大量的跨文化交际实践是非常必要的。教师可以在教学活动中，通过巧妙的教学设计，有意制造某些常见的失误，以锻炼学生对所学各种知识的实际运用能力。

（二）跨文化交际能力培养模式

跨文化交际能力培养模式有很多，不同专家和学者从不同的角度对跨文化交际能力进行解读，这些解读相互补充，较为全面地阐述了跨文化交际能力的概念，概括起来主要有以下几种。

1.构成三分模式

构成三分模式认为，跨文化交际能力可以分为认知、情感、行为三个层面。其中，认知层面包括目的文化知识、自身价值观念意识、认知综合能力等，是跨文化交际能力的基础；情感层面包括共情能力、悬置判断能力、对不确定性的容忍度等，是跨文化交际能力的核心；行为层面包括解决问题的能力、建立关系的能力以及完成任务的能力等，是跨文化交际能力的体现。

这三个层次之间相互联系、相互影响，不可分割，共同构成了全新的跨文化交际能力模式。这种模式从心理学角度提供了跨文化交际能力的框架，使得跨文化交际能力的研究方向更加明确。

2.行为中心模式

行为中心模式以实践为中心，强调在实践活动中提升跨文化交际能力，其关注焦点在于交际行为或外部结果。简单来说，该种模式更加关注任务完成情况，因此具有较强的针对性。

行为中心模式在中外企业员工培训中心比较常见。例如，我国企业需要派遣员工到外国当地公司进行合作，那么该企业则可以采取这种模式对派遣

155

员工进行培训，包括商业协商、宴会礼仪等培训，使其具备商业交涉能力，保证商业合作的顺利进行。由于该模式是以具体行为为目标的，因此在短期内可以取得显著的成效，适合有特定需求的企业员工和人员。实际上，在外语教育活动中，学生进行外语学习行为目标并不明确，因而并不适合这种具有针对性的跨文化交际能力模式，外语教师可以根据自身的教学目标进行灵活调整。

3. 知识中心模式

知识中心模式以培养学生的实践能力为中心，强调文化知识的传授和测试，在我国外语教育中占据主导地位，深受学校外语教师的欢迎。

知识中心模式在课程设置、课堂教学等方面具有独特的优势，便于教师操作且集中在学生的认知层面。例如，学校可以通过开设欧洲历史文化等课程，使学生对西方文化有一个整体、全面、基本的认知。但在该种模式中，教师只是单纯地向学生灌输知识，往往比较枯燥无聊，难以引起学生的兴趣。对学生而言，很难将这些具体的知识应用到实际的情境中，同时由于课时、内容覆盖广度等因素的限制，教学活动知识涉及皮毛，很难深入，学生难以真正掌握某种文化。

除此之外，随着对跨文化交际能力的深入研究，学术界提出了多种跨文化交际能力培养模式。比如，学者贾玉新认为，跨文化交际能力包括四类交际能力系统，并在此基础上构建出了新的跨文化交际能力培养模式；又如，学者文秋芳认为，外语交际中存在文化差异，因此不仅需要培养学生的交际能力，还要培养学生处理文化差异的能力，并在此基础上构建跨文化交际能力培养模式等。

总之，跨文化交际能力受到越来越多的学者和外语教师的重视，并已经成为广受关注的外语教育研究课题。现有的跨文化交际能力培养模式各有利弊，教师在进行教学时，需要根据具体情况选择合适的模式，并着力创新、完善新的跨文化交际能力培养模式。

三、跨文化交际能力培养策略

（一）提升教师跨文化素养

跨文化素养是指在与世界不同文化背景的人进行交流时所具备的修养。教师本身跨文化素养直接影响着外语人才培养质量，提升教师跨文化素养是全球化语境下外语教育的必然要求。美国社会学家 Ray Oldenburg 曾提出了著名的"第三空间"理论，现已经被学界广泛接受。他认为，在跨文化传播与交际过程中，产生了介于两种或多种文化之间的第三个语言文化空间。它既具有第一空间（母语文化）和第二空间（目的语文化）的特点，又不同于第一、第二空间。"跨文化交际第三空间的概念建立在多元文化主义的理论基础之上，它挑战的是跨文化交际中非我即你，非你即我的二元论立场。"[①]按照这一理论，教师作为跨文化的传播者和教学者，处于两个文化空间交汇的第三空间，就必然在两个文化空间之间进行教学活动。教师要想提高跨文化素养和跨文化敏感性，就要充分认识到自己的"第三空间"文化身份，在充分了解交际双方文化的基础上，又能够跳出第一和第二空间文化框架，来理解和关照两种文化的差异，从而建立起"双文化"共存的第三空间。只有这样，跨文化交际的目标才能更好地达成。

（二）优化单一教学模式

随着信息技术的快速发展和大数据开启的重大时代转型以及微课、MOOC 和 SPOC 等新型学习模式的出现，传统课堂早已不再适应学生的学习需求。混合式教学模式应运而生。混合式教学模式将网络虚拟环境与传统课堂模式相融合，将线上大量信息的汲取与线下课堂的重点讨论有机结合，最大限度地提升了课程的深度和广度。鼓励教师依托网络教学平台，构建"双多"驱动、学生主体教师主导的"线上＋线下"混合式教学模式，开展教学活动实践。在此过程中，教师可以针对不同的教学内容进行多种模态输入（包括完全文字模态、完全音频模态、音频＋视频模态、音频＋视频＋字幕模态、小组任务模态和移动终端 APP 自主学习模态等），开展多维动态教学评价，以达到最佳的教学效果。

（三）构建跨文化交际能力培养平台

对文化的了解不能仅停留在"知"的层面，还要亲自去体验、去感悟。需要我们内化于心，外化于行。所以教师需要创设相应的环境，为学生构建沟通交流的平台。为了引导学生树立正确的世界观、人生观、价值观、培养文化自信，教师可以依托网络创建"各国文化风情展""美丽中国行""中国故

---

① 王永阳. 跨文化交际的第三空间与国际汉语教师跨文化交际能力培养 [J]. 孔子学院，2013（3）：29-30.

事"等不同的交流板块，通过"观影、诵读、表演"等各种形式导入课程，鼓励学生动起来。通过这些活动的设计，学生的跨文化交际能力就与语言运用能力、思辨能力及思想道德修养有机互动，同步提升，教学与育人深度融合，共同提高。

第七章 外语教学中文化自信培育 的实践路径

第一节 课程育人：外语教学中的课程思政建设

立德树人是教育的根本任务，课程是育人的载体，课程思政是时代要求。课程思政在本质上是践行"立德树人"这一教育根本任务的一种综合教育理念。这一理念的核心就是在知识传授、能力培养的同时，把思想政治教育润物细无声地融入各门课程中去，通过专业课教师（主力军）、专业课教学（主战场）和专业课课堂（主渠道），有效实现对学生的价值塑造。课程思政是响应时代需求，认真回答了教育"为谁培养人、培养什么样的人、怎样培养人"这一重要问题。随着"三全育人"（全员、全过程、全方位）机制的走深，课程思政建设逐渐成为开展课程建设、进行课堂教学改革的新着力点，本节在为读者阐述课程思政内涵和原则的基础之上，对高校外语课程思政的本质与内在要求、建设内容及实施路径进行了深入探讨。

一、课程思政概念的提出

2016 年 12 月，习近平总书记在全国高校思想政治工作会议上强调："要用好课堂教学这个主渠道，思想政治理论课要坚持在改进中加强，提升思想政治教育亲和力和针对性，满足学生成长发展需求和期待，其他各门课都要守好一段渠、种好责任田，使各类课程与思想政治理论课同向同行，形成协同效应。"习近平总书记的这一论述为新时代高校课程思政建设指明了方向,课程思政的概念也很好地体现了这一重要观点。2017年9月,中共中央办公厅、国务院办公厅印发了《关于深化教育体制机制改革的意见》,该文件指出,要充分发挥各门课程中的教育内涵,注重课内与课外相结合、线上与线下相结合,健全"全员、全过程、全方位"育人机制,更好地落实立德树人根本目标。2018年6月,在新时代全国高等学校本科教育工作会议上,时任教育部部长的陈宝生作了重要讲话,他指出,每一位专业课老师都要开展"课程思政"教学设计,做到"课程门门有思政,教师人人讲育人"。2018年9月,在全国教育大会上,习近平总书记发表重要讲话,强调教育要培养德、智、体、美、劳全面发展的社会主义建设者和接班人。2019年10月,教育部发布的《关于一流本科课程建设的实施意见》进一步推动课程思政的理念形成广泛共识,为构建全员、全程、全方位育人大格局助力。2020年5月,教育部关于印发《高等学校课程思政建设指导纲要》的通知要求全面推进高校课程思政建设,发挥好每门课程的育人作用,提高高校人才培养质量。该文件指出,课程思政建设是全面提高人才培养质量的重要任务,是落实立德树人根本任务的战略举措,充分彰显了课程思政在"为党育人""为国育才"中的重要作用。

二、课程思政的内涵、原则

(一)课程思政的内涵

课程思政是实现立德树人的关键环节,对提升学生道德水平、政治觉悟等方面具有重要作用。国内不同学者对"课程思政"做出了不同的概念界定。其相关内涵的讨论概括起来主要有以下四种。

课程思政理念观认为,课程思政是一种思想政治工作理念,即将思政内容寓于课程内容之中,强调在各类课程的教学活动中,有意识、有目的地设计教学环节,以间接、隐藏的教学方式,将施教主体认可的道德规范、思想认识、政治观念等传递给受教主体。

课程思政课程观认为,课程思政是一种整体性的课程观,其实质不是增设一门思想政治教育,而是将这个教育融合到课程教学的各个环节,在潜移默化中影响受教主体,强调"隐性思政"和"显性思政"的互相补充,共同构建全课程的育人格局。

课程思政体系观认为，课程思政是含有思政教育目标的教育体系，该体系中始终贯穿着马克思主义理论，施教者需要从各类课程中挖掘出思政理论的教育资源，并从相关战略角度出发，构建"三位一体"（包括思想政治理论课、综合素养课程、专业教育课程）的思政教育课程体系。

课程思政方法观认为，课程思政是一种实施思政教育方式、手段以及程序的组合，是指导和帮助学生思想政治素质的活动和过程，需要全员参与和运作。

以上四种有关课程思政内涵的观点从不同的角度诠释了课程思政的内涵，它们并不是非此即彼的关系，而是相互补充，相辅相成，只有在"课程思政"多维视域下，外语课程建设才能呈现出全新的内涵和外延，被赋予全新的意义和使命。

（二）课程思政的原则

1.隐性教育原则

课程思政需要遵守隐性教育的原则，要强调教育行为的无感知性和教育目标的潜隐性。以"和风细雨、春风化雨""润物细无声"的方式进行，通过潜移默化的教育，提升学生的思想政治觉悟，实现思政目标。首先，外语教师需要在课程育人目标的引领下，深入挖掘教学内容中蕴含的思政教育元素。其次，外语教师需要精心巧妙设计，将思政教育的育人目标和专业教学目标进行有机融合，使其潜隐在教学过程之中。最后，教师需要在线上、线下的教学过程中充分发挥思政元素的引导作用，在完成专业教学目标的基础上，巧妙无声地实现素质目标、思想目标、价值目标。

2.融合性原则

在课程设计方面，教师需要注重思政教育和专业教育的融合性，既不能生搬硬套，将思政教育生硬、随意植入专业课程之中，也不能将二者完全独立开来，将思政教育游离在课程之外，而是需要将二者进行系统、有机融合，使二者浑然一体，达到"盐溶于水"的效果。教师在设计专业课程时，要确保在各个环节思政元素的充分融入，可以采取以下措施。

第一，对教学方法、教学过程、语言形式等进行创新，采用学生更加喜闻乐见的形式对其进行教育，将思政教育内容和课程知识内容融为一体，确保二者可以有机融合，不会显得突兀。

第二，对教学目标、能力发展等进行系统规划，使之更加科学合理，进而帮助学生树立正确价值观、塑造健康人格、获得正向情感、收获丰富语言知识等。

第三，创新教学模式。在信息网络技术发展的推动下，混合式教学理念随之被广泛接受与传播，内涵也日趋明确，混合式教学模式运用也日趋全面和成熟。混合式教学模式可以基于包含知识、能力、情感等多维度的教学目标，通过多样化的教学活动组织形式和注重过程性、能力考核的评价体系改革，促使学生在专业学习和思想政治素质方面都有更明显的提升，因而对推进课程思政建设具有积极价值。

3. 自然性原则

思政教育需要讲究顺其自然，不可逆流而上，否则可能会适得其反。在外语课程思政教育中，就需要遵循其"自然性"。所谓自然性，是指在外语课程思政实施过程中，避免人为干涉，而是任由其自然发展、自然呈现、自然浸润，在学生获取外语知识的过程中，悄无声息地将正确的世界观、人生观、价值观输送给学生，做到言思合一。同时，外语教师需要灵活设计课程，面对不同的教学目标和教学内容等，设计出符合实际情况的教学方法。

4. 暗示性原则

在外语教学中，语言与思维、社会、行为之间的关系十分密切，这种特点使得外语教育先天具有育人的优势，即思政教育的内容并不需要明确指出，学生可以在接受语言教育时，自然接受语言中所蕴含的思想和行为等。因此，外语教师需要注重思政育人方式的暗示性，最好不要直白表达，避免引起学生的心理反感，进而破坏外语教育的先天优势。

三、外语课程思政的紧迫性

要胜任新形势下的国际文化交流，就必须培养出具有过硬政治素质和高超专业水平的跨文化交际人才，在这方面，各级各类高校外语专业责无旁贷。然而，传统外语教学模式往往只重视培养学生的听、说、读、写能力，并进行单方面的外国文化输入。这种"单行道"式的外语教学、二语习得过程以及"西学东渐"的单向模式极大地忽略了对学生政治素质和文化自信的培养，从而导致跨文化交际中自我文化与他者文化的严重失衡，部分学生政治素养缺失，对异国文化盲目憧憬，对本族文化轻视甚至排斥。

对青年人来讲，大学阶段是理想信念和价值取向逐渐成形的关键时期。知识获取方式的转型、复杂的社会环境、日益严峻的国际形势、纷繁错杂的外来思想和文化都深刻影响着大学生的价值判断、道德甄别和行为选择。高校外语专业肩负着为国家培养外事外交人才的重要使命，在外语教学中引入并深化思想政治教育，熔铸专业知识和思政元素，使大学生正确看待外国文化，端正自身立场，自觉抵御不良思想和意识形态渗透，坚持"四个自信"，具有不言而喻的现实意义。在新时代背景下，强化跨文化交际人才的政治素质、筑牢学生思想底线无疑成为培养目标的重中之重。

四、外语课程思政实施面临的困境

课程是语言和文化传播的载体。但外语课程教学长期注重语言技能训练和外域文化的输入，母语文化似乎与外语教学无关。"课程思政"的提出为外语课程教学提供了新思路，广大教师课程思政教学改革的参与度与日俱增。在此过程中，相关研究也如雨后春笋般跟进，为课程思政提供了实践路径和理论支撑。但尽管如此，仍有不少问题亟须解决。

第一，课程内容选材上中西文化比例失衡，西化倾向明显，文化异质性浓厚。我国目前外语教材和各类教学资源多强调"原文原篇"采用，内容编写与语篇风格特色多以保证语言"纯正地道"为主要目的，多为国外名家作品、外刊报道、名人故事等，中国文化、国情政策、时代精神和社会主义核心价值观等内容涉及不多。因此，教材建设和教学内容的重构是实施课程思政的第一步。

第二，课程思政教学方式单调、僵化，信息化教学手段运用不到位。面对"课程思政"这一新的任务，教师缺乏深层思考，在教学手段、教学方法改进上缺少创新意识，人云亦云和形式模仿现象较严重，"满堂灌"的知识传授课堂仍然普遍存在。另外，科技的发展为外语教学改革带来了机遇和挑战，信息化技术改变着外语教学的方方面面。但教师的信息化素养还有待提高，"科技赋能"在教学资源开发、教学模式更新与学生兴趣激发等方面的作用仍未得到有效发挥。线上线下混合式教学模式对课程思政建设的推动成效还有待于显性化。

外语课程思政教学亟须创新教学方法、更新教学手段来实现思政元素和语言内容的有机融合。

第三，外语课程思政点挖掘深度不够。外语类课程属于人文哲学类课程，教学内容会涉及从社会、宗教、政治、经济和文化到历史、地理、科学等各个方面。如何开发这些不同领域知识所蕴含的思政元素和思政内容，如何升华这些思政点在语言文化教育中的内涵，如何科学合理地拓展课程的广度、深度，是当前课程思政建设的重点所在。

第四，协同育人功能薄弱。课程思政的有效实施需要学校各部门共同推进，形成协同育人共识。在下面章节中将会对这一点专门论述。首先是多元主体。辅导员、思政教师、专业课教师联手推动，全员育人，形成育人合力；其次，校园环境的文化建设需要加强，营造校园育人氛围；最后学校相关管理部门在各项政策制定、制度建设上也需要出台相关配套措施，确保各项行动的落实。目前在外语课程思政探索中，理论和实践层面上都缺乏相关研究，影响了思政效果。

五、外语课程思政的本质与内在要求

（一）外语课程思政的本质

立德树人是教育的根本任务。课程思政在本质上是践行"立德树人"这一教育根本任务的一种综合教育理念。这一理念的核心就是在知识传授、能力培养的同时，把思想政治教育润物细无声地融入各门课程中去，用专业课教师（主力军）、专业课教学（主战场）和专业课课堂（主渠道），有效实现对学生的价值塑造。同时，课程思政又是落实"把思想政治工作贯穿教育教学全过程"、实现"三全育人"理念的重要途径。只有让所有教师、所有课程都承担起育人的责任，守好一段渠、种好责任田，才能"使各类课程与思政课程同向同行，将显性教育和隐性教育相统一，形成协同效应，构建全员全程全方位育人大格局"。

在"知识传授、能力培养和价值塑造"三位一体的教育理念中，价值塑造始终是外语人才培养的第一尺度，是外语类专业课程思政的落脚点和本质所在。作为新时代高校思想政治教育改革的创新与深化，"课程思政"将"育才"与"育人"深度融合，为外语教学融思想道德情操教育于专业知识传授之中、体现正确的思想导向和价值引领提供了有效的桥梁和有力的支撑。鉴于外语学科的特殊性，外语专业学生更多地暴露在多元文化、多元价值观和多元意识形态的场域中，更容易受到思想上的冲击。外语专业课程思政的核心任务在于在进行语言技能教学、批判吸收外来文化的同时，加强学生的价值观形成教育，坚守意识形态阵地，并引导学生充分滋养中国文化底蕴，讲好中国故事，进行有效文化输出。

2. 外语课程思政的内在要求

（1）外语专业课程思政与外语类专业的核心内涵深度融合。《高等学校课程思政建设指导纲要》要求，在课程思政的过程中，"要根据不同学科专业的特色和优势，深入研究不同专业的育人目标，深度挖掘提炼专业知识体系中所蕴含的思想价值和精神内涵，科学合理拓展专业课程的广度、深度和温度，从课程所涉专业、行业、国家、国际、文化、历史等角度，增加课程的知识性、人文性，提升引领性、时代性和开放性。"

（2）外语课程思政与专业知识学习紧密结合。课程思政不能仅仅为思政而思政，而应该为学生的专业知识学习提供新的视角，激活学生学习的内生动力。课程思政促进了学生基于中国文化立场和主流价值观念对外国语言文化及相关知识进行认知批评、判断与吸收。外语专业学生面对的很多语言现象和社会文化现象都有着深厚而隐秘的价值负载，学生不仅应该知其然，还应该知其所以然。

（3）外语课程思政与"理解与服务国家"意识紧密结合。深化外语专业课程思政建设和外语教育的人才培养，一定要建立在理解和服务国家的基础之上。只有理解当代中国，才能够做到"展示真实、立体、全面的中国"。就加强我国国际传播能力建设这一问题，习近平总书记在中共中央政治局第三十次集体学习时指出，我们"要围绕中国精神、中国价值、中国力量，从政治、经济、文化、社会、生态文明等多个视角进行深入研究，为开展国际传播工作提供学理支撑。要更好地推动中华文化走出去，以文载道、以文传声、以文化人，向世界阐释推介更多具有中国特色、体现中国精神、蕴藏中国智慧的优秀文化"。同时，深化课程思政，还要善于从国家发展的实际需要出发，帮助学生将学到的外国语言文学知识、区域与国别知识、中国语言文化知识等与中国的政治、经济、文化发展结合起来，激活他们学以致用和服务国家的意识。引导他们急国家所急，想国家所想，以符合国家、社会和人的全面发展的价值观和主流意识形态去指导自己运用专业知识与技能为国家政治、经济、社会发展和文化服务，为地方经济、社会发展、文化繁荣服务，为讲好中国故事、传播好中国声音服务。

六、外语课程思政建设的基本思路

(一)精准提升课程教师思政教育的意识和能力

外语教育不仅是培养专业知识、技能方面的人才,更重要的还是培养能担当民族复兴大任的时代新人。加强思想政治教育,不仅是教育管理者和思政教师的责任,还是每一位课程教师义不容辞的使命。

首先,课程教师要自觉树立思政教育主体意识。教师要坚决克服只注重知识传授、轻视价值塑造的认知错误,充分认识自己在课程教学中扮演着思想教育者的角色,在教学实践中主动运用先进人物、先进事迹等思政元素,引发学生的情感共鸣,既做精于"授业""解惑"的"经师",又做以"传道"为责任和使命的"人师",增强课程思政的吸引力、感染力、针对性和实效性。其次,要不断提升思政教育能力水平。课程思政是一种隐性的思想政治教育,作为课程思政的实施者,教师要不断加强课程思政教学研究,找准课程内容与思想政治教育的契合点,特别是挖掘具有本校特色的历史文化、学科特色等育人因素,有针对性地开展课程思政教学。最后,要深入思考如何在教学中展示自己的"爱"和"温度",让学生从情感上接近教师、接受教育,做到亲其师、信其道。

(二)精选蕴含课程思政元素的教学语篇

外语课程文化知识涵盖哲学、经济、科技、教育、历史、文学、艺术、社会习俗、地理概况,以及中外职场文化和企业文化等,蕴含着丰富的人文知识和思政元素,在学科教学中具有渗透德育和浸润思想的先天优势,是课程思政的资源宝库。教师要精选语篇,通过挖掘课程中蕴含的人文精神、社会责任、个人品格等主题,润物细无声地培养学生的人文素养、道德情操、意志品质,坚定学生的理想信念。

(三)精心打造课堂教学

外语课程教学设计的理念是"语言知识传授为基础、外语技能训练为重点、价值塑造为导向",重在将思政内容和思政元素渗透到语言知识、语言技能和跨文化知识的教学之中。课程思政要想取得好的教学效果,"课堂教学"是关键。此处所讲的课堂教学是从课程的视角来定义的,即根据课程教学计划安排开展的包括理论和实践在内的各种教学活动。课堂教学是思想政治教育的主渠道，在改进过程中要坚持强化。

1. 明确课程思政与人才培养相结合的目标

课堂教学的关键在于教学目标。只有明确课程思政与人才培养相结合的目标，才能有意识地根据语言素材，有针对性地挖掘知识中蕴涵的知识点和价值观，将知识、能力和价值观三者有机地结合起来，使之内化为学生的精神追求，外化为学生的自觉行动，培养出高素质的专业人才。

2. 教学过程全环节融入思政内容

外语教育不只是知识之学，也是为人、为事之学，必须树立新时代的育人观，做到"教单科，育全人；教外语，育全人"。在教学过程中，教师要基于促进学生全面发展理念，构建"线上＋线下"混合式教学模式，聚焦课前、课中、课后三个关键时段，充分利用信息技术赋能外语教学，设计一系列逐级递进的学习任务，并在每一个教学环节中有机融入思政内容，激发学生自主学习能动性，推动课程思政与语言教学深度融合，增强课堂育人效果。

3. 发挥评价反馈功能

《高等学校课程思政建设指导纲要》指出："人才培养效果是课程思政建设评价的首要标准。"课程思政评价是通过系统收集信息，对教学目标和思政目标的教学实施活动进行分析和价值判断的过程。从教学实施的内涵来看，课程思政评价包括教学评价和学习评价，是实现"教书"与"育人"目标的重要保证。教师通过评价反馈机制可以及时了解学生成长成才情况，掌握课程中知识传授与价值引领的融合程度，不断完善和推进课程思政建设。

七、基于文化自信培育的外语课程建设实施路径

以"深度教学"课程理念为基本遵循，加大基于文化自信培育的外语课程教学改革力度，立足语言，强化思想引领，调整课程目标、创新教学方法，改革教学内容，健全评价指标，完善评价机制，重塑外语人才培养标准，将知识、能力、素养、价值观引导有机地融入课程建设的全过程。

外语课程教学改革可以从以下几个方面进行。

（一）调整思政课程目标，深化外语类专业的核心内涵

在课程中融入思政元素，"一定要结合具体课程内容，在教学目标（知识

目标、能力目标、素质目标）的设定上进一步明确需要融入的思政点"①，使这些知识、能力和素养要求中的内涵元素与外语学科的课程特点深度结合。

在知识方面，除专业知识外，需要考虑增加中国语言文化等方面的知识，中国国情和国际发展中的历史、社会、政治、经济、文化知识，习近平新时代中国特色社会主义思想，中国理论、中国实践、中国特色话语体系等。

在能力方面，要培养学生的跨学科、跨文化的思维习惯与能力，中外文表达能力和外语运用能力、思辨能力、信息技术应用能力、创新创业能力、实践能力和终身学习的能力，从听说、读、写、译的技能培养，实现到读、写、思辨、创的能力培养，通过课堂教学帮助学生掌握习近平新时代中国特色社会主义思想，让学生充分了解当代中国的发展成就，帮助学生提高向国际社会讲好中国故事的能力，提升学生服务国家建设的责任感。

在素养方面，要帮助学生树立正确的世界观、人生观和价值观，塑造良好的道德品质，培养学生的社会责任感、人文与科学素养、文化自信、家国情怀、国家意识和国际视野。

（二）创新教学方法，提升学生的文化审辨力

语言是思维的载体，外语是沟通中外文化的"桥梁"，外语学习要从中国视角、中国立场出发，认识外国知识，分析他国文化现象、过滤异域文化信息，传播中国声音；要从文化深层次结构出发，深度思考文本背后的价值观和主流意识形态，关照现实和热点问题，帮助学生思辨性理解和认识事物本质。② 因此，在外语教学实践中，以读、写、思、辨、创为抓手，通过教学方法创新，培养学生的文化批判意识，提升学生的跨文化沟通能力和文化审辨能力，具体措施如下。

研读。读好书，读智慧之书，读中外优秀之书。挑选思想性强的优秀文学读本，教师和学生一起读，在研读的过程中，做好价值观的引导，把价值观的引导寓于知识的传授和学生的能力培养中。

讨论。在研读中引发学生的兴趣，讨论问题、交流知识、沟通思想。以问题导向引导学生思考中国文化如何走出去，怎样讲好中国故事，怎样建设文化的"一带一路"，实现构建人类命运共同体的美好愿景。

写作。在研读、讨论中引导学生去写作、去思考、去思辨、去表达。

---

① 李莉.文化安全视域下高校外语专业课程思政建设探索 [J]. 菏泽学院学报，2022（1）：39.
② 同上.

反思。在读写的过程中，培养学生的鉴赏、鉴别、思考、思辨的能力，引导学生多运用对比的方法，多思考语言中的母语与外语，文化上的中国与外国，思想上的东方与西方，潜移默化地引导学生树立起正确的三观，坚定学生的文化自信。

（三）更新教学内容，推动教材及各类网络资源的动态建设

目前，外语教学多强调对语法、单词、短语等语言知识的输入与语言技能的培养，教材内容中对中国传统文化涵盖较少，即使涉及，大多也只是中国传统节日和名胜古迹等一般性介绍，缺乏深层次的解读，对中国文化精髓更没有权威的阐释。因此，需要对教学内容进行创新。

首先，拓展授课内容。受"西学东渐"的单向传输模式影响，目前绝大多数外语课程教材在内容上总体偏西化，导致外语课堂中的中西文化内容在数量上完全不对等，文化异质性浓厚。所以教师在原有教材不变的情况下，可以通过课后拓展、课堂主题讨论、建设网络资源等形式积极丰富教学内容，甄选出可以提升学生思想政治素质的语料，与专业内容进行巧妙融合，帮助学生加大对母语文化的输入，逐渐提升学生的文化自觉，树立民族文化自豪感。

另外，对教材中原本涉及中国优秀文化进行逻辑上的整合。有些教材也会涉及零星的中国文化的介绍，但系统性稍差。因此，需要对其进行全面、系统地调整，以期达到更好的育人效果。

其次，更新教材内容。一方面，贯彻落实新文科建设精神和立德树人的根本任务，在原有教材基础上，深入推进《习近平谈治国理政》多语种版本在外语类专业"进高校、进教材、进课堂"，将习近平新时代中国特色社会主义思想的学习有机地融入外语教育教学的内容，培养学生系统学习习近平治国思想，更好地理解中国国情，理解中国的发展与成就，深化外语课程思政建设和外语教育的人才培养；另一方面，以学习手册或学习导读的形式，将中国文化相关内容自编成册，作为学生学习该门课程的有益补充。中国古诗词、经典书籍简介、大河山川、地域特色、民俗文化、体育竞技等都可以按照主题模块有机融入。当然，也可以将中西文化进行对比介绍，通过两种文化对照，学生更容易直接感受中外文化、思维方式、价值观念的差异，进而可以进行批判性思考。

最后，编写校本教材。根据学校定位、结合地方特色文化和育人目标，开发和制定基本教学素材，以更好地体现学校的办学特色，满足学生个体发展和特定的文化需求。

（四）健全评价指标，完善多元智能立体的教学评价体系

课程评价是教学过程中不可或缺的重要环节，可以有效促进外语教学的改善和创新。目前，外语评价体系存在评价主体单一、评价内容单一等问题，制约了外语教学的良性发展，需要进行改革创新，可以从以下方面进行。

1.测评内容

目前外语课程考核点仍侧重语言本身的维度，对语篇的社会维度重视不够，缺乏对文本的深层理解、分析及应有的价值判断。忽视了学生跨文化知识运用和人文素养方面的评价。因此，在进行外语教学评价时，其评价内容需要进行改革，即对学生的跨文化知识运用能力和人文素养进行多维评价，从多个角度衡量学生外语能力和水平，从而提升学生的外语综合能力，使其成长为优秀的外语人才，更加适应外语人才市场的需求。

2.测评方式

外语教学的测评方式比较单一，往往更加注重外语教学终结性评价，却忽视了外语教学的过程。实际上，在外语教学的过程中，"隐匿"着很多重要的因素，这些因素决定着学生外语能力的提升，同时也与外语教师的努力和能力密切相关。因此，在测评方式上，需要侧重过程性评价，关注学生外语学习的全过程，这样才能更好地衡量外语教师的教学水平和质量。

3.测评模式

外语教学的主体是学生，其评价主体是外语教师，这样的测评模式并不能很好地对学生进行有效评价，难免有失偏颇。因此，需要对测评模式进行改革，采用多元评价主体的形式，学生、教师、中国文化研究者等都可以作为评价主体，全方位、多角度地对外语教学进行评价，进而有效指导外语教学的改革和实践。

总之，外语课程思政是新时代加强思想政治工作的新要求，也是树立文化自信、维护文化安全的重要举措。随着中外文化与价值观念的交流日益增多，外语教育的思政任务更加艰巨。做好外语课程思政建设，离不开精心建设的课程思政教学资源，离不开用心构建的课程思政育人体系，也离不开对课程思政的深入研究。只有构建课内＋课外、显性＋隐性、线上＋线下、课堂主渠道＋实践辅渠道＋技术云渠道等多维立体空间课程思政教育模式，将立德树人贯穿于外语教育教学全过程，才能实现课程思政与思政课程协同共振、德育教育与智育

教育高度结合、理论教学与社会实践有机融合、社会服务与素养提升深度契合，才能切实"种好思政'责任田'，育好学生'每棵苗'"，培养出素质高、视野宽、情怀深的外语人才。

第二节　环境育人：基于文化自信的校园文化建设

校园文化是指学校在长期发展过程中积淀下来并逐渐形成共识的一种价值体系，即办学思想、价值观念、集体意识和行为规范等，也是一所学校文明程度的集中体现。

校园文化是学校的精神和灵魂，具有强大的价值取向引导功能，是学校生存和发展的重要根基。作为一种环境教育力量，良好的校园文化建设可以陶冶学生情操，构筑学生健全人格，全面提高学生素质，有效提升学校的核心竞争力，在学校事业发展中占据重要的战略地位，具有以下功能（见图7-1）。校园文化的建设对培养社会主义建设和接班人具有重要的影响和作用。

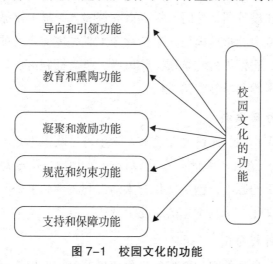

图 7-1　校园文化的功能

一、基于文化自信的校园文化建设原则

和传统课堂相比，社团活动、校园文化等属于第二课堂，对学生价值观的形成具有重要的影响作用。因此，可以将思政教育内容、中国优秀文化内容等和学生活动巧妙融合，寓教于乐，充分发挥校园文化的作用，在活动中引导学

生积极践行社会主义核心价值观。

"蓬生麻中，不扶而直；白沙在涅，与之俱黑"，这句话说明了环境对人成长的影响，尤其是文化环境可以深刻影响人的成长。文化熏陶往往发生在悄然之中，其更会渗透到人的气质和灵魂之中。

因此，要加强环境育人的效果，加强校园文化建设，在潜移默化中影响学生的成长，提升其文化素养，培养文化自信。在建设校园文化时，需要遵守以下原则。

（一）以人为本原则

学校的主体是学生，其职能之一是培养人才，因此校园文化建设要时刻围绕学生的发展，坚持以人为本原则，尊重学生的主体地位。在校园文化建设中，需要满足以下几点：贴近和满足广大师生的精神文化需求；助力学生成才、成长；充分调动广大师生的创造力；增强学校文化的凝聚力。

（二）德育为先原则

俗话说"德智体美劳"，"德"排在首位，由此可见，德育是培养学生的关键。因此，在建设校园文化时，需要以立德树人为根本遵循，坚持马克思主义在意识形态领域中的指导地位，坚持社会主义先进文化发展方向，践行社会主义核心价值观，建设优秀的学校文化风尚，坚决抵制落后、低俗文化，增强学生的道德文化素养和思想政治觉悟。

（三）育人为重原则

文化具有育人作用，通过文化熏陶，学生可以获得丰富的知识，并形成自身的思维方式和价值观。因此，在建设校园文化时，需要突出文化育人的功能，坚持育人为重的原则，创造文化育人的有利条件和良好环境，弘扬校园精神，传播正能量文化，丰富学生的文化生活。

（四）继承创新原则

每个学校都有自身的文化特点和文化成果特色，可以认真总结学校建校以来的文化成果，挖掘出学校的文化精髓，采取相关的措施，弘扬学校的先进文化和学校精神，增强学生文化素养，帮助学生形成自己的思维方式。

在建设校园文化时，需要继承学校的文化成果并进行创新，可以根据时代的要求，采用先进的科学技术，对校园文化建设的方法、手段、形式等进行创新，使之更加适应学生的品位和要求。

（五）和谐统一原则

校园文化建设需要做到和谐统一，包括历史与现代、继承与创新、科学与人文、共性与个性的和谐统一。

二、基于文化自信的校园文化建设内容

在文化自信视域下，加强校园文化建设需要突出传统文化和地域文化建设，弘扬以爱国主义为核心的民族精神，彰显以改革创新为核心的时代精神。

（一）传统文化和地域文化

悠久的历史孕育了灿烂的文化。中华优秀传统文化是外语教育中树立文化自信的根基。这些传统文化中蕴含着中华民族的智慧和丰富的人文精神，是引导我们去建设社会主义现代化强国的精神财富，为社会主义核心价值观的塑造提供了理论支撑。外语教育中培育文化自信需要中华优秀传统文化的滋养。

同时，特色鲜明的地域文化是中华文化不可分割的一部分，各具特色的地域文化是在特定区域的生态、民俗、传统、习惯、地理环境相融合的情况下形成的，因而打上了独特的地域烙印，为地方院校校园文化建设提供了丰厚的土壤。地域文化是文化自信的根基，只有热爱地域文化，文化自信才能落地生根。校园文化建设应主动吸收地域文化精髓，依托独特的地域文化来培养学生的文化自信。

（二）以爱国主义为核心的民族精神

以爱国主义为核心的民族精神包括勤劳勇敢、团结统一、爱好和平和自强不息。这一精神是中华民族赖以生存和发展的情感纽带和精神支柱，也是外语学习中抵御异域文化侵袭的铜墙铁壁，没有强大的民族精神，便没有中华民族的文化自信，因此在校园文化建设中，要加强爱国主义教育和主流意识形态和价值观引导，多开展红色革命教育活动，增强学生的民族自信心和民族自豪感。

（三）以改革创新为引领的时代精神

文化有着时代的烙印，是时代的产物。随着全球化的深入，新时代的校园文化建设要充分体现国际化的要求，体现"一带一路""人类命运共同体"等时代理念，体现文化的多元、开放与包容等时代特色；同时，学校是培养学生创造能力的摇篮，学生是充满生机和活力的群体，校园文化也应充分体现创新

性，激发学生的创新思维，提升学生的创新能力。

三、基于文化自信的校园文化建设策略

（一）加强校园文化阵地建设

随着网络技术的成熟和应用，利用网络进行通信已经司空见惯，微信、微博等平台逐渐成为学生社交的主阵地，在建设校园文化时，需要积极利用这些渠道，营造校园网络环境，在学校校报、官方网站、官方微信、广播台等方面加大建设力度，整合校园资源，实现新兴媒体和传统媒体的有效结合，构建一体化传播平台。建议采取以下措施。

第一，加强校报建设，将其栏目设置、栏目内容等进行创新，注意校报的特色建设，在其中加入中华优秀传统文化元素，增强校报的趣味性和实用性，使之更加贴近师生的实际生活，进而增强校报的吸引力和影响力。

第二，打造"一网三微"新媒体平台，使之成为信息服务平台、维系学校和学生情感的纽带。随着学生社交阵地的转变，学校可以利用自身的优势，加强校园网、微博、微信、微视频建设，强化"互联网＋"思维，营造健康的校园网络文化和环境。

第三，增设学校电子显示屏、加强校报、校园广播台等传统媒体建设等措施，巩固好文化宣传的传统渠道和载体。在校园之中，学校电子屏往往位于学校关键位置，惹人注目，可以起到将重要消息广而告之的作用。因此，学校可以利用电子显示屏这些传统媒体的优势，对学生进行思想和文化教育。

总之，学校可以通过对校报、网络、讲座、微信等多种媒体的充分应用，加强校园文化阵地建设，在正确政治方向的基础上，积极弘扬中国优秀文化、传播正能量，培养学生社会主义核心价值观，增强其文化自信。

（二）打造校园文化精品活动

要想校园文化建设取得更好的效果，需要打造校园文化精品活动，增强校园文化对学生的感染力，可以采取以下措施，举例如下：

第一，举办英雄事迹的报告会，弘扬社会正能量。学校可以将优秀校友或员工的典型事迹、成长历程等作为主题，在活动中传播中华民族的奋斗精神，激励学生成才成长。

第二，开展新生文化节等艺术活动，通过举办话剧、摄影、展览等形式，展示学生的创新意识和文艺才能，在活动中传播中华民族优秀文化，在丰富校

园文化的同时，增强学生的文化自信。

第三，承办高端学术论坛等学术活动，邀请高水平的专家或学者到校做报告，加强学生和教师之间的学术交流，营造浓厚的学术氛围，为形成良好的校风打下坚实基础。

第四，开展学生读书活动，鼓励学生精读书、多读书，打造书香校园。通过读书展览会、读书日活动等形式，为学生推荐精品图书，提升学生的文化素养。

第三节 多元主体协同育人：教师队伍建设

教师是人才培养的母机，始终站在育人的最前沿。在教育教学活动中，教师的重要性不言而喻。外语教师不仅是外语教育的承担者、学生的引导者，还肩负着融合人文教育和科学教育的职责，需要具备较高的思想道德素质、专业素质和人文素养。作为教师，首先自身要有坚定的政治站位，要考虑如何通过适合的教学方法和手段，充分开发课程中的育人资源，利用课程内容中的真善美作为育人元素，把教与学的过程作为育人的有效途径和载体，将课程的基本理论与时代前沿知识、热点问题和国际视野结合起来，作为育人的动力。在此过程中，教师的思想道德素质是根本，文化素质是基础，专业知识素质是主干，教师只有真正具备这三大素养，才能更好地培育学生树立文化自信理念，使其成人成才。

本节通过对外语教师队伍的现状和问题进行分析，结合外语教育中多元主体协同育人机制建构，对如何培养学生文化自信理念进行了阐述，并提出了外语教师队伍建设的举措和对策。

一、外语教师队伍的现状和问题

立德树人是教育的根本使命，也是教师的第一责任。品德高尚、学术卓越、专业精湛是教师必备的修养。目前在外语教师队伍建设中，仍存在一些问题，不利于很好地贯彻教育新发展理念，不适应时代要求，在帮助学生树立文化自信理念方面更有很多地方需要认真反思、调整。

（一）教学理念陈旧

考虑到外语学科的特殊性，跨文化沟通能力、思辨与创新能力、综合素养提升是外语人才培养的主要内容。但目前外语教师的教学活动仍然更多地停留在"语言本身的维度，对语篇的社会维度重视不够，缺乏对文本的深层理解、分析及应有的价值判断"。①《外国语言文学类教学质量国家标准》对外语类学生培养提出了三个方面的要求。第一，在素质方面，要求外语类专业学生应具有正确的世界观、人生观和价值观，良好的道德品质，中国情怀与国际视野，社会责任感，人文与科学素养，合作精神，创新精神以及学科基本素养；第二，在知识方面，要求外语类专业学生应掌握外国语言知识，外国文学知识，国别与区域知识，熟悉中国语言文化知识，了解相关专业的知识，以及人文社会科学与自然科学的基础知识，形成跨学科知识的结构，体现专业的特色；第三，在能力方面，要求外语类专业学生应具备外语运用能力、文学赏析能力、跨文化能力、思辨能力以及一定的研究能力、创新能力、信息技术应用能力、自主学习能力以及实践能力。由此来看，教师在教学过程中，应更多地去思考以下问题。

（1）如何推动课程体系的整体设置和顶层设计，突出素质培养的要求。

（2）如何结合基层教研组织活动，开发课程育人资源以及如何进行教学资源评估。

（3）如何加强过程化教学管理，在教学过程的各个环节有机融入思政内容。

（4）如何评教、评学，以对学生在学习过程中知识习得、情感培养，价值观塑造等进行合理评价，并进行动态调整，来保证测评的信度和效度。

（二）外语教师的知识谱系构建不完整

当代社会，传统的外语人才培养模式显然无法满足社会的需要，随着跨文化交流的快速发展，单纯的语言课程显然无法培养学生的跨文化交际能力。为提升学生的专业素养，在语言课程开设的基础上，又增加了与专业相结合的ESP课程，如法律英语、旅游英语、商务英语等，这些课程对外语教师的知识结构提出了挑战。目前，外语教师的知识结构相对比较单一，通用外语教师居多，对某一专业领域知识掌握不够，无法用外语表达专业性强的内容，无法满

---

① 李莉. 文化安全视域下高校外语专业课程思政建设探索 [J]. 菏泽学院学报，2022（1）：40.

足复合型人才培养需求。当然，这是外语学科面临的另外一个话题，在这里不做深入探讨。

外语教师知识谱系不完整主要表现为人文知识面亟须拓宽，对我国优秀文化了解方面不够深入。外语教师需要具备深厚的才情、丰富的学识，融会贯通古今中外知识，具备独立的认知观念，这样才能更好地引导学生客观、理性看待中外文化。然而，目前我国多数外语教师对西方文化了解比较透彻，对中华优秀文化却知之甚少，对古今中国本土文化的历史、成就、发展趋势等不熟悉，更不用说对中华优秀文化进行阐述和剖析了，在外语教学活动中，仅是单方向文化的输入，忽视了中国本土文化的输出和培养，不利于学生批判性思维的形成。

再者，教师在文学艺术修养、人文品质修养等方面也有待提升。立德树人对教师的自我修养也提出了更高的要求。教师教与学的过程也是一个自身修养完善和素质提升的经历与过程。在教学中，教师本人的成长、阅历、生活态度、思想价值观念会深刻影响学生。让学生终身受益的往往不是他讲的一门课，而是他不经意的一句话，或一个不经意的举止所给予学生的激励。

（三）育人合力不足

育人是一个系统工程。辅导员（或班主任）、思政课教师和专业课教师作为育人的三支主要力量，在落实立德树人根本任务时，有必要建立"协同模式"，构建"融合育人格局"，在全员育人、全过程育人、全方位育人上下功夫，形成协同育人合力，着力培养社会主义建设者和能担当民族复兴大任的时代新人。

习近平总书记在 2019 年 3 月召开的学校思想政治理论课教师座谈会上强调，要"坚持理论性和实践性相统一，用科学理论培养人，重视思政课的实践性，把思政小课堂同社会大课堂结合起来，教育引导学生立鸿鹄志，做奋斗者。……要坚持显性教育和隐性教育相统一，挖掘其他课程和教学方式中蕴含的思想政治教育资源，实现全员全程全方位育人。"根据习总书记重要讲话精神，多数学校在构建全员育人格局方面做了不少探索，也为协同推进思政教育工作提供了借鉴和指导。但在具体开展协同育人的过程中，三支队伍缺乏协同机制的落实与形式创新，缺乏协同育人阵地，育人效果不明显。

二、构建新时代外语教师队伍的策略

（一）转变教学理念，丰富教学形式

育人是教师的第一责任，转变理念首先要从"教师主体"向"学生主体"的育人理念转变开始，从"专业教师"到"学业导师"的角色身份转变开始，从"知识灌输"到"能力培养、价值塑造"的育人目标转变开始，从更新教学方法、丰富教学手段开始。

1.转变传统教学理念

外语教师应当树立"学生主体、教师主导"的教学理念。在外语教学中，学生不再是课堂教学的对象，而是教学活动的主体，是参与者，外语教师应引导学生参与外语知识的构建和应用，并培养其独立思考的能力。

教书育人是教师的天然职责。在传统观念中，专业教师的职责就是传授专业知识，班主任、辅导员、思政课教师才是做好学生思政工作的主体。随着课程思政理念的提出及学业导师制的普及，"门门讲思政""人人讲育人"，广大的课程教师也要承担起学生人生导师的责任，引导他们规划好人生发展的美好蓝图。就外语学科而言，外语课程教学不仅是一门传授知识和技能的语言艺术，还是一种融合开放性、批判性的学术研究活动，承载着对语言背后文化的思考和批判，因此外语教师更要明确自己在人才培养中的正确定位，做好角色转变，努力提升自身的人文素养，丰富自身中西文化知识底蕴，尤其是加深对中国优秀文化的研究，将文化自信意识渗透到教学活动中，培养学生尊重不同文化的意识，教好书，育好人。

2.创新教学手段，丰富教学形式

目前，很多外语教师教学手段比较单一，内容比较枯燥，无法激发学生的学习兴趣。教师可以借助科技手段和信息化技术来丰富教学形式，利用学习平台发布视频、影像等可视性资料，营造有情、有义、有爱、有趣和有温度的课堂，调动起学生的学习兴趣，再将思政教育元素巧妙融合在专业内容中，从而收到事半功倍的效果。

同时，由于学时所限，很多时候第一课堂并不能满足教学需要，因此教师可以通过组织"英语角"、英语沙龙等生动有效的方式开展第二课堂教学，推进"中国优秀文化体验"等主题活动，采取辩论、讲故事等各种形式，让学生

自行感悟中西文化的不同，并在比较中作出价值判断，引导学生不断地提升自己，拓宽视野，从而拥有更足的发声底气和能力。

（二）更新外语教师知识结构

随着时代的发展，外语教师原有的知识结构已经不能满足需求，知识更新迫在眉睫。

（1）外语教师应当加强对中国文学、文化的深入了解，提升中西文学对比意识和能力，强化批判精神，通过对比，增强学生多元文化认知和中华民族认同，避免把外语课程开发成培养中国学生认同西方资本主义国家和民族的场域。

（2）外语教师应该注重对外国文学文化中的情感与理性关系的分析和研究，要善于汲取其中之精华部分，培养学生的健全人格，引导学生理解人与人、人与社会、人与自然、人与自身的关系，提高学生的共情能力、同情心、审美情趣，教会学生把握情感、定位自我。

（3）外语教师应具备并培养学生和而不同的意识，引导学生理解、包容不同和多样性，培养学生理解第三空间的能力。

（4）外语教师应当深入了解他国文化之精髓，深入现象背后，多探究文化本质及根源，把握文化表征之下的价值观及意识形态倾向，培养学生客观评判世界主要国家社会、经济、政治、历史的能力，引导学生警惕文化殖民。

（5）外语教师应深谙本民族文化及相关英语表述，培养学生的本土文化国际表达能力。引导并鼓励学生讲好中国故事，在国际舞台上传播中国声音，展示中国形象。

（6）外语教师同样要具备跨学科知识和跨媒体表达能力。复合型人才培养需要教师"一专多能"，并通晓多媒体表达、传播学等方面的知识与技能，在此基础上才能引领学生通过多种形式讲好中国故事。

（三）提升教师德育意识和思政理论水平

俗话说"打铁还须自身硬"。外语教师队伍的数量和质量是保证外语教学健康发展的基础，其思想道德素质是根本，教师必须具备过硬的思想道德素养，才能更好地引导学生成长，帮助学生树立正确的价值观念。同时，外语教师肩负着吸收优秀的外来文化的责任，需要凭借教师的思想素质和人文素养进行把关。因此，加强外语教师思政教育是势在必行。

首先，加强教工党支部建设。以党建为抓手，加强对广大教师的思想政治引领，引导教职工站稳政治立场，守好意识形态阵地，践行扎根中国、融通中外、立足时代、面向未来的现代教育理念。

其次，鼓励教师将课程思政理念充分融于教学研究中。大力加强教师课程思政研究，引导教师全方位把思政教育融入外语教学与研究全过程中，推动思政教育与教学能力和科研水平深度融合。

再次，建立师生互动和师师互动机制。加强教师与教师之间、教师与学生之间的沟通与交流，增进教师与教师、教师与学生之间的友谊，提升凝聚力，营造团结、和谐和稳定的育人氛围。

最后，鼓励教师参加各类思想政治培训课程，加强教师的思政理论修养，树立课程思政的教育教学理念，提高育人理论水平。

三、构建"三位一体"协同育人机制

（一）"三位一体"协同育人机制内涵

1."三位一体"协同育人机制

协同理论认为，在任何一个复杂的大系统中，当外来力量不断聚集时，子系统之间就会不断产生协同作用。这种协同作用能使整个系统在临界点发生质的变化，从而产生某种更加稳定的结构，释放更大的能量。[①]各子系统之间相互影响、相互作用，所产生的综合力量不是个体力量的简单相加，而是合力质变为一种"新的力量"。因此，构建"三位一体"协同育人体系可以更好地提升育人成效的达成度，最大化地达到育人育才的效果。

然而，在目前我国各类学校教育中，辅导员（或班主任）、思政课教师以及专业课教师往往各司其职，很少进行沟通和交流。辅导员的工作十分繁琐，涉及学生成长的方方面面，其工作主要集中在班级事务管理、班级心理疏导等，对学生的思想动态比较了解；思政课教师主要负责开展思政教学，但对学生心理动态却了解不够；专业课教师主要负责专业教学、科研、竞赛等，和学生交流主要是在学业上。

学生思政教育是学校各类教育主体的共同责任。辅导员、思政课教师、专业课教师三者必须紧密结合，共同制定学生培养计划和方案，构建"三位一体"协同育人机制，形成全员育人合力。

---

① 白列湖.协同论与管理协同理论 [J].甘肃社会科学，2007（5）：228-230.

2."三位一体"协同育人机制的作用

"三位一体"协同育人机制可以有效提升学生的思想道德水平，培养学生的综合素质和能力，增强学生的文化自信，主要体现在以下几个方面。

第一，优势互补。俗话说"众人拾柴火焰高"，在培养人才方面，可以联合三者的教育力量，使其各自发挥自身的优势，做到优势互补，全面提升学生的综合素质，实现全面育人。

第二，资源整合。"三位一体"协同育人机制可以实现教育资源的最佳配置，减少学校教育资源的浪费，促进教师队伍的有效融合。

第三，提质增效。"三位一体"协同育人机制可以自动生成教、学联动机制，有利于教师深度了解学生的个性需求和思想动向，从而有针对性地对学生进行因材施教，实现知识传授和价值传播同向同行、协同发力，有效提升学生的思想道德水平，提高人才培养质量。

（二）"三位一体"协同育人机制构建的维度

构建"三位一体"育人机制，确保整个过程顺利开展，需从保障机制、激励机制、规范机制和创新机制等几个维度展开。"三位一体"协同育人机制构建的基本维度如下（见图7-2）。

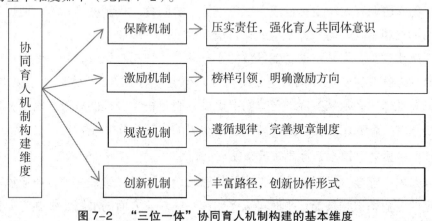

图7-2 "三位一体"协同育人机制构建的基本维度

1.保障机制

健全各类管理及教学组织，强化党建引领，明确目标责任，加强学习、宣传、讨论、统一思想、更新观念，融通立德树人共识，确保思政教育的突出位置；成立协同育人领导小组，组建专家委员会，加强制度建设，增强齐抓共管的育人共同体意识。

2. 激励机制

将立德树人目标要求贯穿于教学评估、职称评审、绩效奖励和干部选拔等各类考评工作中，并通过树典型、立标杆等措施，提升教师协同育人的积极性和主动性。

3. 规范机制

遵循教育教学规律，严格按照习近平在学校思想政治理论课教师座谈会上提出的"八个相统一"的教育原则，健全各类规章制度，引领全员协同育人机制规范化。

4. 创新机制

途径和形式对实效性的发挥同样有着重要的作用。鼓励教育主体全员集体备课，围绕立德树人根本目标，通过集中学习和研讨，融合辅导员、思政课教师和专业课教师各自特色与优势，优化育人内容体系；协同开发第二课堂，创建形式多样的协同育人途径。

（三）"三位一体"协同育人机制构建的路径

1. 创立协同育人小组，强化协同意识

创立协调育人小组是构建"三位一体"协同育人机制的第一步，通过明确小组成员和制度，为培养学生文化自信提供基础保障。

思政教育工作并不仅是辅导员的义务和责任，同时思政教师、专业课教师也必须发挥其应有的作用。组建协同育人小组，利于增强育人队伍的凝聚力。学校管理部门必须从实际的教育情况出发，制定科学合理的政策和制度，包括组建制度、育人制度等，确保协同育人小组的顺利组建和运行。

2. 教师同向同行，协同知识储备

首先，辅导员不仅需要具备相关的思政教育知识和管理能力，还应该具备一定的专业知识和技能，平时可以多阅读一些专业方面的书籍，加强专业知识的学习，尽量做到根据专业特点，对学生的思想动态进行深入指导。

其次，专业课教师本身具备较高的专业素养，因此需要利用自身优势，找准切入点，将思政元素有机融入专业内容，在专业教育中提升学生的思想政治水平，会起到事半功倍的效果。

最后，思政课教师本身具备思政专业知识，在育人方面有独特的优势和特点，但在加强自身专业素养的同时，需要关注学生的思想动态，深入学生之中，了解其所思所想，这样才能得到更好的教育效果。当然，思政课教师更需要明确自身在思政教育中的责任和使命，不断创新课程方式和手段，应用网络等技术，开展灵活多样的教学活动，以有效提升学生思政水平。

3.建立交流平台，提高协同效果

协同育人机制，重点在于协同合作。因此，学校应该建立有效的交流平台，以促进教师之间、教师和学生之间的合作和交流。学校可以利用互联网的优势，建立线上交流平台，这不仅方便教师之间的相互交流，还为教师和学生之间的沟通提供了便捷渠道，提升协同效果。

综上所述，"三位一体"协同育人机制是新时代思政育人的重要手段。思政课教师、专业课教师和辅导员有着共同的育人责任，学校应加强顶层设计，形成全员育人的共识，并针对学校的实际情况，构建出符合自身特点的多主体协同育人机制，形成育人合力，增强协同动力，实现共同成长。

第四节　基于文化自信培育的"课程思政"教学实践
——以"英美文学"课程为例

在我国高校外国语学院本科阶段的英美文学教学中，教师传授给学生的知识谱系对学生的未来发展至关重要。这种知识谱系不仅可以提升学生的语言表达、文学鉴赏、跨文化交际和批判性思维等各项能力，还对学生的人文素养、伦理观念、社会价值观和人格塑造等方面的培养意义非凡。

纵观全国的英美文学课程教学，许多高校仍存在重文学史、轻文学选读，重旧知识传授、轻新知识引入，重工具性知识介绍、轻批判性思维培养，重情节主题和人物简介、轻文本细读和批评方法导读，重文学欣赏、轻文学教化和情感教育等现象，并且在选读内容上存在学术独立意识不强等问题。同时，在教学过程中，对中英文学的比较视域、中国视野等的自觉运用还不充分和科学，对学生未来发出中国学术声音的意识培养还不够。这些问题都需要我国高校外国语学院的文学教师在文学课程建设过程中付出更多艰辛努力，采取相应措施予以解决。

高素质的师资队伍是课程思政建设的关键所在。因此，在英美文学课程中进行课程思政建设时，首先，教师要做到把握中国立场，立足语言，强化思想引领，树立正确意识形态导向。在教学过程中，坚持以中国学者的立场，分析英美独特的文化传统、思维方式、价值取向、审美情趣，进而把握文化现象背后的思想观念，客观审视英美文化，引导学生树立正确的人生观、价值观和世界观。其次，教师还要对教学内容了如指掌，这样才能保证在有限的课堂教学时间内，在恰当的时机融入思政元素。最后，教师需要对教材的内容进行分析整理，在对文本进行解读时，力求客观、全面，并结合英美国家和我国国情多进行分析比较，对学生进行正确引导。

一、文化自信视域下"英美文学"课程分析

"英美文学"课程是一门人文属性较强的课程，其中蕴含着西方的价值观念和人文历史，会对大学生价值观的形成产生一定影响。因此，需要加强学生的文化自信培养，进行思政教育，培养学生形成独立思考的能力，本小节从课程性质、课程目标、课程教学要求及方法出发，阐述了培养学生文化自信的途径。

（一）课程性质

本课程是英语专业本科三、四年级学生的专业核心课，由文学史和作品选读两部分组成，是涉及语言能力和文学能力的综合课程。

"英美文学"课程的教学目的包括以下几个方面：引导学生系统把握英美文学发展的历史和现状，了解不同时期、不同流派的作家写作的时代背景，包括作家的创作思想、文体风格以及其主要作品的思想内涵及艺术特色；掌握基本的文学理论知识，通过阅读和分析以培养学生对英语文学的鉴赏能力，促进学生语言知识的深化及语言能力的提高；强化学生的人文素质，增强学生对整个西方文学及文化的感悟，提高学生独立思考、分析和解决问题的能力。

本课程以立德树人为根本目标，以语言技能、专业素质、人文素养三级提升为抓手，旨在培养具有较高理论修养及审美层次、兼具国际视野及中国情怀的"全人"，是达成英语专业人才培养目标的必修课程。

（二）课程目标

1.培养人格健全，道德水平高，社会责任感强，人生观、世界观和价值观正确，富于审美情趣和能力，符合社会主义建设者和接班人要求的外语人才

本课程是一门蕴含了西方历史、文化、艺术、哲学、宗教思想的大课程，

人文属性表征明显。英美文学教学的本质任务就是在传授文学知识、培养英语专业学生阅读、欣赏和理解文学原著能力的同时，拓宽学生的文化视野和思想疆域，提升理论修养和审美层次，培育学生的团队合作精神、社会和职业道德精神和爱国主义精神，培养人文情怀，提升思想境界。

"英美文学"开展课程思政的目标是在本课程的授课内容中发掘和导入可以培养大学生理想信念、价值取向、政治信仰、社会责任的题材与内容，使学生在学习专业文学知识的同时，全面提高缘事析理、明辨是非的能力，让学生成为德才兼备、全面发展的人才。

2.培养具有家国情怀的外语人才

在教学过程中，用英美两国在历史、地理、政治、经济、文化、教育、科学、宗教、风土人情和社会现状方面与我国特色社会主义制度下的具体表现进行对比，着重强调社会主义核心价值观、中国优秀传统文化教育，特别是中国特色社会主义的"四个自信"（道路自信、理论自信、制度自信、文化自信）教育的内容，从而激发当代大学生民族自豪感及爱国热情，将爱国之情、强国之志、报国之行融入中国特色社会主义事业、建设社会主义现代化强国、实现中华民族伟大复兴的奋斗之中，立德树人，培根铸魂，培养具有家国情怀的专业外语人才。

3.培养具有国际视野和国际事务参与能力的外语人才

了解英美文学的内涵，掌握比较文学的基本方法，培养学生利用本国文学、文论和文化在国际通用文学、文论和文化学术话语中进行表达和交流的能力，立足世界舞台、定位国际坐标，帮助学生提升国际视野。

（三）课程教学要求

本课程内在的人文和心智属性决定了其在发挥课程思政功能上承担着重大而独特的责任。因此，在教学活动中，思政元素应贯穿全过程，由点及面，以小见大，层层深入，通过教学手段创新、教学内容等方式拓宽、加深、激发学生的家国情怀，培养学生的团队及大局意识，提升批判性思维能力，使学生形成正确的价值取向和崇高品格，体现立德树人总要求。

在教学方法方面，应坚持不同文明兼容并蓄、交流互鉴的思想，立足本土、放眼世界，使学生在文化包容中坚定文化自信，以期使中西方文明各美其美、美美与共，构建和谐人类命运共同体。

本课程应本着系统性、整体性、层次性、开放性等原则，采用以教师为主导、学生为主体的形式，注重培养学生的批判性思维能力和解决实际问题的能力，要特别注重文学史的系统性和部分作品重点讲解，做到"线"和"点"结合。

在整个教学过程中，文化思辨力不能缺席。要始终坚持以中国学者的立场，分析和判断中外文化差异和意识形态差别，引导学生树立正确的价值观，对于外来语言意识形态及其理论、思想等做出应有的品评与判断，提高自己辨析外来文化思想的能力和水平。

（四）课程主要教学方法

本课程主要以系统讲授英美文学知识，逐步培养学生对文本的阅读能力、鉴赏能力、分析评价能力及批判性思维能力为主。根据本课程内容多、知识点繁杂这一特点，本课程教学要求教师充分利用多媒体、网络平台等多种教学手段，采用混合式、翻转课堂等教学模式，有目的、有意识地通过影像资料丰富课堂上的文本讲解，力使教学内容全面、系统、完整，以满足学生的实际学习需求，并最大限度地调动学生的学习主动性和积极性。

由于学时有限，只能突出名家名篇，教材中所列作家的作品不能全部在课堂讲授。对不讲授部分，教师可以列出任务清单，指导学生积极利用网络资源进行自主学习。需要注意的是，在此过程中，对比性学习法应贯穿始终。

在具体教学实践中，讲解西方理论、概念时，适时融入中华元素，使学生通过比较的视野认识西方文化，引导学生充分了解中国文化，同时有针对性地训练学生在言说西方人文精神的同时，学会用外语表达中国价值取向。鼓励他们开展中外文明对话，有效传递中国声音，从认知与表达两方面消除学生的"中国文化失语症"，着力引导他们坚定文化自信。

二、"课程思政"设计思路及实施路径

（一）设计思路

在"英美文学"课程教学中，学生面对的是大量的西方主流话语和意识形态思想，其文化价值观渗透在文本的背后，其课程思政的任务更重。因此，教师需要对课程思政进行设计，以保证学生思政教育的顺利进行，可以采取以下措施。

第一，在课前，教师必须深入研究本课程的育人目标，充分挖掘、提炼和

梳理本课程知识体系中与理想信念、政治信仰、价值取向、审美情操、社会责任有关的题材与内容，引导学生透过现象看本质。

第二，科学合理拓展课程的广度、深度和温度，增加课程的知识性、人文性，提升时代性、开放性和引领性。

第三，融入中华优秀传统文化，植入人类命运共同体意识，强化思辨能力的培养等，寓价值观引导于知识传授和能力培养之中，帮助学生塑造正确的世界观、人生观和价值观，提升学生的跨文化和谐共处能力与全球治理能力。

在"英美文学"教学中，我们以坚定文化自信为课程思政的基点，让学生在学习英美文学的同时，感悟中国智慧，深刻理解中华优秀传统文化的精髓和时代价值，在坚定文化自信的基础上充分吸收世界优秀文化成果，教育引导学生在中西文化的碰撞与深度融合中形成健全的价值观，坚定社会主义信念，将爱国情怀根植于专业学习中，从而实现育人育才相统一的教育教学目标。

（二）实施路径

为了实现本课程"课程思政"的教学目标，本课程从"育人"本质出发，贯彻"课程思政"核心理念，修订教学大纲，细化课程育人目标，在课程设计和教学过程中有机融合专业与思政教育，充分挖掘教学内容中的"中国元素"，在教学环节中凸显"中国性"，注重价值观引导，其具体措施如下。

第一，建立一支高水平的教学团队。构建由课程任课教师、思政教师和辅导员教师参加的教师团队，打造一支既具备较高专业素养，又有高尚师德和精湛育人能力的师资队伍。教师团队集体备课，共同探讨课程思政元素的挖掘，协同育人。

第二，制定"课程思政"教学大纲。课程团队在原有教学大纲的基础上，制定新的"课程思政"教学大纲，明确课程育人目标。新的课程大纲要确保思政点与专业知识高度契合，而不出现"两张皮"现象；对课程育人目标进行细化，明确社会主义核心价值观、中国优秀传统文化，特别是中国特色社会主义的"四个自信"教育内容的有机融入；明确课程教学中信息化载体、参观体验、课堂讨论、考核方式等方法或载体的融合度；明确教学成效与课程德育目标达成的关联度，客观反映学生成才情况、知识传授与价值引领的结合度。

第三，撰写"课程思政"教案。根据本课程"课程思政"教学大纲和教学目标，深度思考和挖掘每一个章节的课程思政元素，找准契合点，把习近平新时代中国特色社会主义思想，社会主义核心价值观，中华优秀传统文化、宪法法制、职业理想和职业道德等内容融入课程，并有意识地构建"课程思政"元素资料库，把与专业内容高度融合的思政短视频、文章、图片等素材一并纳入资料库。

第四，制作"课程思政"课件。根据制定的新的教学大纲以及教学内容，制作配套的、融入了思政元素的课程教学课件。加入生动、直观的图片、视频、动画等，以多种展现形式更好地激发学生学习的兴趣和动力。

第五，进行"课程思政"实践。创建"线上与线下、课堂与课外"相结合的全方位课程教学体系，全面增强学生的文化自信与民族认同感。育人是一项大工程，课程育人也应贯穿于整个教学过程。从课前发布自主学习任务单的自主学习，到课中知识内化，再到课后巩固拓展环节，课程思政应突破时空限制，由"点"及"线"到"面"，渗透到课前、课中、课后等教学的各个环节，实现全方位育人。

三、基于文化自信培育的"课程思政"具体教学案例

"英美文学"课程讲解绕不开西方文化。在解读西方文化、阐释西方理论概念及其相关内涵时，有机融入中华元素，使学生通过中外比较的视野和历史的维度审视西方文化，考察西方文明进程，并运用批判性思维有针对性地了解其话语机制及其蕴含的真实意图，弄清文本背后的话语立场和意识形态特征，在教学中积极主动应对，把价值观融入知识传授和能力培养之中；同时，引入人类命运共同体思想，使学生认识世界文化多样性和不同文明之间的互鉴。

本部分选取"英美文学"课程中《了不起的盖茨比》为案例内容，深入探讨如何基于课程内容深度挖掘思政点，思政点又如何在各教学环节与专业内容有机融入的问题，旨在提升学生的自我文化认知能力、增强民族认同意识，进而牢固树立正确的政治方向，坚守主流意识形态阵地。

讲授内容：《了不起的盖茨比》——"美国梦"的幻灭。"美国梦"是美国文学中贯穿了多个时代、在多部作品中都有所体现的永恒主题之一，而20世纪20年代美国作家菲茨杰拉德的《了不起的盖茨比》则是美国梦幻灭的经典代表作品。通过了解菲茨杰拉德的生平及其作品解读，来参悟"美国梦"的本质，进而引出"中国梦"是国家、民族和人民之梦，是强国富民之梦，是中国适应时代潮流的必然选择。

（一）教学目标

1. 知识技能目标

（1）了解 20 世纪 20 年代美国文学的时代背景及文学特点。

（2）掌握菲茨杰拉德的写作风格及作品主题、人物刻画及社会意义。

2. 能力培养目标

（1）提升学生的阅读能力和文本分析能力。

（2）深化并升华对文本的理解，培养学生的批判性思维能力，提升学生的文化思辨力。

3. 思政育人目标

（1）通过解读盖茨比梦想的幻灭，了解美国梦与中国梦本质的不同，提升学生对中国梦的认识。

（2）通过分析作品中不同的人物形象，帮助学生认清当时美国社会繁华背后隐藏的道德危机以及重商主义下"美国梦"幻灭的必然性。

（二）知识点导入

《了不起的盖茨比》刻画了第一次世界大战后美国所谓"爵士乐时代"追求金钱和享乐的潮流。

小说以冷静批判的笔触深刻反思了美国金钱至上、世态炎凉、腐化堕落的社会现实和浮华表面下蕴藏的精神危机和美国梦的破灭。早期的殖民者和清教徒的美国梦是鼓励个人凭借坚忍不拔、独立拼搏、开拓进取的精神，通过自我努力和奋斗来获得财富、地位和精神自由，但是随着美国社会的发展和社会环境的变化，物质追求和跻身上流社会阶层进而获得一种贵族般的尊敬和荣耀成了"美国梦"的核心，物质的富有带来的却是精神的堕落、思想的虚无和道德的沦丧。人们在大把的金钱营造的生活中失去了原本的信仰，也注定了美国梦最终的幻灭。

（三）知识点对应的思政元素

对比中国梦与美国梦，我们发现二者有着本质的区别：美国梦实质上是对金钱的追求和渴望，是跻身上流社会、追求个人成功的财富之梦，中国梦则是全国各族人民凭借自己的智慧和创造精神去争取美好生活的愿望，是对建设富强、民主、科学、法制的中国的期盼，是国家、民族和人民之梦；美国梦的实现主体和受益者是个人或团体，中国梦的受益者则是每一个中国人，全国各族人民是实现"中国梦"的主体力量；美国梦的实现是个人价值目标的体现，而中国梦的本质是国家富强、民族振光、人民幸福。因此，"中国梦"归根到底是人民的梦，是社会主义的强国富民之梦，是对"美国梦"的超越。

（四）深度反思：社会主义理想信念教育

理想信念教育是大学生思政教育的核心，决定着大学生的价值观取向。它包括坚定对马克思主义的信仰和为共产主义事业而奋斗的远大理想，坚定走中国特色社会主义道路和建设中国特色社会主义的共同理想。目前我们正处于圆"中国梦"的关键时刻，作为新时代青年的大学生，更要坚持、继承和发扬中华民族优秀文化传统，增强民族自信心，激发民族自豪感，努力为提升中华民族的竞争力、实现"中国梦"贡献一份力量。

四、关于英美文学"课程思政"建设的几点思考

本课程教学将思想政治教育"润物细无声"地渗透到教学各个环节中，实现将习近平新时代中国特色社会主义思想、社会主义核心价值观、家国情怀、法制意识、社会责任、文化自信、人文情怀、工匠精神等思想政治元素有机融入课程教学。为了实现"课程思政"的教学目标，在具体实施过程中，应遵循以下几个原则。

（一）"课程思政"与专业内容融合

教学内容应突出"立德树人，价值引领"。教师在授课过程中，要有针对性地甄选其中与中国优秀传统文化元素相对应的部分，将二者做好对比分析，引导学生运用中西对比的视角，通过现象深挖其背后的本质，在深刻领会中华民族优秀传统价值观和新时代中国特色社会主义的价值观的基础上，汲取中西文化精粹，培养学生正确的价值观、人生观和世界观。但需要指出的是，"课程思政"并非改变课程的内容与性质，而只是为思政元素在课程中找到一个载体。因此，思政教育在融入专业课程的同时，一定要注意创新融合的形式。对于"英美文学"课而言，并非所有的章节都承载思政点，都要机械地进行思政教学。在能融入的章节，思政元素也不应喧宾夺主。思政教育靠的是"潜移默化"与"多元协同"，多个章节，几门课程形成合力，通过"水滴石穿"的方式，将思政元素"润物细无声"地渗透到学生所学的专业课知识中去。

（二）"课程思政"与教师素养提升融合

学高为师，德高为范。一方面，任课教师必须具有较高的思想政治素养、极强的课程思政建设意识和对于东西方文化比较深入的了解。另一方面要求教师在授课过程中必须始终坚持正确的政治观，在讲解文化现象与文学概念时，始终坚持强调通过事例对比，从我国5000年文明的中华民族传统文化精髓的基点出发，加强学生中国文化自信、自觉和自强意识的培养，提高其对于不同文化差异的敏感度，增强文化思辨能力。

（三）"课程思政"与思政课程同向同行

在"课程思政"建设过程中，邀请思政教师和辅导员教师加入，为课程元素的深入挖掘提供引领和导向。任何专业教育都要与思想政治教育相结合，以一流的思想政治教育体系引领一流的专业人才培养体系。

（四）第一课堂与第二课堂协同育人

思政进入英美文学的课堂绝不能仅将思政内容僵化局限在课堂内容或教材上，更不是把专业课改造成思想政治课，而是要充分发挥课程的德育功能，提炼出专业课程中所蕴含的思政元素，将其转化为社会主义核心价值观具体化、生动化的有效教学载体，在专业知识的学习过程中融入理想信念层面的精神指引，并将这一精神从第一课堂延伸到第二课堂，带领学生真正接触这个社会，开阔学生的视野，拓宽他们的眼界。英语教师可引导学生展开各种课题实践活动，树立学生的责任心和培养他们敢于担当的勇气。

总之，文学经典具有民族性和阶级性。西方的经典作品具有一定的时代精神和教育意义，但它们代表了西方的主流意识形态和价值观，具有鲜明的阶级立场。阅读西方文学经典，学习西方文学，我们必须要客观评判作品中西文化书写的生成逻辑，理性、辩证地审视其价值和意义，树立正确的意识形态导向，把握中国立场，增强文化自信。

第八章　发达国家的经验对中国的借鉴与启示

全面发展外语教育的前提之一是要懂得学习他国的优点和长处。因此，在寻求外语教育有效培养学生中国文化自信的道路上，了解其他国家的有效做法并加以内化，是促进我国在外语教育中培养学生文化自信的有效途径。

第一节　发达国家在外语教育中培养文化自信的方法概述

增强学生本民族文化自信无疑是各个国家教育发展中的一项根本任务，外语教育作为促进国与国之间、国家与世界广泛联通的前沿阵地，也是各国教育体系的重要组成部分。但是，随着当今社会文化交流的紧密程度日益增加，文化的开放性正在不断提升，在外语教育中如何培养学生本民族的文化自信就成为普遍关注的焦点，发达国家在这一领域的做法也各不相同，其中美国、英国、日本所采取的方法最具代表性。

一、美国在外语教育中培养文化自信的方法

在美国外语教育活动中，价值观教育是培育学生本民族文化自信的主要途径。具体而言，主要体现在两个方面。

（一）内容覆盖面广

美国是一个多民族且多种族国家，因此在民族凝聚力和国家认同感上就有着更为特殊的要求。美国政府针对学校教育提出，外语教育活动必须将价值观教育视为重要的组成部分。在内容上要围绕宗教信仰、政治信仰、国家认同三

方面来进行，让广大学生能够在民族认同、国家认同、政治认同上有着更为深刻的体会。

（二）手段多样

"显性教育"和"隐性教育"齐头并进。从定义层面来看，"显性教育"是指有组织、有计划、有过程进行教学活动的总称，而"隐性教育"是指借助某项手段来达到教育目的的总称。两种教育形式之间是相对的，但又存在明显的互补性，因此通常视为教育活动两种必不可少的组织形式。在美国的外语教育活动中，增强本民族学生文化自信的显性教育形式主要体现在家庭教育、课堂教学、社会教育三个维度，而隐性教育主要围绕组织学生参观纪念馆、博物馆、国会大厦的形式来进行，由此让学生能够深刻感知到国家文化的魅力所在，进而达到提高学生文化自信的目的。

二、英国在外语教育中培养文化自信的方法

在英国的外语教育活动中，培养学生本民族文化自信的方法与美国之间具有一定的共同点，但又有一定的延伸之处，其具体措施如下。

（一）以核心价值观教育为基础

从价值观的内涵角度分析，英国更加强调创新、冒险、自由、民主四个维度，并注重以上四个方面精神品质的培养。当今社会是一个极度开放的社会，世界各国文化在与他国文化交融的过程中都不可避免地受到冲击，因此在进行外语教育活动中，英国始终将学生创新精神、冒险精神、自由与民主精神等核心价值作为教育内容，确保学生在接受他国语言的同时，尽可能避免他国主流文化思想的冲击，让学生能够更加坚定本国文化所具有的优秀品质，进而将本国文化得以传承并发扬光大。

（二）文化创意教育作为重要补充

文化创意最早起源于英国，随着时代的发展逐渐流向世界各地。文化创意产生的根本原因就是要将本民族的优秀文化传承下去。因此，在外语教育中，文化创意教育成为全面增强学生文化自信的一种方法。2010—2020年，在政府的领导下，开设了近400万课时的文化创意课程，有59.4万学生参与，这不但坚定了学生对本国文化的自信，更让本国优秀传统文化在当今社会得以传承，在未来社会发展中得以发扬光大。

三、日本在外语教育中培养文化自信的方法

日本作为世界经济大国，其文化深受中国优秀传统文化的影响。随着时代的发展，日本逐渐形成了具有本民族特色的文化体系，并进行了传承与弘扬。为此，日本在开展外语教育活动中，将增强学生文化自信放在了重要位置，具体方法主要包括以下两个方面。

（一）向学生传递本国的文化软实力

在外语教育活动中，教师会通过各种直观手段让学生了解本国文化发展的软实力，使学生深刻意识到本民族文化在世界范围内的传播，以及在世界范围内的认同感，逐渐促进学生民族自豪感的产生和提高。日本政府还将该项措施上升到了战略层面，以此来巩固本民族文化在学生内心中的主体地位，为增强学生本民族文化自信提供了最直接的推动作用。

（二）向学生阐明对外文化交流的主旨

在日本外语教育活动中，增加了对外文化交流活动，让学生意识到对外文化交流的根本在于将本民族文化推向世界。在提高学生本民族文化自豪感的同时，增强学生文化传承与弘扬意识，由此进一步增强学生文化自信。

综合本小节所阐述的观点可以看出，美国、英国、日本三国在外语教育中培养学生本民族文化自信方面具有明显的代表性。无论是培养的内容，还是培养手段，都注重本国的价值观教育，这为我国外语教育强化学生中国文化自信提供了重要的启示作用，具有一定的参考与借鉴价值。

第二节 发达国家在外语教育中培养文化自信的着力点

文化是国家、民族、社会发展状态的基本象征，个体的文化自信则关乎国家、民族、社会发展前景。在本章的上一节中，针对发达国家在外语教育中培养本族文化自信的方法进行了综述。在本节中则是明确其侧重点，明确我国外语教育中培养学生中国文化自信的借鉴方向。

一、美国：重视民族价值观的根本性

在美国外语教育活动中，培养学生高度文化自信的方法非常明确，这也意

味着在外语教育活动中，坚定学生文化自信的着力点有着极为具体的针对性。具体阐述如下。

（一）立足点的选择极具针对性

就当前美国外语教育而言，培养学生本族和本国文化自信的立足点非常明确，就是始终围绕"价值观教育"来开展。在教育内容上涉及宗教、信仰、政治认同三个部分，加强学生关于本国基本民族宗教文化的认知深度，以及信仰的内涵、坚持本民族信仰的重要意义、国家政治制度的优越性等。让学生能够深刻意识到身为本国学生坚定本民族的宗教信仰，维护本国的政治制度是自己的重要使命所在，进而提高学生对本国和本民族的文化优越性认识，达到全面提高学生文化自信的目的。

（二）强调文化的实践性和体验性

再从美国外语教育培养学生文化自信的形式来看，实践无疑是主要形式之一。强调外语教育走出课堂，参观极富文化内涵的代表性地标或体验充满文化底蕴的节日活动等途径，学生能够对民族文化有着更为直观和更为深刻的了解。这些教育途径显然将文化氛围的教育作用、引导作用、熏陶作用最大程度地发挥出来了。学生思想上受到深刻的启发，深刻意识到本民族文化是本国文化的重要组成部分，本国文化在世界范围内"独树一帜"，更加坚定学生民族文化自豪感和优越感，进而建立并增强本民族的文化自信。

二、英国：强调文化创意的功能性

在英国外语教育中，加强学生本民族文化自信的方法之所以具有代表性，其根本原因在于侧重点更为突出。最为具体的表现就是本民族文化创意的作用性非常明显。主要体现在以下两个方面。

（一）强调传承与弘扬方式的创新

英国在外语教育活动中强调文化创意活动的全面开展，不仅帮助学生深刻意识到本民族文化的精髓所在，同时还让学生感受到民族文化已经在其他国家得到了广泛关注，无形中增强了学生民族文化的自豪感，促进了学生对本民族文化的高度认同。这不仅让民族文化在当今时代英国学生中广泛传承与弘扬，更体现出了民族文化精髓传承与弘扬方式的创新性，为全面提高本国学生文化自信提供了更为理想的载体。

（二）用新的民族文化观念引领学生建立文化自信

民族文化创意的本源来自优秀的民族传统文化，创意本身所浓缩的民族精神更是不言而喻。故而在英国外语教育活动中，强调将文化创意课程作为重要的组成部分，强调学生先了解并理解本民族文化的精髓所在，再通过创新的思维设计出文化创意产品，最后再通过外语教学活动带领学生了解其他国家的民族文化并加以比较，让学生深刻意识到本民族文化传承与弘扬的方法正在被他国借鉴，进而帮助学生建立起强大的文化自信。

三、日本：注重视角创新

日本民族文化的起源与发展与中国传统文化之间存在密不可分的关系，但随着时代发展逐渐形成了具有本民族特色的民族文化。但是，外语教育作为学生了解其他国家语言和文化的主要平台，有效抵御他国文化给本民族带来的文化冲击就成了日本外语教育主要关注的视角所在，其侧重点主要表现在以下两个方面。

（一）民族文化软实力的不断增强是引领学生文化自信的主视角

中华民族优秀传统文化为日本民族文化的起源奠定了坚实的文化底蕴，随着时代的发展，日本人民结合自身的文化理解，逐渐演变成了本民族特有的民族文化，可将其认定为走出了一条文化融合与发展的道路。对此，在外语教育活动中，引领学生树立民族文化自信的方法与其他国家有明显不同，日本更加强调从文化软实力的角度增强学生民族文化自信。这样的培养视角显然具有极强的创新性，所取得的效果较为明显，为学生在外语教育中提高文化自信提供了有力保障。

（二）民族文化的独特性是推动民族文化海外传播的主动力

教育永远是一个国家从无到有，一个民族从觉醒到崛起的命脉所在。日本在最近几十年中能够快速恢复文化自信关键在于教育的发展。特别是在外语教育方面，充分强调本民族文化独有的特点，以及在引领民族发展道路中所特有的突出作用。在外语教育中，学生所认知的本民族文化始终能够抵御外来文化，让学生的民族文化自信更加坚定。外语教育中的对外文化交流活动，可以鼓励学生将民族文化推向海外，让民族自豪与文化自信成为学生接受外语教育时的基本状态。

结合本节的论述观点不难发现，在发达国家外语教育中，坚定学生民族文化自信的侧重点各有不同，美国、英国、日本三国的侧重点都具有一定的代表性，这无疑为我国外语教育增强学生文化自信提供了有利的借鉴条件。

第三节　借鉴与启示

发达国家外语教育培养学生本民族文化自信的方法和侧重点都具有一定的代表性，效果更是显而易见，这对我国外语教育有效培养学生文化自信具有一定的启示和借鉴作用。

一、深入挖掘民族文化传承与发展的优势

（一）力求民族文化的先进性得到最大化展示

一个国家或一个民族的文化并不存在优劣之分，都具有一定的先进性，所以每个国家在教育体系的构建中，都必须将文化传承与发展作为一项重要的任务。特别是在外语教育活动中，帮助学生树立起强大的文化自信也成为一项根本要求。在上文中，已经明确了美、英、日三国在外语教育中培养学生文化自信的方法与侧重点，不难发现，他们都将彰显本民族文化的先进性放在重要位置。我国作为一个拥有五千多年文明史的泱泱大国，民族传统文化时时刻刻影响着每一位中华儿女。在中国特色社会主义道路中，中国人民传承了民族传统文化的衣钵，在中国共产党的领导下，中华民族比历史任何时期都更接近中华民族伟大复兴的目标，并在此基础上形成了有中国特色的革命文化和社会主义先进文化。

（二）力求民族文化内在价值的深层次体现

介绍美、英、日三国在外语教育活动中培养学生本民族文化自信的方式和着力点，可以看出三个国家普遍都针对本民族文化传承与发展的价值进行了最深层次挖掘，让学生在了解其他国家及民族文化的同时，可以站在本民族文化传承与发展的高度，审视民族文化，从而更加清楚本民族文化在促进民族、国家、世界发展中的作用所在，进一步增强学生对本民族文化的自豪感。我国作为传统文化底蕴极为深厚的文化强国，又在中国特色社会主义革命和建设道路中形成了革命文化和社会主义先进文化，将其传承与发展的深层价值内涵传递给学生，必然会确保我国外语教育健康稳步发展。

二、坚定"民族本位"的文化立场

从当前发达国家外语教育培养学生本民族文化自信的现实情况来看，民族文化教育的理念始终以坚定"民族本位"的文化立场为中心。

（一）"民族本位"立场极为明显

美国、英国、日本外语教育中，培养学生本民族文化自信始终都是让学生认识到本民族文化在民族发展过程中所起的作用，以及对当今世界的影响。"民族本位"立场极为明显。因此，在我国外语教育活动中，培养学生的文化自信必须将上下五千多年的传统文化对民族发展产生的作用，以及对当今世界发展的推动放在第一位考虑，让学生建立起强大的民族文化优越感。除此之外，还要结合我国近现代在中国特色社会主义革命和建设中所取得的丰功伟绩，让学生深刻感知到中国特色社会主义建设是以中国传统文化的传承与发展为中心，以服务人民、促进社会发展、实现民族伟大复兴为目标，从而使学生筑牢民族文化之根，铸就民族精神之魂。

（二）学生的主体性得到充分体现

在外语教育活动培养本民族文化自信的过程中，美、英、日三个国家无论是在教育的内容上还是教育形式上，都充分体现了以学生为中心的思想。学生成了教育活动的主体，学生在学习外语知识、了解他国文化的同时，对本民族文化优势会有更科学、客观的把握，并在文化认同的基础上，去体会世界文化的多元性，从而加强与世界其他文化之间的交流与沟通，真正做到使外语教育成为提高学生本民族文化自信和实现本民族可持续发展的有力载体。

三、内容与形式多样化

发达国家在外语教育中培养学生本民族文化自信所关注的视角和做法直接反映民族文化教育的内容与形式多样化，这也为我国外语教育提供了有益的借鉴。

（一）内容多样化

从前两节内容的阐述中可以看出，外语教育活动中文化自信培育是一项系统工程，其内容不仅包括向学生介绍民族文化的起源与发展及其在全世界范围内的影响，也包括让学生更加直接去体验本民族文化的魅力，进而感受本民族文化的底蕴，最终达到坚定学生本民族文化自信的目的。对此，在我国外语教育活动中，不仅要立足理论层面让学生感受到中华传统文化、革命文化以及社会主义先进文化的强大生命力，更要强调实践引导作用，在体验中感受中华文化的博大精深。

（二）显性与隐性教育并存

隐性教育与显性教育并存是发达国家的主要教育模式。在本民族文化自信培养方面，各国都将隐性与显性教育并存的模式进行了深度运用。我国外语教育以显性教育为主，隐性教育功能相对较弱。随着课程思政理念的深入，隐性教育逐渐得到重视，目前状况大为改观。

第四节　中国外语教育的诉求与方向

中国共产党第十九次全国代表大会的胜利召开标志着中国特色社会主义事业迈入了历史新征程。中国特色社会主义文化建设与发展也开启了新的篇章，引领中国社会不断走向更高的发展阶段。增强文化自觉、坚定文化自信成为各领域实现又好又快发展的根本。外语教育作为联通中国与世界的前沿阵地，全面增强学生民族文化自信显然是新时代赋予的新使命。但面对这项新的战略需求，目前的外语教育明显还应作出进一步的调整，在理念、方法、路径等各方面进行有针对性的改进。结合发达国家外语教育对学生本民族文化自信的培养，深入践行该使命则要从以下三方面入手。

一、践行"立德树人"理念

"立德树人"观念根植于中华优秀传统文化的沃土，其作为学校教育的基本育人理念，在强调学生思想道德素质全面提升的同时，向学生传递着深层次的文化内涵。在培养学生民族文化自信的过程中，我们要充分利用好中华优秀传统文化、革命文化和社会主义先进文化这些优秀文化资源，尤其要将社会主义核心价值体系融入外语教育体系中，引导学生树立正确的世界观、人生观和价值观。

（一）深度传递"以德为先"思想

社会主义核心价值体系是兴国之魂，是社会主义先进文化的精髓。社会主义先进文化的先进性主要体现在两方面：第一，民族传统文化为底蕴。第二，以中国特色社会主义发展实践经验为重要依托。其中，前者是中华民族五千多年智慧的结晶，后者凝聚着共产党人坚定不移的历史使命和始终不变的初心，积淀着中华民族最深层的精神追求。无论是在文化思想方面，还是共产党人的优良作风方面，都充分体现出了"德"的根本性。"以德为先"是造就高材精英之根本，是中华民族在各个历史阶段的文化精髓所在。在外语教育全面提升学生文化自信的道路上，我们要将"以德为先"的思想进行深度传递，厚植中华民族文化基因，为全面培养学生文化自信夯实基础。

（二）扎实开展"先进文化传承"主题实践活动

"理论联系实际"始终是教育路线的根本，也是社会主义先进文化中的主体思想所在。对此，在依托社会主义先进文化，开展外语教育实践活动过程中，"立德树人"理念的深入落实必须强调理论联系实际。理论渗透在上文中已经具体阐述，而实践融入则要以"先进文化传承"主题实践活动为平台。其中，具体路径主要体现在两方面：第一，深挖活动主题，明确活动的内容与主旨。主题要体现出先进文化的传统性和民族文化的先进性两个部分，确保学生在接受西方文化教育的同时，能够感受到中国文化的独特性和先进性。第二，实践活动形式。实践活动形式可以灵活多样，既可以通过文艺汇演的形式开展，也可以通过观看纪录片等形式来进行，使学生深入了解中国文化精髓，以便更好地将其传承和弘扬。

二、夯实理想信念教育

引导学生坚定自己的理想信念，实现对制度、道路、理论、文化的高度认同，是全面增强学生文化自信的核心所在。社会主义先进文化是中华民族文化自信的灵魂，是激发民族自信心的力量源泉，理想信念教育的开展与社会主义先进文化密不可分，这也意味着我国外语教育在培养文化自信方面必须以社会主义先进文化为理论基础，夯实理想信念教育。

（一）夯实理论根基，强化学生在民族复兴新征程中的使命感

文化教学是语言教学的重要组成部分，外语教育中文化知识的传授是学生了解异域文化的主要平台。在这一过程中，学生极易受到他国文化影响而迷失自我，陷入民族认同危机。因此，在语言文化教学中，教师要积极进行价值观引导，加强理想信念教育，确保学生在中华民族伟大复兴的新征程中，把握新

时代中国特色社会主义建设的总体方向，深刻理解自己肩负的神圣使命，坚定理想信念，增进文化认同，增强民族自豪感。

（二）开展综合实践活动，培育学生的责任意识和奉献精神

"责任"与"奉献"是中华民族传统文化的精神主体，也是中华民族实现伟大复兴的精神动力所在。党在社会主义建设中所强调的大局观念、责任意识和奉献精神，是中国共产党在实践中传承与弘扬中华民族优秀传统文化的具体体现。对此，外语教育要立足各类红色教育综合实践活动，依托丰富的红色教育基地，培植学生的责任担当意识和奉献精神，传承红色基因，坚定理想信念，增强文化自信。

（三）打造特色文化氛围，营造良好的教育外部环境

文化氛围理想程度是个体是否满意所处环境的重要影响因素，若个体对所处环境认可度较高，则会产生较强的环境依赖感和归属感，反之则不然。因此，在外语教育活动中，学生理想信念教育的全面落实可以从打造特色鲜明的文化环境入手，通过多种形式的文化交流与宣传活动，形成一套较为完备的制度文化、物质文化和精神文化，营造良好的文化氛围，力求其具有较强的示范、导向、凝聚、约束与熏陶功能，为学生的文化自信培养助力、赋能。

三、强化外语教育的文化服务功能

"文化服务"泛指有效满足人们文化兴趣和需求所采取的行动，其功能主要体现在促进人们关于文化的理解与认知，全面增强人们的文化素养，最终达到人们文化认同和文化自信的目的。对此，在新时代中国特色社会主义现代化国家全面建设的历史大背景之下，外语教育要想肩负起培养学生文化自信这一时代新使命就必须体现出文化服务功能。在具体实施过程中，应重点关注以下两个方面。

（一）构建政产学协同育人模式

外语教育是搭建文化和经济的桥梁，在服务地方对外文化产业发展中起着重要的作用。外语教育应充分发挥学科优势，依托高校与地方政府、文化产业及文化对外传播媒体等构建共同体，打造协同育人模式。目前外语教学活动开展与地方社会经济对接不足，顶层设计缺乏服务地方需求视角，文化服务意识不强，难以为地方经济文化发展提供智力支撑。特色鲜明的地域文化是中华文化的重要组成部分，是文化自信的基石，深入了解地域文化的个性魅力及其独

特的价值形态有助于夯实文化自信的根基。因此，外语教育要大力培养语言服务人才，构建政产学协同育人模式，最大力度与社会对接，在教学目标设定、课程设置及评价机制等多个方面凸显地域文化特色及地方需求，在服务地方文化产业发展、充分发挥文化服务功能的过程中，培养学生弘扬中华文化的意识与能力，在文化交流中增强文化自信。

（二）打造文化服务平台

文明濡染文化、文化涵养文明。外语教育活动在有效开展文化服务的过程中，可以与历史博物馆、中国军事博物馆、爱国主义教育基地等建立合作关系，实现资源共享的同时，为学生打造丰富的文化服务平台，通过看得见、摸得着的文化资源来提高外语教育的中国文化感染力，进而促进学生文化认同，全面增强学生的文化自信。

四、加大外语教学实践中的文化教育力度

外语教育应以语言技能和语言知识学习为切入点，逐渐向文化认知和精神价值层面深入，从而激活语言文本的文化性和思想性。外语课程的核心内容可以分为三个层面，语言、文化与思想，所以在教学过程中应处理好三对关系，语言教学中的母语与外语、文化学习中的中国与外国、思想引导中的东方与西方。具体而言，在知识方面，要深入推进习近平新时代中国特色社会主义思想进教材，推进《习近平谈治国理政》多语种版本在外语类专业"进高校、进教材、进课堂"，推进中国语言文化知识、中国国情和国际发展中的历史、社会、文化等知识进课程。在能力方面，我们要强化学生的批判性思维能力、跨文化沟通能力和中外文语言表达能力。在素养方面，我们要着重帮助学生树立正确的世界观、人生观和价值观，培养良好的道德品质、家国情怀和全球意识。[①]

纵观本节的观点阐述，可以看出当今时代外语教育活动中，全面增强学生文化自信的关键点在于以中华优秀传统文化、革命文化和社会主义先进文化为重要依托，以社会主义核心价值体系为根本遵循，牢固树立共产主义远大理想和中国特色社会主义共同理想，培育和践行社会主义核心价值观。在此基础之上，充分接纳和吸收外域先进文化成果，并引导学生审辩性思考、批判性借鉴，确保学生在知识、技能、能力、素养方面得到全面发展，进而更加坚定中国特色社会主义道路自信、理论自信、制度自信和文化自信。

---

① 李莉.文化安全视域下高校外语类专业"课程思政"建设探索[J].菏泽学院学报，2022（1）：38.

参考文献

[1] 敖锋，柳晓，梁晓波．文化安全研究的多维探索 [M].北京：中国言实出版社，2017.

[2] 陈先达．文化自信——做理想信念坚定的中国人 [M].长春：吉林人民出版社，2017.

[3] 陈新仁．全球化语境下的外语教育与民族认同 [M].北京：高等教育出版社，2008.

[4] 戴晓东．跨文化能力研究 [M].北京：外语教学与研究出版社,2018.

[5] 戴炜栋，等．高校外语专业教育发展报告 [M].上海：上海外语教育出版社，2008.

[6] 费孝通．论文化与文化自觉 [M].北京：群言出版社,2007.

[7] 费孝通．费孝通谈人生——当文化走向自觉 [M].北京：生活·读书·新知三联书店，2013.

[8] 龚正华．大学的文化自信——知识生产视角探源 [M].昆明：云南大学出版社，2014.

[9] 郭凤鸣．坚守与超越——高校英语专业本科教育演进的文化审视 [M].北京：科学出版社,2015.

[10] 广东省教育研究院，中小学外语课程教材改革与发展研究课题组．中小学外语课程教材改革与发展研究 [M].广州：广东高等教育出版社,2015.

[11] 胡文仲．跨文化交际学概论 [M].北京：外语教学与研究出版社,2002.

[12] 贾爱武．新时代高校外语专业建设与课程思政理论与实践 [M].杭州：浙江工商大学出版社，2021.

[13] 贾爱武, 王英. 高校外语课程育人行动研究 [M]. 杭州: 浙江工商大学出版社, 2019.

[14] 贾玉新. 跨文化交际学 [M]. 上海: 上海外语教育出版社, 2004.

[15] 靳玉乐. 新课程改革的理念与创新 [M]. 北京: 人民教育出版社, 2003.

[16] 李传松, 许宝发. 中国近现代外语教育史 [M]. 上海: 上海外语教育出版社, 2006.

[17] 李建华. 文化自信与中国伦理 [M]. 长沙: 湖南师范大学出版社, 2018.

[18] 李桂真. 外语教育中的文化安全问题及跨文化建设研究 [M]. 北京: 新华出版社, 2019.

[19] 李程骅. 文化自信 [M]. 南京: 江苏人民出版社, 2018.

[20] 厉建娟. 外语教育与传统文化对外传播研究 [M]. 延吉: 延边大学出版社, 2020.

[21] 刘宝莅, 张华, 王志东, 等. 文化自觉与文化自信——山东文化强省建设的理论与实践 [M]. 济南: 山东人民出版社, 2012.

[22] 刘莉. 外语教学与语言文化 [M]. 北京: 九州出版社, 2017.

[23] 陆通. 中华优秀传统文化与文化自信 [M]. 长春: 吉林出版集团股份有限公司, 2018.

[24] 潘亚玲. 跨文化能力内涵与培养——以高校外语专业大学生为例 [M]. 北京: 对外经济贸易大学出版社, 2016.

[25] 潘一禾. 文化安全 [M]. 杭州: 浙江大学出版社, 2007.

[26] 秦杰, 贺文发. 高校外语课程与教学改革探索 [M]. 北京: 光明日报出版社, 2015.

[27] 任宇红. 文化产业国际化与复合型外语人才的培养 [M]. 石家庄: 河北科学技术出版社, 2016.

[28] 上海市中国特色社会主义理论体系研究中心. 文化自信——创造引领潮流的时代精神 [M]. 上海: 上海人民出版社, 2017.

[29] 宋伟. 重建中国文化自信与大学新使命 [M]. 北京: 人民出版社, 2018.

[30] 苏芹. 当代大学英语教育背景下中国 EFL 学习者文化自信培育研究 [M]. 北京: 九州出版社, 2021.

[31] 王守仁, 等. 高校大学外语教育发展报告 [M]. 上海: 上海外语教育出版社, 2018.

[32] 王晓德. 美国文化与外交 [M]. 北京：世界知识出版社，2000.

[33] 王晋军. 外语研究与探索 [M]. 昆明：云南大学出版社，2016.

[34] 王书玮，张秋曼，于成文. 外语专业课程思政案例汇编 [M]. 北京：对外经济贸易大学出版社，2021.

[35] 王静. 构建外语院校特色思政工作体系的理论思考与实践探索 [M]. 北京：光明日报出版社，2019.

[36] 文秋芳，等. 2012 中国外语教育年度报告 [M]. 北京：外语教学与研究出版社，2013.

[37] 夏纪梅. 现代外语课程设计理论与实践 [M]. 上海：上海外语教育出版社，2003.

[38] 杨燕. 高等学校外语教学研究与实践 [M]. 昆明：云南大学出版社，2016.

[39] 杨惠媛，赵建. 外语教学课程思政改革论文集 [M]. 天津：天津大学出版社，2019.

[40] 尹大家. 外语教育与应用 [M]. 重庆：重庆大学出版社，2020.

[41] 于炳贵，郝良华. 中国国家文化安全研究 [M]. 济南：山东人民出版社，2007: 35.

[42] 余英时. 文史传统与文化重建 [M]. 北京：生活·读书·新知三联书店，2012.

[43] 曾仕强. 中华文化自信 [M]. 北京：中央编译出版社，2016.

[44] 曾天山，王定华. 改革开放的先声——中国外语教育实践探索 [M]. 北京：外语教学与研究出版社，2019.

[45] 张沉香. 外语教育政策的反思与构建 [M]. 长沙：湖南师范大学出版社，2012.

[46] 张杨莉，蔡忠平. 学校文化：自觉与自信 [M]. 上海：上海交通大学出版社，2014.

[47] 郑金. 教育文化学 [M] 北京：人民教育出版社，2001.

[48] 亨利.A·吉鲁. 教师作为知识分子——迈向批判教育学 [M]. 朱红文，译. 北京：教育科学出版社，2008.

[49] 萨缪尔·亨廷顿. 文明的冲突与世界秩序的重建 [M]. 周琪，等译. 北京：新华出版社，2010.

[50] 萨义德. 文化与帝国主义 [M]. 李琨，译. 北京：生活·读书·新知三联书店，2003.

[51] 葛兰西. 实践哲学 [M]. 徐崇温, 译. 重庆: 重庆出版社, 1990.

[52] 康德. 判断力批判 [M]. 邓晓芒, 译. 北京: 人民出版社, 2002.

[53] 陈晶莹. 习近平关于文化强国建设战略思想研究 [D]. 杭州: 浙江大学, 2018.

[54] 成园园. 新时代文化自信实现的方法论研究 [D]. 济南: 山东大学, 2020.

[55] 李文君. 基于国家文化安全的中国文化认同构建 [D]. 长沙: 湖南师范大学, 2011.

[56] 刘晶晶. 中国特色社会主义文化自信思想研究 [D]. 青岛: 青岛大学, 2019.

[57] 罗辉. 从国防安全到全球视野: "二战"后美国外语教育政策变迁研究 [D]. 长沙: 湖南师范大学, 2017.

[58] 宋隽. 全球化时代的跨文化教育研究——文化互补论的视角 [D]. 济南: 山东师范大学, 2017.

[59] 徐龙建. 文化自信问题研究 [D]. 北京: 中共中央党校, 2019.

[60] 曾敏. 外语教育中的文化安全研究 [D]. 武汉: 华中师范大学, 2015.

[61] 周寿楠. 新时代中国特色社会主义文化自信研究 [D]. 吉林: 东北电力大学, 2021.

[62] 张家政. 大学英语教学改革的文化哲学研究 [D]. 重庆: 西南大学, 2010.

[63] 白列湖. 协同论与管理协同理论 [J]. 甘肃社会科学, 2007（5）: 228–230.

[64] 包淑萍, 申艳婷. 新时代外语院校进行"文化自信"教育的几点思考 [J]. 教育界, 2020（9）: 88–90.

[65] 蔡基刚. 国家战略视角下的我国外语教育政策调整 [J]. 外语教学, 2014（2）: 40–44.

[66] 陈放. 外语教育史视阈下的中国文化自信述论 [J]. 延边大学学报（社会科学版）, 2020,（4）: 108–114.

[67] 陈凤兰. 高校英语课程思政教育存在的问题及对策 [J]. 福建江夏学院学报, 2021,（05）: 112–117.

[68] 陈红. 高校外语课程思政的困境及解决路径 [J]. 三峡大学学报（人文社会科学版）, 2021（6）: 30–33.

[69] 陈旭. 高中英语教学中文化自信培养策略探究 [J]. 山海经（教育前沿）, 2021（5）: 67.

[70] 成尚荣. 母语教育与民族文化认同 [J]. 教育研究, 2007（2）: 24.

[71] 崔美花. 文化自信视域下新时代高校外语教育路径探析 [J]. 空中美语, 2021

（6）：63.

[72] 郭凤鸣.新时代高校外语教育的文化自信 [J].成都理工大学学报（社会科学版），2020，（5）：88–94.

[73] 郭凤鸣.中国外语教育政策演进历程与未来规划 [J].西南科技大学学报（哲学社会科学版），2020（6）：81–87.

[74] 胡蝶，陈曦.文化自信视域下的高校外语教学 [J].人民论坛，2019（11）：134–135.

[75] 胡江霞.如何在外语教育中培养文化自信——以高校法语教学为例 [J].才智，2021（18）：99–101.

[76] 晋桂清，王艳萍.大学外语教师如何培养学生的文化自信 [J].锦州医科大学学报（社会科学版），2021，19（4）：83–85.

[77] 李莉.跨文化视域下语言服务人才协同培养模式探索 [J].菏泽学院学报，2021（1）：38.

[78] 李莉.文化安全视域下高校外语专业课程思政建设探索 [J].菏泽学院学报，2022（1）：37–41.

[79] 李琳，肖赛雄.文化自信在少数民族外语教育中的实现 [J].兴义民族师范学院学报，2021（2）：106–110.

[80] 李雪岩，中国外语教育品牌战略思考 [J].太原师范学院学报（社会科学版），2007（1）：40–42.

[81] 李雪岩，龙耀，李娟.中国外语教育品牌战略思考——中国外语教育制度研究系列之二 [J].教学研究，2007（2）：111–115.

[82] 李莹.基于文化自信背景下的大学英语教学 [J].科技资讯，2021，19（21）：130–132.

[83] 李永胜，张紫君.文化自觉、文化自信、文化创新与文化自强 [J].北京工业大学学报，2019（6）：90–96.

[84] 李芋均，杨小刚.论外语教育的三种境界——基于文化哲学视野 [J].外国语文：2011（12）：169.

[85] 梁欢.高校外语教学中的文化自信教育探讨 [J].广西教育.2020（47）：154–155.

[86] 林坡.文化自信视角下日语教学中文化导入思考 [J].新一代，2021，25（22）：183.

[87] 林晓卿.文化自信视域下新时代高校外语教育路径探析 [J].哈尔滨职业技术

学院学报, 2020（1）: 152–153.

[88] 刘燕. 基于文化自信观的大学外语教育思考 [J]. 才智, 2018（35）: 39.

[89] 明珠, 夏梅花. 大学英语教学中强化文化自信培养的思考与建议 [J]. 产业与科技论坛, 2021, 20（9）: 150–151.

[90] 潘艳艳, 国家翻译实践视角下的国家意识及其培养 [J]. 当代外语研究, 2021（5）: 67–72.

[91] 彭龙. 中国外语教育发展的重要趋势 [J]. 中国高等教育, 2017（7）: 16–19.

[92] 乔君梅. 文化自信视域下大学外语教育教学的策略和方法研究——以文本为中心 [J]. 英语广场（下旬刊）, 2020（21）: 116–118.

[93] 沈骑. "一带一路" 倡议下国家外语能力建设的战略转型 [J]. 云南师范大学学报, 2015（5）: 9–13.

[94] 孙明瑶. 浅谈当代外语教育的文化安全问题 [J]. 中外交流, 2019, 26（28）: 282.

[95] 孙蕊. 高校外语教育中文化自信培养路径研究 [J]. 现代职业教育, 2020（33）: 34–35.

[96] 孙有中. 外语教育与思辨能力培养 [J]. 学论经纬, 2015（3）: 23.

[97] 王定华. 改革开放 40 年我国外语教育政策回眸 [J]. 课程·教材·教法, 2018（12）: 4–11.

[98] 王永阳. 跨文化交际的第三空间与国际汉语教师跨文化交际能力培养 [J]. 孔子学院, 2013（3）, 29–30.

[99] 王卓. 高校外国文学 "课程思政" 的内涵与外延 [J]. 当代外语研究, 2020（4）, 66–72.

[100] 魏雷. 文化自信视域下大学英语跨文化教育的方法 [J]. 黑河学院学报, 2021, 12（6）: 106–108.

[101] 肖艳君. 课程思政背景下外语人才文化自信的培养 [J]. 教育信息化论坛, 2021（2）: 109–110.

[102] 闫鑫. 大学英语教学中文化自信的培养 [J]. 海外英语, 2020（23）: 137–138.

[103] 杨枫. 外语教育国家意识的文化政治学阐释 [J]. 当代外语研究, 2020（6）: 1.

[104] 杨枫. 国家翻译能力建构的国家意识与国家传播 [J]. 中国翻译, 2021（4）: 15–19.

[105] 杨金才 . 外语教育 "课程思政" 之我见 [J]. 外语教学理论与实践 , 2020（4）：48-51.

[106] 杨金才 . 新时代外语教育课程思政建设的几点思考 [J]. 外语教学 , 2020（6）：11-14.

[107] 杨静怡 . 在大学英语教学中培育文化自信 [J]. 中国教工 , 2020 （11）：39-40.

[108] 杨蔚 . 外语专业教育中的课程思政研究 [J]. 当代教育理论与实践 , 2020（3）：17-21.

[109] 叶清华 . "一带一路" 背景下文化输入与文化自信培养的研究 [J]. 青年与社会 . 2020（25）：115-116.

[110] 余丹 . 大学英语课堂融入文化自信的价值和路径 [J]. 吉林教育 , 2020（8）:31-32.

[111] 曾敏 . 反思外语课程观中的文化价值 : 从文化安全的视角 [J]. 郧阳师范高等专科学校学报 , 2012（2）：114-117.

[112] 章成成 . 论外语教育中培养文化自觉与文化自信的重要性 [J]. 疯狂英语（理论版）, 2018（1）：191-192.

[113] 张敬源 , 王娜 . 外语 "课程思政" 建设——内涵、原则与路径探析 [J]. 中国外语 , 2020（5）：15-29.

[114] 张萌 . 新时代外语教育中文化自信培养的必要性 [J]. 读与写（教师）, 2019（12）：298.

[115] 张珊 . 中国外语教育的文化自觉 [J]. 外语教学 , 2017, 38（2）：9.

[116] 赵柯 . 提高中国在全球经济治理中制度性话语权的路径 [J]. 理论视野 , 2016（4）：7.

[117] 郑晓绵 . 文化自信融入大学生道德教育的创新方法探析 [J]. 福建广播电视大学学报 , 2021（1）：1-4.

[118] 周树春 . 民族复兴历史进程中的外语教育战略新路向 [J]. 中国外语 , 2018（1）:11-15.

[119] 周宇琼 , 焦中彦 , 梁爽 . 外语专业大学生文化自信现状及对策探究 [J]. 神州 , 2020（23）：60-61.

[120] Bill Ashcroft, Gareth Griffiths, and Helen Tiffin. The Empire Writes Back: Theory and Practice in Post-Colonial Literatures[M]. London: Routledge, 1989: 146.

[121] Calvet L. Language Wars and Linguistic Politics[M]. Oxford: Oxford University Press, 1998.

[122] J. Koester. Intercultural Competence: Interpersonal Communication Across Culture[M]. New York: Harper Collins College Publishers, 1996.

[123] Peter Hulme. Colonial Encounters: Europe and the Native Caribbean 1492– 1797[M]. London: Routledge, 1992: 175-178.

[124] B. H. Spitzberg. A Model of Intercultural Communication Competence[A]. In Samovar L., Porter R. & McDaniel, E. （eds.） Intercultural Communication: A Reader[C]. Belmont: Wadsworth Publishing Company, 2000.

[125] R. L. Wiseman. Intercultural Communication Competence[A]. In W. B. Gudykunst （ed.） Cross-cultural and Intercultural Communication[C]. London: Sage Publications, 2003.

[126] David Baldwin. The Concept of Security [J]. Review of International Security, 1997（1）: 80.